交通运输行业核心价值观践行

中国交通企业管理协会　组织编写

人民交通出版社股份有限公司
China Communications Press Co.,Ltd.

内 容 提 要

本书是对交通运输行业践行社会主义核心价值观活动,全面提升交通运输文化建设水平,加快推进“四个交通”发展,总结交通运输行业构建核心价值体系以来的阶段性成果,共收录全国70余家企事业单位“核心价值体系”践行成果,主要内容包括各省、市、自治区交通运输企事业单位富有时代特征、地方特色、单位个性的核心价值理念体系表述及诠释、文化体系践行方法、文化品牌。对全国各地交通运输企事业单位继续深化文化建设,践行行业核心价值体系具有积极的推动作用。

本书可以作为交通运输行业文化研究人员的参考用书,也可以作为交通运输行业各单位和广大干部职工参考用书。

图书在版编目(CIP)数据

交通运输行业核心价值观践行 / 中国交通企业管理协会组织编写 .—北京:人民交通出版社股份有限公司,2014.11

ISBN 978-7-114-11796-1

Ⅰ.①交… Ⅱ.①中… Ⅲ.①交通运输企业—先进经验—中国 Ⅳ.①F512.6

中国版本图书馆CIP数据核字(2014)第252148号

Jiaotong yunshu Hangye Hexin Jiazhiguan Jianxing

书　　名:交通运输行业核心价值观践行
著 作 者:中国交通企业管理协会
责任编辑:张征宇　赵瑞琴
出版发行:人民交通出版社股份有限公司
地　　址:(100011)北京市朝阳区安定门外外馆斜街3号
网　　址:http://www.ccpress.com.cn
销售电话:(010)59757973
总 经 销:人民交通出版社股份有限公司发行部
经　　销:各地新华书店
印　　刷:北京盛通印刷股份有限公司
开　　本:787×980　1/16
印　　张:20.25
字　　数:352千
版　　次:2014年11月　第1版
印　　次:2014年11月　第1次印刷
书　　号:ISBN 978-7-114-11796-1
定　　价:78.00元

《交通运输行业核心价值观践行》编审委员会

前言

为贯彻落实党的十八大精神，有效践行社会主义核心价值体系，深入推进交通运输行业核心价值体系建设，2013年5月交通运输部印发《交通运输行业培育践行核心价值体系行动方案》，要求坚持教育和实践相结合、正面引导和问题治理相结合、解决思想问题和解决实际问题相结合、发挥典型示范作用和发挥群众主体作用相结合，深化培育践行核心价值体系的主题实践，在全行业开展核心价值倡导行动、道德模范引领行动、文明主题创建行动、文化品牌培育行动和行业形象塑造行动，切实推进价值践行落地生根。

近年来，交通运输行业企事业单位充分认识培育践行核心价值体系的重要意义，聚焦综合交通、智慧交通、绿色交通、平安交通建设，培育践行核心价值体系，结合各单位的自身特点与发展需求，开展企事业单位特色文化建设，取得了新的进展和成效。为系统展示以这些企事业单位为代表的行业文化建设新成果，中国交通企业管理协会和人民交通出版社组织策划、中国交通企业管理协会发展战略工作委员会组织有关人员编辑《交通运输行业核心价值观践行》和《交通运输文化建设案例集锦》。

《交通运输行业核心价值观践行》收录了70余家交通企事业单位富有自身特点和行业特色的价值理念，《交通运输文化建设案例集锦》收录了60余家交通企事业单位载体丰富、形式多样的文化建设实践案例，希望能对有关单位开展文化建设有所参考与借鉴。

目　录

安徽省交通运输厅

安徽省交通运输厅承担省内公路、水路交通行业的发展战略、规划、政策、计划基础设施建设、行业管理，综合运输体系的规划协调、统筹区域和城乡交通运输的协调发展，指导城乡客运及相关设施规划和管理工作，承担民航机场建设行业管理、项目布局节点衔接以及项目前期和建设中的相关协调服务工作，邮政管理的相关协调服务工作等。

核心价值理念体系表述及诠释

1. 核心价值观：人便于行、货畅其流，微笑服务、温馨交通

“人便于行、货畅其流”体现了交通运输的基本功能定位和服务特征。交通运输作为基础产业和服务性行业，要紧紧围绕建设布局合理、功能完备、有效衔接的交通运输体系，着力解决人民群众出行难和货物运输难的问题，使交通运输适应国民经济和社会发展的需要。“微笑服务、温馨交通”作为安徽交通运输全力打造的优质服务品牌，彰显了交通人的良好精神风貌、文明服务形象，具有浓郁的地域和行业特色，体现了安徽交通运输人以人为本、为民服务的优秀品质。

2. 使命：发展现代交通运输、服务美好安徽建设

发展现代交通运输业，是深入贯彻落实科学发展观，加快转变发展方式、大力发展现代服务业的战略部署，是由传统产业向现代服务业转型，具有全局性、方向性的重大战略，是适应经济社会发展的客观要求和交通运输发展规律的内在要求和价值取向。“服务美好安徽建设”是立足安徽发展实际，服务“三个强省”建设和地方经济发展的需要，推动交通运输适当先行发展的战略选择，体现了交通运输服务地方发展的使命所在。

3. 愿景：建设综合运输体系，实现人便于行、货畅其流，更加有力地服务经济社会发展、服务新农村建设、服务人民群众通畅安全温馨出行

体现了交通运输行业作为国民经济和社会发展的基础性和服务型行业的特征，体现了对未来发展愿望与发展前景的美好憧憬，以及对未来发展目标与发展效果的理想追求。“人便于行、货畅其流”体现了交通运输的基本功能定位和服务特征，“三个服务”体现了对交通运输本质属性的深刻认识，体现了对交通运输行业发展目标的高度认同。

4. 精神：团结拼搏、勇于创新、艰苦奋斗、乐于奉献

是行业核心价值体系的精髓，是民族精神和时代精神在交通运输实践中的生动体现，代表了广大从业人员的思想意志和精神风貌。团结拼搏体现了交通运输职工团结一心、通力合作、奋力拼搏、成就事业的协作精神。勇于创新是不断适应新形势的变化和发展要求，有效解决突出矛盾和问题，不断取得重大进展与突破的成功经验。艰苦奋斗是干部职工保持勤俭节约、艰苦朴素、拼搏进取、努力奋斗的优良传统，在大力推进交通运输科学发展、加快转型的进程中，创造了可歌可泣的光辉业绩。乐于奉献是交通运输建设、运输、管理、服务等领域工作人员，在平凡的岗位上、在艰苦的条件下，恪尽职守、真诚奉献，保障了交通运输事业的大发展。

5. 职业道德：爱岗敬业、诚实守信、服务人民、奉献社会

爱岗敬业是职业道德的基础。交通运输工作直接面向社会，与群众利益息息相关，交通运输职工首先要热爱本职工作、履行岗位职责；诚实守信是职业道德的精髓，要求交通运输职工做到诚实、诚恳，讲信义、守信用。服务人民是职业道德的基本要求，

服务是交通运输工作的本质属性，做好服务是交通运输发展的突出主题；奉献社会是职业道德的最高境界，交通运输职工要将奉献社会作为职业道德建设的出发点和归宿，在奉献中实现自我价值。

文化体系践行方法

1. 明确创建主题，深入扎实推动文化品牌建设

坚持把突出主题作为“微笑服务、温馨交通”创建的基本要求，以“一笑、二礼、三心、四创”为基本内涵，以解决管理和服务中存在的各种问题为着力点，先窗口后行业，集中三年时间、分两步走，在全行业开展“微笑服务、温馨交通”创建活动。活动中，围绕推动活动扎实开展，召开动员会、推进会，举行启动仪式，提出两大阶段实施方案，统一标识和徽章，组织经验交流，开展创示范工程活动，倡导比学习、比培训、比技能、比规范、比礼仪和“大练兵”等项竞赛，在全行业营造竞相创建、比学赶超的浓厚氛围。

2. 抓住创建之要，加强干部职工的能力素质培养

坚持把加强学习培训作为创建的基础工程、关键环节，通过组织员工业务培训、开展技能竞赛等项措施，规范服务行为，统一礼仪操守，行业特别是窗口单位员工的文明素养、服务品质显著提升。收费、路政、客运、政务大厅等窗口单位，采取“走出去、请进来”等项方式，组织礼仪老师、业务骨干对员工实施全方位、多层次培训，练口型、练形体、练礼仪、练用语，锤炼微笑服务本领，打造温馨交通工作流程。路政、运政、海事等系统和单位，从规范干部职工行为举止抓起，集中开展全员军事化训练和“大练兵”活动，再造文明执法的新规范、新形象。

3. 培育创建典型，发挥示范的导向作用

坚持把打造示范工程作为创建的重要方法、强力推手，启动省、市、县三级创示范工程，形成以示范典型带动全行业共同创建的良好局面。驻合肥交通运输单位集中在 16 个基层单位和窗口开展创示范工程活动，探索不同领域先行经验，打造各类示范标杆，培育了覆盖合肥地区高速公路收费、路政、客运、海事和政务窗口等领域的一批标兵典型。宿州、滁州、阜阳、池州、安庆等市针对各自特点和实际，

集中打造具有辐射和支撑效应的创建标兵，先后推出了在省内外有重大影响的宿州市埇桥区交通运输局、滁州汽车中心站等一批创示范工程先进单位。

4. 打造文化品牌，树立文明服务的新风尚

坚持把打造文化品牌、树立文明风尚作为创建的重要动力和目标，紧紧围绕创建“微笑服务、温馨交通”优质服务品牌，大力开展“三亮”、“三创”、“三比”活动，深化实践内涵，强化载体推动，在全行业形成奋力打造发展环境优化、服务流程规范、行为举止文明、行业风尚良好的浓厚创建氛围。合肥、黄山、亳州、淮南、淮北、铜陵等地通过启动“满意在交通”、“文明交通在行动”、“创双十佳”等项活动，打造特色品牌，巩固和扩大“微笑服务、温馨交通”创建成果。2013 年 5 月，安徽省交通运输厅联合省文明办共同表彰了 110 个创建“微笑服务、温馨交通”活动示范单位、200 名微笑之星。

文化品牌

微笑服务，温馨交通

文化品牌诠释

“微笑服务、温馨交通”体现的是一笑、二礼、三心、四创。

一笑，即微笑服务。倡导交通运输服务窗口通过创建微笑服务，创新服务，拉近距离，传承文明，凸显和谐，营造愉悦温馨的出行环境。

二礼，即行政执法人员执法过程中行举手礼，其他窗口服务人员在接待服务对象时行注目礼。倡导窗口人员在服务中主动向服务对象行举手礼（注目礼），出示执法证件（相关凭证）等，做到精神饱满，表情自然，行为规范，便捷高效。

三心，即热心问候，精心服务，衷心祝愿。倡导窗口人员在服务中，传递真情，精细服务，使用文明用语，做到来有迎声、问有答声、走有送声。

四创，即创文明标兵，创文明窗口，创文明行业，创温馨交通。倡导通过大力开展“学树建创”活动，引领交通运输干部职工把深化“四创”作为人生的追求、创业的平台、价值的展现，把个人愿景与团队精神有机统一起来，从而推动本单位乃至全行业服务能力和服务水平的全面提升，实现创建微笑服务、铸造温馨交通的目标。

山东省垦利县交通运输局

山东省垦利县交通运输局负责全县交通发展规划的制定和组织实施，县乡路的修建、管理和养护，落实国家交通行业管理的法律、法规和政策等，宏观调控管理全县的运输市场及相关行业。

核心价值理念体系表述及诠释

1. 核心价值观：大道为公，交通成和

“大道为公”源于《大道之行也》：“大道之行也，天下为公”。“大道”既指垦利四通八达的公路，是康庄大道、阳光大道；更是指交通文化蕴含的道义理念和道德风尚。“公”字表明垦利交通是具有公共性质和公共职能的服务行业。倡导公心精神、履行公共职能、追求公平制度、提供公众服务，正是垦利交通文化建设的核心内容。“交通成和”源于《庄子·田子方》：“至阴肃肃，至阳赫赫；肃肃出乎天，赫赫发乎地。两者交通成和而物生焉”。“交通成和”既显示出交通对于构建和谐社会的重要性，又体现出交通对于融合人际关系，使人与人之间减少隔阂、增加互信的重要意义。垦利交通的公共属性从宏观上着眼于对垦利经济社会发展的支撑与服务，微观处表现在加强人与人之间的沟通、交流与融合。

2. 使命：驱动经济发展，服务社会民众，传播现代文明

“驱动经济发展”是交通运输行业的基本使命，代表着交通运输行业在各行业中的基础性地位。一方面，交通自身的发展需要物资、资金和技术等多种要素的支撑，基础设施投资无论对拉动内需，还是增加就业都是一把利器；另一方面，驱动经济发展主要是辅助提高经济发展的效率，这就需要充分发挥各种交通方式的技术经济特征，建立更为高效的综合交通体系，用高效的交通服务驱动高效的经济发展。同时需要不断强化交通运输行业管理，提升公共服务水平，让迅速发展的交通事业为垦利经济腾飞和社会发展提供有力保障。

“服务社会民众”是交通运输行业的核心价值追求，是垦利交通贯彻执行党的全心全意为人民服务宗旨的根本要求，是垦利交通践行科学发展观，坚持以人为本的具体体现，也是交通运输行业公共属性的外在形式。交通运输“三个服务”中有两点都体现出民生、为民、服务民众的思想。把“服务社会民众”作为垦利交通的使命之一，多为人民群众办好事，多解决人民群众遇到的实际交通困难，不断创新垦利交通服务理念和服务模式，深化垦利交通服务内涵和外延，不断拓展垦利交通服务领域和服务层次，需要垦利交通人坚持不懈地奋斗。

在修通一条条道路，架起一座座桥梁，天堑变通途的时候，文明的道路也被修通了。路修到哪里，桥架到哪里，交通执法人员就坚守在哪里，文明的火种就会传播到哪里，并在哪里落地生根，垦利交通人的精神风貌、行为举止就会展现到哪里。

3. 愿景：打造中国县级交通新典范

伟大的愿景先于伟大的事业。愿景铸造品质，愿景构建未来。在全国2000多个县及县级市中，“打造中国县级交通新典范”体现了垦利交通决策层的非凡气度和美好愿景。这一愿景的实现，需要有魄力的领导者和强有力的领导层作为保障。“千里之行，始于足下”，一个良好的开端——开展交通运输文化建设——是这一愿景成功实现的一半。

这一愿景的实现，需要垦利交通人中的每一个分子都将这一愿景化为内心的意愿，使他们深信他们正致力于一项伟大的事业，并愿意为之全力以赴，也能从中获取足够的成就感。

这一愿景的实现，需要垦利交通人发挥团队的力量，每一个人都应该紧紧团结在垦利交通决策层的周围，合理利用每一成员的知识和技能，分工协作，拧成一股绳，

心往一处想，不达目标，决不罢休。

4. 精神：担当，有为，卓越

垦利县交通运输局是敢于担当的高效组织，言出九鼎，掷地有声，誓把垦利交通的共同愿景变为现实；垦利交通人是敢于担当的坚强团队，敢于将责任贮于心上，置于肩头，立足本职，不计付出。历史在向我们明示，一个敢于担当的民族，是一个有气节的民族；一个敢于担当的行业，是一个有未来的行业。面对垦利经济大发展的明天，垦利交通也一定会担当起历史赋予的责任。作为有精神追求、敢作敢为的垦利交通人，牢记自己的历史使命，把精神化为推动垦利交通前进的动力，也一定会在垦利交通建设的战线上写出自己不朽的篇章。

环渤海经济圈和黄蓝战略是垦利面临的新的历史机遇。将这一机遇转化为垦利经济社会发展的动力，需要垦利交通人上下一心，保持一流的精神状态，以勇于担当、舍我其谁的气魄，以奋发有为、着力创新的精神，紧紧握住时代的脉搏，聚力创造卓越。

5. 职业道德：诚信，和谐，顺道，重人

诚即诚实诚恳，信即信用信任，诚信表现了垦利交通人“内诚于心，外信于人”的基本道德标准和服务品质。和谐是指和睦协调，遵循规律，展望了交通事业互助合作、互利互惠、互促互补、共同发展的美好社会理想。顺道思想来源于黄帝内经，道顺民心便顺，才能确保天下苍生万世之太平，是交通事业最大的政治愿望。重人，体现垦利交通人将为人民谋福利作为交通运输行业发展的基本原则，事事以人民为重。“诚信，和谐，顺道，重人”的道德观体现了垦利交通人对自身、对他人、对世界所处关系的系统认识和看法。

文化体系践行方法

1. 领导干部争当文化建设的先行者和主力军

一是把文化建设工作放在重要位置，亲自规划部署，既有条不紊，又扎实加以推进。二是努力提高自身文化素养，在文化理念的提炼和形成过程中发挥主导、核心、

关键的作用，在文化的践行中发挥领导的表率作用，以身作则、率先垂范。三是重视体系形成后的践行，在机关日常运行中把交通文化有机融合，无形渗透，做到“润物细无声”。

2. 多措并举保障文化建设的合理性和科学性

首先，保证文化的视觉渗透。将办公楼打造成一座交通文化博物馆，建设了“和美交通”文化展厅，展示垦利交通发展历程和世界交通发展史。在楼层的走廊、电梯内设置展板，展示垦利交通的管理理念、文化理念和发展理念，营造浓厚的文化氛围。打造“交通文化建设示范街”。通过公交候车厅、公益广告牌、交通文化墙等载体上将交通文化的各层次建设成果进行平面展示。

其次，构筑文化平台。在交通运输局网站开辟文化建设专栏；组织开展“温情交通·庆祝东营建市 30 周年”、“青春与歌声”主题征文活动；举办“同读书·共智慧”主题读书会；充分发挥“职工书屋”的载体作用，为干部职工搭建了学习成长的平台。

第三，实现文化理念的融入。在原有文化手册基础上优化了《交通文化手册》，举办“《交通文化手册》有奖答题活动”、“《交通文化手册》践行模范评选”等，提高大家学习手册、实践文化要求的积极性。使每一个交通人牢牢记住每一条准则，每一个理念，每一项要求，随时检查自己，做到“日参省乎己”。

第四，开展特色文化活动。首先，组织开展了温情交通系列公益活动。开展“温情交通，爱心助教”活动，向黄河口镇第二小学捐出 5 万元的“情系黄河口助学助老爱心基金”以及价值 1.2 万余元的办公会议桌椅，并组建助教“爱心团队”，定期到教学力量薄弱的学校担任爱心指导教师，与学生在学习习惯、理想树立、人际沟通等方面充分交流，帮助提高学生的学习能力和社交能力，促进学生素质的全面提升；连续 7 年开展“温情交通，爱心送考”志愿服务活动，每逢高考，为广大考生提供免费乘坐服务，组建“爱心车队”，爱心车队全体驾驶员为“5·12”汶川地震灾区踊跃捐款 13000 多元；举办“家乡关怀，点燃希望”活动，在大学选取部分垦利籍品学兼优的大学生进行资助，使他们感受到来自家乡的温暖；在垦利县内选择一批困难群体，开展“免费学驾照”活动，帮助他们增加生活和谋生的技能，进一步发挥交通运输局的行业统筹优势，推进交通文化的感染和教化功能。其次，精心策划交通为民系列文化活动。开展了“交通为民，绿色出行”文明倡导行动，通过张贴《绿色出行、文明出行告知》、《致非法营运人员的一封信》，并进行面对面讲解，加深县区居民对绿色交通的认知，倡导“绿色垦利，环保先锋”的绿色出行文化理念；组织开展了“交通为民，从严执法”军训活动，增强了队伍纪律观念，提高了团队意识，锤炼了吃苦耐劳、敢于迎接挑战、不折不扣执行命令的交通干部队伍；开展了“交通为民，情暖童心”爱心捐赠活动，为所帮扶村郝家镇侯家村的45名儿童送去爱心学习用品，并与侯家村村委会一起向该村的3名特殊困难儿童每人捐赠500元爱心资金；精心筹备了“交通为民，情满旅途”公交文明行活动，充分发挥公交城市文明“窗口”示范作用，激励公交驾驶员安全行车、文明服务，旨在提升公共交通文化品牌的社会影响力；组织筹备了“交通为民，用心服务”服务明星竞赛活动。在交通政务大厅设置投票箱，工作人员在日常工作中，严格着装、服务用语、办事程序，让车主对办理人员进行投票，选出微笑服务明星。

3. 培育职工文化，实施队伍提质工程

通过“温暖交通”活动，如在特殊节日慰问职工父母、职工家事大家帮等形式凝聚人心和力量；组织“书画展神韵，翰墨绘人生”书画展，提升垦利交通人的文化素养，丰富职工文化生活；开展了“诵读国学经典，喜迎元宵佳节”活动，通过诵读经典，营造健康向上的节日氛围；开展了文明乘车引导活动。组织交通运输系统青年志愿者在车站、公交枢纽提供出行咨询、候车引导、行李运送等志愿服务；举行“文明用餐从我做起”主题签字仪式。发放“文明用餐”倡议书，号召全局干部职工节日期间节约用餐、健康饮食、杜绝舌尖上的浪费。2012年成功举办“和美交通京剧名家名段演唱会”。

同时，积极开展各种培训，提高职工文化素质。在垦利县交通运输局挂牌成立“山东交通学院县域交通研究院”，发现挖掘垦利县交通运输系统典型案例并进行研究推广，为垦利交通的发展提供有力的智力支持；依托山东交通学院成立垦利培训教学基地，根据行业职能和特点制定培训计划，每季度利用3天的时间学习一个专题，邀请专家教授来局授课，并针对具体问题进行现场交流；依托星期六学校、党的群众路线教育实践活动等载体，开设领导讲坛、先进模范报告会、道德讲堂等，让干部职工学历史、学先进，号召大家做文明的传播者、践行者。积极“走出去学”。组织交通文化建设小组分别赴邹平县、巨野县、曲阜市、莱阳市和龙口市5地，赴浙江省泰顺县、安徽省埇桥区、安徽省裕安区3地的交通局学习文化建设先进经验；组织全体干部职工走入清华大学、厦门大学参加“垦

利县交通运输局领导干部能力提升高级研修班”，通过自内而外的学习培训，文化素养不断提升。

4. 建设亚文化体系

垦利交通运输局把廉政文化全面纳入垦利交通文化体系。打造“廉政文化长廊”，让全体干部职工在文化艺术氛围的浸润中，得到廉政文化的熏陶，竖起了一道日渐厚重的“防火墙”。设置领导重视、文体活动、廉政漫画、案例警示、史海钩沉、廉政论坛、廉政书画等版块，做到了创意新颖、题材丰富。以政策宣传和榜样教育为主题，穿插讽刺漫画、格言警句、名人典故与反面案例，以此强化廉政教育的积极作用。在此基础上探索廉政文化建设新思路。一是普及廉政知识，培育廉政意识，引导干部职工在发展中树立尊廉崇洁、积极向上、无私奉献的责任感、使命感。二是健全具有交通运输特色的惩戒和预防腐败制度体系，加强内部管理，强化外部监督，印制了廉政书，提高干部职工道德水平和廉洁守法意识。三是组织全局干部职工赴临沂革命老区接受党性教育，提升了干部职工廉洁自律的情操，将清正守廉内化于行为规范之中。通过文化事业的熏陶，垦利交通局的廉政建设渐入佳境。清正守廉，已内化于垦利交通人的行为规范之中，营造出一股“清白正直，无欲则刚”的浩然正气。

时代不断进步，社会瞬息变化，垦利交通文化建设作为一个承上启下的过程，必将与时俱进，积极积累，不懈传播，持续充实完善，推动交通文化纵深发展。

文化品牌

躬垦息壤，以利于行

文化品牌诠释

“躬垦息壤，以利于行”非常准确地概括了垦利交通人以高度的责任感为垦利交通运输业安全、快速、高效发展，上下团结、勇于奉献的精神和行为，也激励着垦利交通人为塑造文化品牌不断努力。

安徽公路

ANHUI HIGHWAY

安徽省公路管理局　安徽省公路路政总队

安徽省公路管理局 安徽省公路路政总队是安徽省交通运输厅直属的正处级事业单位，承担全省公路行业管理职能，负责贯彻执行国家、省关于公路工作的方针、政策、法律、法规，组织拟定并实施全省公路行业相关制度和标准。具体负责贯彻执行国家、省关于公路工作的方针、政策、法律、法规，组织拟定并实施全省公路行业相关制度和标准。根据国家和省交通运输发展的总体规划，拟定并组织实施全省公路发展中长期规划和年度计划。负责全省公路行业统计工作；负责全省路网新改建（改善）工程设计、预算审批等前期工作。承担全省路网新改建工程进度、质量、投资等监管工作；负责全省国省干线公路的养护管理工作。指导公路行业安全生产和应急管理工作。承担公路路网运行监测和协调工作。依法实施全省公路路政行业管理，负责指导涉路工程审批管理，实施公路确权，查处侵犯、毁坏路产行为。负责指导全省公路系统财务管理和内部审计监督。负责指导公路固定资产管理。指导全省农村公路的规划、建设、养护和管理工作，指导全省公路科技进步和信息化建设管理工作，指导全省公路系统精神文明建设、体制改革和职工队伍建设等。

核心价值理念体系表述及诠释

1. 核心价值观：修路修身，养路养心

安徽公路文化核心理念包含 4 个范畴：“路”，即服务于经济社会的公共产品。公路部门承担着管理职责，修负责任的路，建负责任的行业，为社会和人民群众提供更安全、便捷、舒适的公路基础设施，通过高效的管理、优质的服务实现公路行业的价值。“人”，

即公路的产生源于人，发展依赖人，目的终于人。要建设一支高素质的公路职工队伍，促进人的全面发展，为全体公路人实现自我价值提供良好的行业发展环境。“身”、“心”，即品行操守和思想道德境界，是人们在不断进行内省并提升后的一种内在素质的表现方式。公路的发展离不开道德力量的支撑，要打造卓越的行业文化，使得公路通到哪里，文明就延伸到哪里。路，是公路人实现自我价值、服务经济社会发展的载体，而这种实现的过程体现出一种尊重人的品质，一种展示身、心的状态，一种追求和谐的境界。

2. 使命：建设和畅公路，服务安徽崛起

公为天下谓之和，大道之行谓之畅。安徽已步入承接长三角产业转移、实现跨越发展的战略机遇期，公路行业肩负的使命是建设和畅公路，发展现代公路服务业，促进经济社会发展，服务安徽崛起。新的形势，要求全省公路行业着力调整公路结构、转变发展方式、推进自主创新、完善行业管理，加快推进公路由传统产业向现代服务业转型，努力提高服务于安徽经济和社会发展全局，服务于社会主义新农村建设，服务于人民群众安全便捷出行的能力和水平。

3. 愿景：公路科学发展，行业文明和谐

树立以人为本、科学发展、服务高效、法治有序、充满活力的发展理念，建设一个适应安徽经济社会发展的安全通畅、优质经济、环保舒适的现代化公路交通网络，实现人便于行、货畅其流，让人们享受高品质的公路服务，让经济社会发展更加充满活力，让公路与人、公路与自然、公路与社会更加和谐。

4. 精神：奉献、创新、进取、人本

公路行业要大力弘扬“敬业、奉献、团结、开拓”的铺路石精神，秉承“敢为人先、追求卓越”皖人的创新精神，践行“踏实稳健、勇往直前”徽骆驼的进取精神，体现“路畅人和、和谐共享”的人本精神。

5. 职业道德

热爱公路，奉献社会，团结协作，开拓进取；
忠于职守，精益求精，继承传统，创业创新；
心系群众，友善诚信，遵纪守法，气正风清；
秉公办事，和谐文明，科学发展，服务崛起。

文化体系践行方法

1. 凝聚智慧力量，构建公路文化核心价值体系

自2008年以来，安徽省公路管理局提出“用公路文化凝聚人心，用公路文化变革管理，用公路文化规范行为，用公路文化打造品牌”，决定用5～6年的时间，初步建立起适应安徽省经济社会发展要求、遵循文化发展规律、符合公路发展战略、反映行业特色的公路文化体系。经过不断地探索、实践，明确提出了高度凝练的核心价值理念体系。

2. 深化文化内涵，彰显公路文化建设成果

（1）展形象，外化于形，塑造物质文化

大力开展了标志标识规范化建设，建筑物、交通标志、机械、车辆的外观做到了规范统一；全面实施“五小工程”建设，小图书室、小健身房、小食堂等如雨后春笋般建立起来；同时，着力打造文化机关，统一了机关视觉形象识别系统，打造文化长廊，将文化体系推广“上墙”，以文化装点环境，以环境烘托文化。局办公楼设立了公路文化展厅，通过一幅幅生动的公路展图，记载安徽公路厚重的历史，再现艰苦创业的峥嵘岁月和科学发展的辉煌成就，使公路文化的美丽历历在目。

（2）严管理，固化于制，完善制度行为文化

在探索、完善、创新的基础上，先后制定了《安徽公路文化建设实施纲要（2010—2015）》、《安徽省公路文化建设示范单位管理办法》、《安徽省文化公路指导意见》、《安徽省公路系统文化建设“十百千”工程实施方案》等行之有效的管理制度，规范、指导全省公路文化建设的开展；编写并公开出版了《安徽公路文化手册》，系统阐述了安徽公路文化的价值体系；编印了《机关管理制度汇编》、《安徽公路文化发展报告（2008—2013）》、《安徽公路歌曲歌词作品集》。

3. 坚持文化引领，提升安徽公路行业形象

（1）与窗口服务相结合，微笑服务誉满江淮

在“微笑服务，温馨交通”活动开展过程中，安徽省公路管理局牢牢把握以人为本这个主线，大力践行“修路修身，养路养身”核心价值理念，用文化的力量创新服务，用文化的力量激发热情，用文化的力量升华内涵，逐步做到有典型、有特色。在总结窗口单位“微笑服务，温馨交通”活动经验的基础上，进一步拓展范围，

将活动向执法部门、基层道班、机关延伸，充分利用超限超载检测站、道班等，建立公路“温馨驿站”，为过往司乘人员和社会公众提供方便。

（2）与工程建设相结合，塑造具有徽风皖韵的文化公路

在创建文明示范路的基础上，因地制宜、因势利导，积极开展文化公路建设，在公路上注入富有地域特点、行业特色的文化元素，以自然生态为主，以人文景观为辅，努力塑造具有徽风皖韵的文化公路。在G205文明示范路和S431绩伏路华阳至龙川路全省“文化公路示范段”建设中，提出了“五色绘皖韵，一路读安徽”的创建理念，结合道路改造升级，加强路域环境整治、提升服务水平、赋予文化元素。

（3）与养护管理相结合，提升公路基础设施的文化品位

安徽省公路系统建立了省、市、县、道班4级日常养护监督检查考核体系，秉承“有路必养、养必畅通、通必持久”的宗旨，着力打造“畅、安、舒、美”的公路通行环境，结合沿线地方文化实施路域环境综合整治工作，从根本上改变公路的路容路貌，营造出人性化、特色化、生态化的路域环境，为群众出行提供安全高效便捷的服务。

（4）与路政治超相结合，探索和谐执法的文化管理新途径

积极开展了“六个一”活动（一张笑脸相迎、一声问候致礼、一把椅子让座、一杯茶水暖心、一腔热情办事、一句再见道别）倡导使用文明用语，杜绝工作忌语，极大地提升了服务水平与效果。完善了行政许可网上审批功能，成立路警联合指挥中心，实现了与交警的数据交换和联合审批，方便了行政审批相对人，解决了人民群众办事难的问题。在治超站设立服务大厅，实行“一站式服务”，在法律法规和规章规定的范围内，融公路文化于执法管理中，实行人性化执法、亲情化服务。

文化品牌

修路修身，养路养心

文化品牌诠释

把握一个依靠——全心全意依靠公路职工；

注重两个建设——建设高品质的公路、建设高素质的队伍；

铸造三种精神——奉献精神、求实精神、创新精神；

实现四个和谐——人与人和谐、人与公路和谐、人与自然和谐、人与社会和谐。

安徽公路
ANHUI HIGHWAY

安徽省淮北市公路管理局直属分局

安徽省淮北市公路管理局直属分局（简称直属分局）地处苏、鲁、豫、皖4省交界处，现有职工131人，负责市辖3区境内126公里国省干线公路的养护和管理工作。直属分局成立于1998年，是公路养护和管理的最基层单位，内设6个职能科室、下辖1个养护公司、4个道班和1个养护作业点。

核心价值理念体系表述及诠释

1. 核心价值观：心路相印，修道为公

核心价值观是最重要的精神追求、精神支柱和动力所在。淮北市公路管理局直属分局信奉“爱国、爱民、爱路、爱岗”，追求“求真、务实、高效、廉洁”，践行“精心建设、细心养护、用心管理、真心服务”。

2. 使命：服务淮北工业化、城市化、城乡一体化建设，服务人民群众安全便捷出行

公路行业肩负的使命将是建设和畅公路，发展现代公路服务业，促进经济社会发展。新的形势，要求淮北公路行业应着力调整公路结构、转变发展方式、推进自主创新、完善行业管理，加快推进公路由传统产业向现代服务业转型，服务淮北经济和社会发展全局，服务淮北在皖北地区率先崛起。

3. 愿景：公路科学发展，行业文明和谐

直属分局立足公路管养中心工作，奋力建设精致淮北，实现产业精良、文化精深、城市精美、作风精细。

4. 职业道德

热爱本职，献身公路；团结协作，服从大局；
尽职尽责，真情服务；坚持原则，遵守纪律。
职工在日常生活中培养谦虚好学，在实践中体验，做到理论联系实际，在自我修养中提高知行统一。

文化体系践行方法

1. 凝练阶段——通过调研、梳理、总结、形成理念体系

围绕中心工作建管养，在总结多年发展和实践经验的基础上，直属分局开门纳策，广泛调研，悉心听取广大干部职工的意见和建议，通过反复论证、确认和提炼，树立了“心路相印、修道为公”的公路文化建设核心价值理念。确立了“科学发展、文明和谐”的共同愿景和“服务淮北城市转型发展、服务人民群众安全便捷出行”的行业使命；凝练出“团结、奉献、严细、创新”的公路精神。并在此基础上形成了责任观、安全观、廉政观、道德观、学习观、人才理念和管理理念等，形成了直属分局文化理念体系，制定了《直属分局公路文化建设实施纲要》。

2. 渗透阶段——营造文化氛围与环境，形成文化意识和信仰

一是在分局机关及所属道班等职工经常出入的场所，以书画的形式展示直属分局的文化理念、管理理念和发展理念。二是打造文化公路，在有条件的国省干线候车厅和景观处，展示直属分局的发展历程和光辉业绩，激励职工使命感和责任感。三是设立了书画创作室、职工活动室、图书室、荣誉室等场所，印制了《公路文化手册》和《公路文化画册》，编印《直属分局简报》，定制了桌卡、胸卡、台历、信笺、档案盒等带有公路文化标识的产品，使干部职工时刻处在浓厚的文化氛围中，受文化熏陶，时有所见、时有所感、时有所得。

3. 践行阶段——通过宣贯、规范与引导，变成职工自觉的行为

（1）理念先行，文化建设落地生根

首先从加强宣传教育入手，通过开展专题讲座和举办文化培训活动，明确目标、统一思想，使职工认识到公路文化建设的重要性和必要性。通过对优秀文化资源和文化内涵的挖掘和汲取，丰富了文化内涵。一是挖掘地域文化——汉文化，让公路文化传承历史文化的精华。二是挖掘行业文化，弘扬铺路石精神，体现行业宗旨。三是动员职工践行核心价值理念，为文化建设的推进打下了坚实的思想基础。

（2）夯实基础，物质文化外化于形

在公路文化建设中，高度重视物质文化建设。一是在机关和所属道班实施公路视觉标志统一规范工程，体现公路文化元素。二是将核心价值理念、管理理念、远景目标等的宣传标语图表置于醒目位置，让职工在潜移默化中形成相同的价值取向。三是建立荣誉陈列室，激励职工继承优良传统。四是加强基础设施建设。开展“五小”（小宣传栏、小运动场、小图书室、小健身房、小食堂）建设活动，努力营造良好工作环境。五是投入资金改善学习环境，提高办公自动化水平，为职工岗位学习、提升素质搭建平台。

（3）规范管理，制度文化固化于制

在推进公路文化建设的过程中，直属分局狠抓制度规范化建设，切实做到以制度约束人。在规章制度、操作流程、工作机制、管理手段、行为规范、考核评定等方面修订和完善了40余项制度，有力保障了工作正常高效运转，也为直属分局文化的形成和延伸提供了强力支撑。

一是倡导人本管理。注重倾听一线职工的意见，在制度的修订和执行中让职工民主参与。二是建立科室轮值制度，让职工充分行使权力，增强职工的主人翁意识。三是建立激励机制，完善内部分配制度，引导职工“凭工作立身，以贡献论英雄”。

（4）践行理念，精神文化内化于心

一是开展学习型组织创建活动，努力营造全员学习、终身学习的氛围。普遍开展“每天半小时，两月一本书”读书活动，组织职工“班务会上讲一点，集中学习讨论一点”交流读书心得。制定职工教育发展计划，加强各类教育培训活动，学政治、学技能。二是加强爱国主义和集体主义教育，培养职工爱岗敬业的职业操守，增强服务社会的使命感。三是积极引导职工树立“团结协作，公平竞争”的观念，通过竞聘、考核等机制，树立竞争意识，打造了一支作风过硬、业务精湛的骨干队伍，为直属分局履行职能、建设“畅、安、舒、美”的公路管养路段奠定了坚实基础。

（5）崇德向善，行为文化知行合一

建立职工行为规范系统，制定职工行为规范并引导职工普遍遵守。一是编制了《文化手册》和《文化画册》，着重对行为规范做出了详细的规定。二是建立了职工行为衡量指标和价值评判体系。三是开办道德讲堂，设立职工素质学校，引导职工明礼诚信，崇德向善。

（6）丰富载体，特色文化异彩纷呈

直属分局在推进公路文化建设过程中，注重打造具有影响力和辐射力的特色文化品牌。一是"温馨驿站"。结合开展"微笑服务，温馨交通"活动，在基层道班普遍设立温馨驿站，向驾乘人员提供服务，排忧解难，将"服务群众，奉献社会"的要求落到实处。二是"文明示范路"。在管养路段大力开展文明示范路创建活动，培育职工悉心管理，精心养护意识，管养路段 90% 建成了示范路。三是"巾帼建功道班"。开展"五好女职工"评选活动，引导女职工自尊、自信、自立、自强，在文化建设中发挥"半边天"作用。四是基层党建示范点。加强基层党组织建设，建立党代表工作室、组织党员志愿者队伍，成立党员抢险突击队，充分发挥党员在公路文化建设中的先锋示范作用。

4. 创新提升阶段——通过总结和提升，塑造公路行业良好的社会形象

直属分局文化建设工程的后续工作将围绕以下几个方面开展：第一，深化人本理念，组织人员培训。同时，有计划性开展文化公路建设活动，使公路产品成为直属分局文化的"传播者"；第二，继续深入开展"微笑服务、温馨交通"、"文明志愿服务"等一系列社会公益活动，树立公路行业社会公益形象，传递社会正能量；第三，总结历年来公路文化的先进经验，编辑出版公路文化研究成果，作为进一步加强文化建设的理论指导和生动教材；第四，深入推进管理工作由制度管理向文化管理迈进；第五，加大管理力度，利用网络、电视等媒体对公路文化进行全方位宣传，提升知名度和影响力，为公路事业的发展积蓄能量。

直属分局坚持从实际出发，勇于创新，文化建设不断取得新突破，不断出现新亮点，不断迈上新台阶。先后获得"全国交通运输系统工人先锋号"、"全国交通运输企业文化建设卓越单位"、"安徽省厂务公开民主管理工作先进单位"、"安徽省交通运输系统精神文明建设示范窗口"、"安徽省公路系统文化建设示范单位"、"淮北市先进基层党组织"、连续五届"淮北市文明单位（标兵）"等 20 余项省（部）市级荣誉称号。

亳州公路直属分局
BOZHOU HIGHWAY·DIRECTLY UNDER THE BRANCH

安徽省亳州市公路管理局直属分局

安徽省亳州市公路管理局直属分局（简称直属分局）负责谯城区境内公路的建、养、管工作。现有在职职工 235 人，离退休职工 109 人，设办公室、财务科、人教科、安机科、工养科 5 个科室、1 个路政大队，管理 4 个治超站、1 个养护工区及大杨、燕庄、八里河、六里桥 4 个中心养护道班，管养国道 311 线、国道 105 线、省道 307 线 134.26 公里，重要县道 4 条 91 公里。

核心价值理念体系表述及诠释

1. 核心价值观：修路修身，养路养心

核心价值观主要是描述组织做事的标准原则，它是在人们心中一股令人深受感召的力量。

直属分局人以“修路、养路”为天职，以“修身，养心”为精神归宿。义不容辞地做好道路施工、建设和养护等工作，并在高强度、高压力的工作环境中不断磨砺自己，修身养心，为地方的和谐发展贡献更大力量，塑造分局品牌形象，创造无限社会价值。

2. 使命：建设和畅公路，服务养生亳州

使命主要回答组织为什么而存在。“建设和畅公路”是直属分局义不容辞的责

任和义务，全力以赴做好所辖各级公路的修建、养护等工作，并尽职尽责查处各类侵犯路产路权、超限超载等违法行为，减少安全事故发生，保障人民生命财产安全，赢得社会大众和公路系统的信任和认可，促进亳州经济持续、快速、健康发展。

3. 愿景：开拓谯城大道，打造品牌分局

对组织未来的展望，以及使命达成时的景象。“大道”包含着3层含义：一是指有形的公路；二是因公路架起的地区之间政治、经济、文化的交流大道；三是指因公路畅通实现了广大人民群众康居乐业的致富大道。

作为亳州公路管理局的分支机构，直属分局立志成为系统内具有品牌影响力的地方分局，不仅致力于有形的公路开拓，修建和养护，更为无形的沟通大道、致富大道贡献巨大的力量，服务地方经济发展，造福万千百姓生活。

4. 精神：铺路石，创新，进取，人本，专注

行业的铺路石精神：直属分局坚决奉行公路行业倡导的“默默无闻的奉献精神、任劳任怨的敬业精神、众志成城的团结精神、一往无前的开拓精神”。

皖人的创新精神：创新是直属分局发展和进步的动力源泉。直属分局自成立以来，一直秉承皖人的创新精神，敢为人先，追求卓越，不断优化管理和服务创新，完善各类管理制度，搭建文化体系，在系统内形成了良好的示范效应。

骆驼的进取精神：直属分局人踏实稳健，一步一个脚印地修建、养护好每一条公路，服务、保障好每一个对象，连接区域沟通，架设发展平台，勇往直前，绝不会因为暂时的困难而停下不断前进的步伐。

公路人的人本精神：人本指“尊重人，以人为中心，一切为了人，一切依靠人，直属分局始终践行人本精神，在追求道路安全畅通的基础上，争取帮助每位职工实现自身的人生价值和社会价值，真正做到“路畅人和，和畅共享”。

直属分局的专注精神：直属分局人专注于公路行业，不怕风吹日晒，不怕严寒酷暑，坚守公路阵地，保障道路畅通。直属分局人专注于工程质量，注重细节，追求完美，建设精品工程，养护精益求精。直属分局人专注于安全生产，发现隐患，排除隐患，严查公路违法行为，造福万千人民。

文化体系践行方法

2006 年 11 月，直属分局召开了公路文化建设项目启动会，制定了《文化传播应用实施纲要》，明确了分 3 步走的文化建设战略规划。公路文化开始向有计划的、有课题的专业研究方向发展。2008 年全省公路系统文化建设推进会在分局召开。2010 年被评为交通运输部第二批文化建设示范单位。2013 年以来，分局领导班子对分局的文化载体进行再充实，对优秀文化成果进行充分展示。

直属分局成立了公路文化建设领导小组，把文化建设纳入重要议事日程，从规范员工行为、加强制度建设、统一外观标识等入手，把核心价值理念、职工行为规范、规章制度固化下来，倾听职工心声，结合工作实际，不断探索、践行有特色的公路文化，实现人性化、制度化的文化管理，加强公路人的集体认同。

“十二五”以来，亳州市公路发展进入了突破创新时期。直属分局找准新的工作点，将全省公路文化宗旨与分局文化精神有机结合起来，总结提炼出富有时代特征的公路文化，秉持公路人“修人民最满意的路、修政府最放心的路”的理念，反映全体职工的共同信念和价值取向。正是在文化建设中的上行下效、同心同德，分局的文化建设成绩斐然。

日照市公路管理局

日照市公路管理局为正处级事业单位，负责全市境内高速公路、国道、省道干线公路的规划建设、养护管理、路政执法和车辆通行费征收等工作。近年来，在山东省交通运输厅、省厅公路局的正确领导下，全局干部职工团结进取，真抓实干，促进了公路事业又好又快发展。

核心价值理念体系表述及诠释

1. 核心价值观：与时代同步，与文明同行

这一核心价值观是日照公路事业发生质的飞跃的一种反映和标志。其中，“与时代同步”是一个不断创造的量变过程，“与文明同行”是一个由量变到质变的追求境界。与时代同步是以发展的观点满足社会经济发展和人民群众对公路交通日益增长的需求，时刻以时代的要求、群众的意愿作为公路工作的出发点和落脚点，实际上就是要解决人民群众“走得了、走得畅”的问题。与文明同行是把文明贯穿于公路改革发展的全过程，在建设“畅、安、舒、美、优”的公路基础设施的同时，又要建设高素质的干部职工队伍，向社会提供文明优质的服务，展示良好的公路文明形象，实际上就是要解决人民群众“走得好、走得舒适、走得温馨，走得愉快”的问题。

2. 使命：路修到哪里，文明就延伸到哪里

公路是城市与城市、城市与农村之间交通的纽带，是人类文明脚步的延伸；公路同时也是城市文明的窗口，是人类进步的象征。现代社会离不开现代交通，目前，随着经济社会的大发展，全国公路行业迎来了前所未有的发展机遇，使文明行业的创建工作显得更加重要。多年来公路工作的实践证明，创建文明行业是落实科学发展观的具体体现，是构建和谐公路、提高行业竞争力的有效途径。创建文明行业是涵盖公路各项工作的系统工程，只有用文明创建工作统领全局，才能保证创建工作的生命力和影响力，只有围绕发展抓创建，自觉地将创建活动与公路建设和行业管理紧密结合起来，才能做到两手抓、两促进。公路行业必须站在新的历史起点上，创新思维理念、创新工作思路，在不断加快公路建设的同时，把创造文明行业工作摆到更加突出的位置，通过解放思想、推动公路事业发展；通过提高职工素质为公路发展提供队伍保证；通过提高公路的文明程度，提升公路人的整体形象。要以“创造文明行业，构建和谐公路”为主线，以争创全国文明行业为目标，强化公路行业的精神文明建设，充分发挥文化启迪思想，陶冶情操，传授知识，鼓舞人心的积极作用，不断解决对文明创建工作不重视、发展不平衡等问题；不断提高创新意识，积极推进文明创建工作思路、方法、手段和载体的创新，不断增强文明创建的科技含量和文化内涵，让公路行业建设与时代同步、与文明同行，形成公路与人、公路与自然、公路与环境的和谐发展。

3. 愿景：建设美丽公路，实现美丽公路梦

建设美丽公路是全体日照公路人共同认可、向往、渴望的愿望，建设美丽公路共同愿景包括公路发展远景、价值观、行业使命、最终目标，既符合公路建设发展实际，也体现了行业发展的远大目标，又展望了全体公路人的共同愿望。日照市公路管理局打造美丽公路梦的愿景：建设具有美丽品质的行业价值观，推行美妙的生产方式，营造清洁优美的路域环境，贯彻内涵丰富的公路文化，实现人、车、路、山川、江海秀美和谐的公路风貌，使“人畅其行、货畅其流”，更好实现公路行业“服务人民、奉献社会”的宗旨。

4. 精神：铺路石精神、愚公移山精神、港城铁军精神

铺路石是公路上最普通平凡的石头，也是对公路人最贴切最形象的比喻。铺路

石精神包含着不为名、不逐利的崇高精神境界；心地无私、甘于奉献的优秀品质。甘为大局牺牲小我，甘为他人提供臂膀。不怕苦、不怕累、不为名、不逐利，脚踏实地在平凡的岗位上做出不平凡的业绩。“逢山开路、遇水架桥”是公路工作的较为典型的代表，愚公移山精神在反映行业特色的同时，也更能折射出公路人执着、坚守、坚韧的性格。在公路建设的漫长岁月里，日照公路人传承优良传统，锻造了一支“特别能吃苦、特别能战斗、特别能攻关、特别能奉献”的港城铁军。这三大精神成为日照公路文化的核心精神文化，为日照公路发展提供了源源不竭的精神动力。

5. 职业道德：同欲者胜、同德者荣

同欲者胜，历来被军事家奉为治军之要。事业发展如同治军，千军万马能否形成一个拳头关键是大家能否合心。同德则同心、同心则同志、同志则同欲。公民基本道德规范，为社会文明进步勾勒出了理想的框架，“八荣八耻”新社会主义荣辱观，用简洁、明了的话语将日照公路人的基本道德行为更为具体、更为准确具体地表述出来，通俗易懂。公路事业的发展进步，需要全体公路人的共同努力，需要团结和谐的工作环境。只有秉承共同的梦想、愿景和使命，才会最终成势，只有秉持共同的组织原则、机制和文化，才会最终成功，只有秉守共同的人性原则、信任和尊重，才会最终快乐。日照公路人就是要以同德为荣，以同欲为制胜之本。

文化体系践行方法

为推动公路事业更快发展，自 2002 年开始，日照公路管理局在工程建设、公路养护、规费征收、路政管理以及文明行业创建等各项工作的不断探索实践过程中，经过凝练、升华，最终塑造出“日照公路与时代同步、与文明同行”的公路文化品牌。经过近 10 年的实践，这一品牌已在全市公路系统广泛推开，并上升为山东公路的统一品牌，在社会上引起了良好反响，对促进公路事业的发展起到了积极的推动作用。

全局各基层单位和机关各科室，在遵循共性中培育个性，围绕具体业务工作差异、每个单位的工作特点，逐项工作、逐个单位研究提炼了 28 个子品牌，形成了母品牌建设与子品牌建设、大公路文化与小领域文化建设互补的良好格局。“日照公路与时代同步、与文明同行”通过“六个文明”和“四个和谐”的十大行业文化支撑体系实现文化践行。

1. 公路建设塑造文明

公路建设，就是文明建设的物化塑造过程。在这个过程中，科学的规划设计是前提，文明的施工管理是保障，严格的质量控制是措施，和谐的环境美化是追求，这些都赋予了公路里程碑一样的品质。先哲说，世上本没有路，走的人多了也就成了路。路修到哪里、文明就延伸到哪里。公路，就是一座座文明的丰碑。

2. 公路养护展示文明

建设是发展、养护也是发展，并且是可持续发展。在养护工作中，积极倡导“把心放在路上、把路放在心上”的理念，着力建设绿色公路、生态公路、景观公路，通过文明的公路形象展示时代精神风貌。通过养护工作把畅、安、舒、美、优的通行环境奉献给公众，为行路者提供“人在车上坐，车在画中行”的美好享受。

3. 规费征收传播文明

规费征收是公路文明与社会直接交流的一个重要窗口。通过开展“温馨收费亭，愉快伴你行“金牌服务活动，内强素质、外树形象，以收费为依托，以管理为手段，以服务为目标，构建收费员同驾乘人员的和谐关系，公路文明通过三尺岗亭这个窗口得以不断传播。

4. 路政管理提升文明

规范执法、文明服务、装备精良、反应迅速是对路政执法人员的基本要求。路政管理提升文明，就是要以和谐管理为基础，不断提升路政人员的知识化水平，不断提升路政装备的现代化水平，不断提升路政执法的规范化水平，不断提升路政管理的科技化水平，坚持以人为本，执法为民，努力打造科技路政、规范路政、服务路政的新形象，不断提升公路文明层次。

5. 行风建设延伸文明

从行业文化、廉政建设、载体活动 3 个重点入手，倡树正气，打击歪风，由过去的部门搞创建、内部搞建设，转变为开门搞创建，主动聘请社会行风监督员，通过媒体、宣传栏等把服务措施、行风建设情况向社会公布，接受社会、政府和人民群众的监督，向全社会展示公路文明行业风采。

6. 改革创新发展文明

创新是事业发展的不竭动力源泉，在提出“六个文明”的同时，又紧扣日照公路文化品牌时代性、先进性、实践性、服务性四大特点，在建设社会主义和谐社会的大前提下，结合公路行业实际，又提出了“四个和谐”，着力构建和谐公路。

7. 建设和谐的公路社会环境

公路建设是部门行为，直接对政府负责，政府决策又取决于经济社会发展，3者紧密结合，互为依托。建设和谐的社会环境就是要摆正社会、政府、部门3者的关系，通过为社会提供便捷、优质的公路交通服务，争取政府以及社会各界的最大理解、支持和关注，实现部门行为、政府行为、社会行为的相互转化、共同发展，最终实现公路同全社会的和谐。

8. 建设和谐的公路生态环境

牢固树立“不破坏就是最大保护”的设计、建设理念，强化绿色公路、生态公路建设意识，让公路绿化和附属设施建设与周围环境协调统一，使公路融入自然、美化自然，既是畅通的经济发展大动脉，又是靓丽的风景线。让公路本身就成为一道景观，把公路打造成和谐生态环境的一部分，不仅自身展现和谐，而且要和谐地融入自然中。

9. 建设和谐的公路管理环境

建设和谐的管理环境，就是要树立大局意识、一盘棋思想，以制度的手段抓规范，以人为本的管理凝人心，实现人与人之间和谐，通过人文的和谐达到公路建、养、征、管各项业务工作以及精神文明建设水乳交融、同步发展的目的。

10. 建设和谐的公路文化环境

建设和谐的公路文化，就是要以“与时代同步，与文明同行”品牌建设为核心，不断丰富、完善体系建设，硬件抓建设，软件抓管理，载体抓活动，让每一名公路职工的精神家园得到充实，引导和激励公路职工在工作中始终保持奋发有为、昂扬向上的精神状态，进而衍生出推动公路跨越发展的强大精神力量。

青海省海西公路总段

青海省海西公路总段（简称海西总段）地处祖国闻名遐迩的柴达木盆地，隶属青海省公路局，为正县级事业单位，1957年6月建段，截止2014年5月，海西总段管养总里程为2326.208公里。其中：国省干线公路1656.456公里，高速及一级公路669.752公里。养管公路线路东起布哈河，南通格尔木，西至茫崖石棉矿与新疆接壤，北部冷湖与甘肃省为邻。主要职责是负责青海省海西州境内2326.208公里国省级干线公路和高等级公路的养护管理任务，所辖公路大多穿越没有绿色植被和人烟稀少的戈壁荒漠、雅丹地貌，环境艰苦，平均海拔3000米以上，是全省6个公路总段中建立时间最早，养护里程最多、服务地域经济总量最大，精神文明、文化建设方面走在全省公路交通行业前列的大总段。

核心价值理念体系表述及诠释

1. 核心价值理念：诚信，责任，奉献，创新

诚信：在公路养护管理和文明服务各个方面，求真务实，积极践行社会主义核心价值观，自觉遵守职业道德，兑现服务承诺，融入“精品”理念和“精细管理”理念，全面加强公路质量管理，努力构建“质量公路”，为社会提供人民群众满意的公路服务。

责任：始终以服务社会为己任，努力克服困难，坚持发展是第一要务，通过科学发展不断提升养护管理工作效率，解决公路发展“瓶颈”制约，为社会提供优质

的公路交通服务，做一个对社会高度负责的行业。

奉献：大力弘扬“艰苦创业、无私奉献、勇于创新、团结奋斗、科学务实”的柴达木精神、青海交通行业精神，“铺路石”精神和“人一之，我十之”的实干精神。

创新：把创新贯穿于公路交通现代化建设的各个方面，营造有利于创新的文化氛围和制度环境，激发全总段的创新精神，大力推进理念创新、管理创新、技术创新、服务创新、机制创新，走以创新促发展的道路。

2. 使命：养好公路，保障畅通，竭诚为经济社会发展和新农村建设以及人民群众出行提供优质高效的公路服务

海西总段始终坚持做好“三个服务”和实现公路事业“四个发展”的工作目标，以工作实践表明了海西总段作为公路部门在推动海西州经济社会发展中存在的意义和价值。

3. 愿景：成为人民群众满意的责任单位

做人民满意的责任单位反映了海西总段“人民交通为人民”的服务宗旨，描绘出“建设和谐总段，提供高效优质公路服务，融入社会发展，做高度负责公路总段”的美好蓝图。

4. 精神：团结奉献，爱路敬业，甘当路石，创新超越

在传承弘扬柴达木精神和老一辈公路人“铺路石”精神的基础上，凝练、概括和升华了海西总段干部职工共同具有的思想境界、意志状态和精神状态。

5. 职业道德规范：以路为家、无私奉献，精心养护、确保质量，珍爱生命、消除隐患，勤俭节约、提高效率，见难相助，共建和谐

固化了海西总段全体干部职工的职业准则和应该承担的道德义务。

文化体系践行方法

1. 确定文化发展规划

2008年以来，以培育特色公路文化、强化“以人为本”的服务理念为内容，确立了“立足当前、谋划长远、无私奉献、再创佳绩”的创建工作方向。提出坚持以

人为本的管理理念，建设精品工程的质量理念，严格规范行为的服务理念和不断追求卓越的形象理念，狠抓公路文化建设，引导职工践行社会主核心价值观和海西总段核心价值体系，积极参与创建“激情公路人、奉献柴达木”文化品牌活动，在推动公路物质文化、制度文化和精神文化建设方面取得了显著成效。

2. 组织领导

总段党委从加强组织领导和提高各级领导干部对品牌文化的认识入手，建立健全公路文化领导机构，采取中心组学习、专题讲座、集中培训、外出考察等方式，对管理干部进行公路文化知识专题培训。总段所属各单位结合实际，认真贯彻落实《海西公路总段公路文化建设实施方案》的各项要求，研究制定了加强本单位戈壁文明通道品牌文化建设计划，明确了分工、落实了责任，形成全员、全方位、全过程的公路文化建设格局。

3. 经费保障

为确保文化品牌建设取得实效，海西总段强化财务管理，将公路文化建设资金纳入年度预算管理，有计划地安排公路养护、文明建设和文化宣传费用。2010 年以来，在保障公路管养工作高效开展的同时，仅群众性创建活动投入就达 240 余万元。有效提高了广大干部职工参与文化建设的积极性和创造性。

4. 文化活动

一是以养护管理展示公路文明。积极开展“养护上规程、操作上规范、质量上标准”活动；深入开展党员示范路、军（警）民共建示范路、“畅安舒美”示范路等公路养护品牌示范活动；二是不断完善公路服务功能，在养护工区设立被司乘人员称为“司乘之家”的“服务窗口”；设立路况咨询服务热线，制作大型路况信息电子显示牌；三是以文化活动延伸公路文明。每年都组织开展各种形式的知识竞赛、演讲、歌舞、摄影、绘画、书法比赛等，特别是近年来每年举办一届具有海西公路特色的“奉献在柴达木”系列活动，已成为在海西地区乃至全省交通行业的“名片”。大力开展“知荣辱，树新风”主题道德实践活动和“送温暖、献爱心”、“金秋助学”等扶危济困活动。四是大力实施职工队伍素质提升工程，推行“全员学习”、“全过程学习”、“团体学习”的学习目标，并制定出切实可行的鼓励、奖励措施，采取脱产与半脱产、长期与短期轮训、函授与面授、送外培训与鼓励自学成才等多种形式，有计划、有步骤地对广大干部职工进行文化、技术、专业知识和管理知识的各种教育培训。五是改进作风，竭诚服务职工群众。总段党委连续多年为全体职工办理人身意外伤害保险，"十二五"以来落实内部帮扶资金45万余元，完成所属基层单位庭院美化亮化、增设职工宿舍、建设洗浴室等民心工程。深入开展领导干部联系群众服务基层等活动，全总段36名科级以上干部2013年慰问"一联一"帮扶职工家庭1.08万元。各单位都实施了职工住院探视、生日慰问和送书送报进工区等人文关怀制度，使职工群众感受到了党和组织的温暖。

5. 形象设计，传播手段

一是通过具有行业特色的视觉识别符号宣传公路文化。规范机械设备外表，统一宣传标牌的装置规格和标识，统一办公区域的标志、标识，设计并规范职工工作装款式及色调，形成具有海西特色的公路文化视觉识别系统。二是加强文化阵地建设。按照标准化要求，在每个基层单位都建起职工之家、职工文化站、健身房、图书室、党团活动室等文化活动场所。充分发挥总段及所属各单位门户网站和《柴达木公路报》、《八仙泉》、《红柳枝》等公路内刊的宣传教育阵地作用，大力宣传公路文化品牌——"激情公路人，奉献柴达木"的建设经验和亮点。与海西州文明办联合开展文明建设工作先进典型集中宣传活动，《精神文明报》、《中国文明在线》于2010年7月16日以《打造文明品牌，构建和谐交通》为题对海西公路总段文化建设进行了宣传，《中国道路运输》2011年第12期对海西公路总段文化品牌建设进行了宣传。三是建起彰显海西总段发展历程和老一辈柴达木公路人"五个特别"精神的段史展览馆。四是制作了海西公路总段宣传专题片《大漠之路》，印制《公路文化手册》和《彰显文化魅力、构建和谐交通》等专题宣传册。

6. 职业道德行为规范、职业行为规范建设

相继制定并完善《海西公路总段机关工作人员行为规范》、《改进作风联系群众的18项规定》、《管理干部职业道德规范》、《养路职工职业道德规范》，各部门、各岗位工作流程等岗位道德行为准则，《精细化管理办法》等制度，大力开展"学树建创"、"讲文明，树新风"主题道德实践活动，树立了行业文明新形象。通过不懈努力，海西总段所属单位建成"文明单位"率100%，是青海省海西州和青海交通厅公认的在文化建设上卓有成效的先进集体。

文化品牌

激情公路人，奉献柴达木

文化品牌诠释

“激情公路人、奉献柴达木”——作为海西公路总段文化品牌，充分体现了海西公路人的核心价值理念和海西公路精神，这个品牌承载着“营造氛围、凝心聚力，激励职工、规范行为，提高素质、塑造形象”的任务，其目标是通过实施“六个一”工程（即：建设一流班子、培养一流队伍、创造一流管理、提供一流服务、树立一流形象、争取一流效益），达到管理有序有效、队伍廉洁自律、设施配套完善、服务规范礼貌，通道文明通畅，沿线军民关系、民族关系融洽，为柴达木经济建设和人民群众出行提供安全、文明、便捷、高效的服务。

河南省交通运输厅京珠高速公路新乡至郑州管理处

河南省交通运输厅京珠高速公路新乡至郑州管理处（简称新郑管理处）负责京珠国道主干线新乡至郑州段、原阳至新庄高速公路、席庄至薛店高速公路和郑州西南绕城高速公路的运营管理工作，管理路段全长159.3公里。新郑管理处成立以来，在上级单位的正确领导下，致力于以先进文化、现代理念管理高速公路，各项工作均取得了良好的成绩。

核心价值理念体系表述及诠释

1. 核心价值观：守中致和，守道致远

守中致和：就是要坚守信守中正，公正做人，正派做事，构建和谐组织，营造和谐文化。和谐文化的精髓就是以人为本，以和为贵，具体要实现5个方面的和谐：一是内在和谐，二是心灵和谐，三是外部和谐，四是秩序和谐，五是环境和谐。

守道致远：守道之“道”既是指所管理的高速公路是康庄大道、阳关大道，更是指中和文化蕴含的道义理念和道德风尚。守道之“道”也是指遵循的中国特色社会主义之道，是科学发展之道，是和谐之道。

致远之远，从表象讲，是新郑管理处坚守的公路大道通向远方。从深处讲，是新郑管理处设定的发展愿景的实现，是创先争优的远大目标，也是为之奋斗的远大理想。

2. 使命：立中国中枢，畅南北通途

企业使命体现了新郑管理处的理想和追求，明确了新郑管理处的任务和宗旨。

新郑管理处管辖的刘江立交桥，是中国公路南北主动脉与东西通道的交汇点，是

亚洲最大的枢纽立交桥，是中国高速公路名副其实的中枢。管理的刘江黄河大桥，是京珠高速公路的咽喉要道。所管辖的京珠高速公路新乡至郑州段是中国公路南北主动脉京珠高速公路的中心地段，黄金地段。新郑管理处的责任就是保障南北通途的畅通。

3. 愿景：做示范路中的示范路

愿景体现了上级组织的期望，弘扬了新郑管理处职工的精神，明晰了新郑管理处的目标不是做大做强，而是做好做优，做精做细，成为行业的示范、行业样板。新郑管理处的目标就是“做示范路中的示范路”，成为高速公路行业的一面旗帜。

4. 精神：一路有我，一路争先

高速公路是现代交通的先行军，新郑管理处更是走在前列，发扬“红旗敢扛、第一敢争”的传统，奋发向上、创先争优。

5. 员工之道：三大道德，八项准则

三大道德：恪守社会公德，信守职业美德，坚守个人品德。

八项准则：第一中正准则；第二和谐准则；第三服务准则；第四责任准则；第五执行准则；第六创新准则；第七纪律准则；第八仪容准则。

文化体系践行方法

新郑管理处的文化精神，是新郑管理处领导班子率领广大员工，在其发展历程中形成的，被广大员工和社会各界所认同的价值理念、精神风貌、行为规范以及品牌形象。它的文化要素随着管理处的成立而产生，随着管理处的成长而发展，体现了新郑管理处的理想追求，记录了管理处员工的精神足迹，凝聚和浓缩了管理处的发展历史。

一是文化积淀，中正之脉源远流长。第一受传统地域文化的滋养，中原地域人文环境对新郑管理处文化传承和文化塑造形成深厚深远的影响。第二是新郑管理处对长期形成的交通行业文化传统进行了借鉴和传承。第三是新郑管理处自成立以来就建设了具有本单位特色的和谐文化。这些都为新郑管理处“中和文化”框架的构建积累了丰富的资源。

二是理念整合，构建中和文化框架。新郑管理处的企业文化建设正式启动于2009年。一是成立了文化建设领导小组，为文化建设提供了组织保证。二是制定了文化建设实施方案，为文化建设提供了制度保证。三是召开了管理处企业文化建设动员会，为文化建设提供了思想保证。据统计，新郑管理处先后有近80%的员工参加中和企业文化座谈、心得体会会议，保证了企业文化建设既有普遍性，又有代表性。在调研、分析、归纳、整理的基础上，形成了新郑管理处《文化资源分析报告》、《调查问卷分析报告》和《新郑管理处文化建设实施纲要》。之后，通过认真总结、精心提炼，研究制定了"中和"文化体系，刊印了《中和文化宣言》，构建起新郑管理处企业文化建设基础框架。

新郑管理处通过"七个加强"践行企业文化。

1. 加强教育培训

结合职工每年的驻站培训、新员工岗前培训着重加入企业文化培训内容，同时通过《中和文化宣言》宣贯授书、座谈、研讨、定期组织企业文化宣讲、中和文化知识考试等方式，强化广大职工对企业文化中最核心的价值理念、企业使命、企业精神、企业愿景的认知和参与。

2. 加强督导考评

建立督导员制度，即各科室、各基层单位推荐一名文化建设骨干，由专家老师进行强化培训后，负责本部门、本单位企业文化建设的检查督导，同时把文化建设情况纳入到年底评先的考核中。

3. 加强制度建设

把建立健全各项制度和构建长效机制作为突破点，先后整理出在管理文化、服务文化和员工文化中的各项管理制度，以及各自标准化工作流程和服务标准手册，初步构建了管理处企业文化建设制度保障体系和长效管理机制。

4. 加强典型示范

深入开展"创先争优"、"微笑大使评选"、"岗位我最靓、服务我最优"、"员工星级评定"等评选活动。充分展现了新郑管理处的员工之道、服务之道，以及"一路有我，一路争先"的企业精神。

5. 加强活动引领

充分发挥主题活动对文化建设的引领作用，先后开展了“中和文化基本知识问答”、“中和文化知识竞赛”、“我心中的中和文化演讲比赛”、“唱响中和之歌合唱比赛”等主题活动。同时依托文化建设的开展，相继举办了奉献爱心为灾区人民捐款，书画摄影展、送书到基层，读书征文、巡回演讲、雷锋活动月、交通志愿者、道德讲堂等各项文体活动。

6. 加强宣传推广

新郑管理处加强对企业文化的宣传推广工作，目前，已经整理出版了《中和文化宣言》、《中和画册》、《中和文化故事集》(上下册)、《中和文化培训教材》、《中和之道内刊》、《群星灿烂先进人物系列丛书》等书籍，《中和之歌》、《中和之道文化宣传片》等歌曲、影像资料，以及有统一文化标识的笔记本、手提袋、纸杯、信纸等企业文化产品，使全处干部职工潜移默化的受到中和文化的熏陶与感染。

7. 加强视觉建设

新郑管理处设置了中和文化主题雕塑，建立了统一的文化主题墙，设立了包含“三园、五路、八景观”的中和园景观以及展现“中和魂”、“中和文”、“中和韵”为主要内容的中和楼文化展厅。其中三园为花园、果园、菜园；五路为中和路、和谐路、致和路、和畅路、致远路；八景观为中和文化景观区、核心价值观景观区、企业愿景景观区、企业使命景观区、中和之歌景观区、和谐景观区、企业精神景观区、廉政文化景观区。文化景观让干部职工时时刻刻处于“中和”企业文化浓厚氛围之中，增强了感染力。

在今后的发展过程中，新郑管理处将以交通运输部《交通文化发展实施纲要》为指导，在“中和文化”旗帜的引领下，选准载体、注重创新，创造性地开展企业文化建设工作，继续提高单位整体文明程度，打造运管行业崭新形象，为高速公路运营事业的发展做出更大的贡献。

单位标识诠释

新郑管理处的形象标识，体现了中和文化理念，东西走向的立交与南北走向的大道交汇，象征着中国中枢的概念，纵贯南北的大道，象征着南北通途的意境。

山西省霍州至永和关高速公路东段建设指挥部

霍州至永和关高速公路东段建设指挥部（简称霍永高速）是负责起点位于山西省霍州市大张镇辛庄村北，终点位于隰县寨子乡下桑峨村北高速公路建设段工程建设的指挥机构。霍州至永和关高速公路东段是山西省高速公路网规划“三纵十二横十二环”第九横晋高速 S70 黎永高速的重要组成部分，是山西省中部地区西接陕西省通往延安市，达陕、甘、宁等地，东经霍州接黎城高速公路至河北省邯郸市，抵达冀、鲁、豫等地的重要通道。霍永高速公路东段路线全长 80.48 公里，路线途经临汾地区霍州市、汾西县、隰县 3 个县（市）区。

核心价值理念体系表述及诠释

1. 核心价值观：大道之行，德蕴足下

霍永高速指挥部的建管哲学观，决定了霍永高速的核心价值观。霍永高速的“大道之行，德蕴足下”价值观，体现了霍永人在建管道德、承载使命、不负重托与自身利益之间的选择。霍永人要用自己的品格、精细的管理、优良的团队、负责的精神，为三晋人民修一条用“大道、大德”筑成的品牌之路。

大道参天，德植霍永；千里之行，始于足下。

用霍永之道、霍永之德铸就的：

路，是一座通天碑；

碑，是一条登云路。

霍永人，是要把自己的核心价值观，蕴在足下，种在路上。

2. 使命：受命苍天，立足大地，畅通国脉，顺应民意

霍永高速指挥部建管使命 16 个字，是我国著名的企业文化铸魂之师李永田教授为霍永高速的题词。霍永高速，不只是一个经营管理建设指挥单位，还是一个社会文化单位，因为霍永高速在建管的过程中，要和整个社会相联系。它不仅承担为国家建筑管理高速公路的功能，而且其活动还赋予有更加广泛的社会意义、道德意义。

对于霍永高速指挥部来说，其使命至少包含了两个方面的内容：一是为了践行自身的使命和发展，必然要以实现一定的管理目标和效益指标。二是指挥部又担负着全社会赋予的使命，为了霍永高速公路沿线区域经济的繁荣、发展和社会进步尽自己的公益之责。所以指挥部在建管过程中，必须得对社会、对国家、对政府、对人民负责，这是天经地义、无可置否的责任与义务。

霍永高速公路的建设，是党和政府在国民经济发展到一定阶段上的以民为本、和谐发展执政理念的体现；是党和政府为三晋人民，尤其是为临汾地区贫困县的老区人民，能够走出吕梁大山，奔向小康而修建的一条崛起路、致富路、幸福路。

3. 愿景：与你同行，携手辉煌

百年大计、以质取胜、建管激情幸福霍永路；

万代基业、以人为本、锻造卓越自豪霍永人。

“与你同行，携手辉煌”，是霍永高速指挥部的发展目标和期望。通过全体共建者的努力，能以优质高效、品质卓越，向党和人民奉献一条充满创业激情的幸福路。同时，每一位建设者，在修筑、管理霍永高速公路的过程中，都能够得到极大的人文关怀和自我成长。在完成党和政府赋予的任务的同时，每一个霍永人也都得到了极大的提高，在个人的职业生涯中，留下了一笔宝贵的人生财富。

人与路同行，路与人同长。

人与人同行，携手向辉煌。

不论是十年、二十年，还是百年，

提起共建霍永路的这段时光，

都会成为每个建设者生命中的光辉历程。

今天，你为路奉献；明天，路为你自豪！

4. 精神：忠诚、拼搏、效国、福民

霍永高速指挥部建管精神的理念来源于指挥部的建管使命“受命苍天，立足大地，畅通国脉，顺应民意”这16个字。

受命苍天：这是呼唤霍永人忠诚精神的写照。需要的是霍永人忠诚于党和国家赋予的神圣使命的精神。

立足大地：这是呼唤霍永人拼搏精神的写照。需要霍永人为国为民，以勇克难、不畏艰险的拼搏精神。

畅通国脉：这是呼唤霍永人效国精神的写照。需要霍永人以德以智、以任为重，为国奉献的报效精神。

顺应民意：这是呼唤霍永人福民精神的写照。需要霍永人以民为本、敬业乐群、以路福民的精神。

5. 职业道德

忠于职守，爱岗敬业，勤奋学习，精通本职。

自立自信，自动自发，顾全大局，团结协作。

厉行节约，讲求效率，遵章守纪，奉公守法。

文化体系践行方法

霍永高速指挥部研究确定了“文化引领，科学严谨，以人为本，敬业乐群”的工作理念，提出了“打通吕梁山，建好霍永路，促进临汾经济转型跨越发展；树立新思路，创造新模式，描绘平阳大地精美神奇画卷”的口号。制定了开展霍永高速公路指挥部建管文化建设具体行动措施，以建设一条高标准高质量的高速公路为目的，以精细化管理为手段，以关心人、教育人、完善人为根本，把具有霍永高速公路特色的文化建设具体化、条理化、人格化，满足员工物质和精神方面的需要，提高建设管理工作的向心力、凝聚力，激发员工的工作积极性、创造精神和自律作风，提高工程的管理效益、投资效益和经济效益。这就是霍永高速公路指挥部的建设管理文化的最高境界和全部内涵。

1. 树立全员认知观

为了将霍永高速公路指挥部文化建设落到实处，贯彻到深处，运用到广外。由专人负责编写3本霍永高速公路东段建管文化系统工程读本。由领导带头学，员工跟着干。指挥部领导成员和机关各处室负责人深入工地，宣讲检查建管文化建设。在全体员工中树立了文化建设观，让所有人认识到文化建设的重要性。

2. 广泛宣传推广

编辑出版《同行》杂志。每月一期，主要刊发霍永高速公路东段建设的全线动态、工程进度、管理、经验、问题、员工风采等。并整理出版《我最喜欢的一句话》一书。共收入255位作者的255句话，字字珠玑，句句精彩。让大家从自我的角度深入认识文化建设的重要意义。

3. 通过活动深入落实

组织演讲比赛。组织了题为“高速建设做贡献，霍永平台我表现”演讲比赛。并将演讲稿印刷成书，供员工学习。组织干部职工开展户外拓展活动。启发自身潜能，增进员工彼此间的了解和组织团队的凝聚力。结合重大节庆组织文艺活动。每年七一、十一、元旦，都要组织文艺活动唱红歌，演节目。组织军训，指挥部利用冬闲季节组织机关工作人员进行军事训练，收到预期效果。

4. 建设沿路文化

工程结束后，在高速公路的重要部位设置了管理、励志、服务的雕塑、景观石、摩崖石刻。

通过一系列践行建管文化体系，重新梳理审视已有的成功做法，总结出了许多经验。建管文化建设是体现霍永高速公路建设者道德价值观的舆论导向，是一个人生征途跋涉的明确信号。有了它的指引，使广大员工在深刻理解潜移默化基础上不断修正自己的人生坐标，把握正确的行动方向，在工作和生活中产生自觉自愿的行动。文化建设步步深入，招招出彩增强了干部职工的认同感和归属感，明确了思想认识，增强了行动自觉。干部职工文明礼貌，认真负责，主动为工程建设做贡献。

北京市首都公路发展集团有限公司

北京市首都公路发展集团有限公司（简称首发集团）是北京市国有大型企业，负责北京高速公路建设、运营管理、筹融资和相关产业经营。集团负责管理的高速公路约773公里，包括京港澳高速、京藏高速、京哈高速、通燕高速、京开高速、京承高速、机场北线、京平高速、京津高速、京新高速、机场第二高速、五环路和六环路，按照“快速、安全、舒适、畅通”的目标，服务管理水平不断提高。产业经营围绕高速公路主业，初步形成了交通工程、智能科技、物流枢纽、绿化等多元式集团化经营，经济效益逐年提高，部分业务已产生良好的经济效益，逐步进入主业与辅业相互促进、共同发展的良性循环。

核心价值理念体系表述及诠释

1. 核心价值观：路靠我发展，我靠路生存

首发集团以高度的政治责任感和社会责任感，以负责的精神和务实的作风，爱路、筑路、养路、护路，靠路为社会提供良好的服务，以路为依托，不断壮大企业实力，实现首发集团与社会和谐发展进步。

2. 使命：替政府融资，为人民修路，尽社会责任，促企业发展

首发集团是依据《公司法》建立和运作的从事北京市交通基础设施建设投资、服务于社会公益事业的企业。首发集团为落实国家和北京市公路发展规划目标，采取多种方式筹集资金，修建高速公路，在做好道路管养的基础上，多种经营机制并举，不断壮大企业实力，实现企业持续发展。

3. 愿景：集团与社会和谐发展，员工与企业共同进步

首发集团要适应社会发展形势，构建内外和谐的企业环境，成为经济效益与社会效益相统一、员工利益与企业利益相统一的可持续健康发展的企业。

4. 精神：干负责任的事业，做负责任的人

首发集团的每一名员工，都要以高度的使命感、责任感和成就感，对国家负责、对客户负责、对集团公司负责，全面担负起历史赋予的责任。

文化体系践行方法

1. 注重切合实际，赢得广泛认同

首发集团的企业文化既是领导者主导的文化，更是广大员工认同的文化，是将领导者的要求与员工的需求相融合的企业文化。集团积极鼓励广大员工参与企业文化建设，共同总结提炼企业文化理念，一起研究制定行为规范，集思广益确定识别系统。通过开展企业文化试点、印发企业文化手册、制作企业文化台历、设置橱窗展板、开展竞赛比武等形式，广泛宣传企业文化，推进企业文化落地。

2. 依托有效载体，实现落地生根

以庆祝集团成立 10 周年为契机，举办了由集团员工自编、自导、自演，以宣传企业文化为主要内容的大型文艺演出，获得了各级领导和广大员工的好评，进一步诠释了集团企业文化。连续 3 年开展企业文化故事讲演活动，从不同角度、不同侧面，用身边人、身边事展现了企业文化的核心理念，进一步形成了人人讲故事、人人说

故事，学习先进、践行理念、积极向上的良好氛围。通过有效的载体，使企业文化成为广大员工开展工作的价值取向和行动指南，成为自我约束的行为准则，实现从内化于心、固化于制到外化于行的转化。

3. 形成同频共振，做到文化同行

首发集团在深化企业文化建设的同时，开展了廉洁文化、安全文化建设。开展廉洁文化“进班子、进驻地、进岗位、进家庭”活动，在集团形成了“以贪为耻、以廉为荣”的价值取向。在办公区、集宿地设置安全文化主题园、安全文化长廊、安全文化墙，营造了良好的安全生产氛围。集团支持和鼓励子公司对首发文化进行延伸，根据企业自身实际，制定了更加具体的企业文化，为企业的经营发展注入动力和活力。

4. 依靠职工社团，丰富员工生活

为了活跃和丰富员工的业余文化生活，满足员工的精神需求，组建了职工艺术社团、职工运动健康社团、职工竞技体育社团、职工书画艺术社团，全年文体活动不断线，积极鼓励员工自编自演自创文艺活动，活动产生的感染力、影响力非常突出。集团所属各单位员工驻地普遍开展了“五个一”建设，实施半军事化管理，员工精神面积极向上。通过开展丰富多彩的职工文化活动，营造了“健康首发、快乐首发、和谐首发”的良好氛围。

5. 建立有效机制，强化保障执行

首发集团把企业文化建设与经营管理工作相结合，做到同部署、同执行、同考核、同总结。建立了党政共同负责，党政齐抓共管，主管部门协调推动，广大员工积极参与的工作机制。同时，加强对企业文化建设的指导，提高企业文化工作者的素质和能力，进行适当的物质投入，保障必要的经费。组织相关人员参加高级企业文化师的培训，进一步提升企业文化管理人员的综合素质。

文化品牌

适需服务，畅行高速

文化品牌诠释

首发集团高度重视文化品牌的建设，坚持走品牌发展之路，把品牌建设作为文化建设的着力点和制高点，以品牌建设引领文化建设，以文化建设保证品牌铸造，凝练形成了“适需服务、畅行高速”文化品牌。

“适需服务、畅行高速”体现了时代需求，是交通运输行业核心价值体系的本质要求，成为发展的新动力，融入首发人血脉。通过高速公路客户的“移动秘书”，“速通天下”的ETC全覆盖，高速公路的“安全卫士”，温馨美好的“秋子服务”，个性化、人性化的“精品驿站”，更优更精的“党员养护路段”，不留空隙的“服务链接理念”，旅游热线上的“党员志愿服务队”等各具特色、丰富多彩的载体，实现了从单一的收费管理转向品牌经营，从被动服务转向主动服务，凸显了“适需服务”的本质和内涵。首发集团以“适需服务、畅行高速”驱动企业发展，在更好满足社会需求的同时，追求企业自身效益的最大化，向中国和世界展示了一个负责任的国有企业集团的良好形象。

河北高速
HEBEI EXPRESSWAY

河北省高速公路管理局

河北省高速公路管理局（简称河北高管局）是在原高速公路管理局、国际金融组织贷款项目办公室、道路开发中心和引资办 4 家单位基础上组建成立的副厅级事业单位，现运营高速公路 19 条段 2506 公里、在建高速公路 12 条段。

核心价值理念体系表述及诠释

1. 核心价值观：安全畅通，服务至上

核心价值观引导河北高管局日常决策的方向，是其文化的灵魂和核心组成部分，是其发展的根本任务和全体职工的共同追求。

安全畅通：是一切工作出发点和落脚点，是社会的需要、经济发展的需要，更是河北高管局全体职工一切工作应围绕的重心。

服务至上：标志着"服务"在河北高管局发展过程中所占的重要地位，通过高效优质的管理服务，把为民、利民、便民贯穿到工作的各个环节，把"始于公众需求、止于公众满意"作为全局人员的目标，提升服务品位。

2. 使命：打造畅通、平安、和谐高速，助推经济社会发展

使命表述的是河北高管局的任务，是其核心价值观的载体和反映，是其生存和发展的崇高责任。

畅通：意味着以信息化、智能化、科学化管理和服务，确保车畅其行、货畅其流，条条高速公路通畅、整个高速路网通达。

平安：意味着平稳安定。最大程度地保证行路人和内部员工的人身财产安全，是一切稳定、和谐、幸福的基础。

和谐：意味着以人为本、科学发展，实现高速与社会、公路与自然、单位与职工的和谐统一。

发展河北高速公路，为社会提供畅通、平安、和谐的通行环境是崇高职责，是推动高速行业由建管型向服务型转变的有力推手，是服务“经济强省、和谐河北”的有力保障。

3. 愿景：品牌化管理，人性化服务，现代化高速

愿景是实施其发展战略与加强文化建设的内在动力，是全体职工共同向往的美好图景。

品牌化管理：是河北高管局在收费、养护、路政、机电、服务等实际工作中不断满足社会公众对高速公路多层次、多方位服务需要，提升管理和工作质量逐步形成符合行业和自身特色的规范化管理流程、品牌标志、品牌口号、品牌价值；以强化内部管理并积极接受外部监督，全体职工按照品牌化规范管理的要求，齐心协力打造巩固河北高速品牌，使其具有长久影响力、享有广泛社会认可度和美誉度。

人性化服务：是坚持以人为本的原则，尊重人、关心人，对外为社会公众提供满意的服务，把司乘人员当作自己的亲人，让每一名行驶在河北高速公路的驾乘人员都感到温馨、安全、便捷、愉悦；对内关心职工发展，为其提供和谐、快乐的工作、学习环境、能够体现自身价值、成就个人理想的舞台。

现代化高速：是充分借鉴和运用国内外先进理念和技术的创新，融合地域特色文化，设计建造和管护高速公路，全力打造智能化、信息化、全天候的，畅通安全、使用耐久、便捷舒适的高速公路。

4. 精神：敬业，奉献，务实，创新

高速精神是河北高管局核心价值体系的精髓，是广大干部职工长期奋斗共同展现的宝贵精神财富，是其创新和发展的强大动力。

敬业：是河北高速人的工作态度。以明确的目标选择、朴实的价值追求、勤勉的职业精神、百分之百的热忱投入、精湛的专业技能，兢兢业业工作，精益求精做事，尽善尽美履职。

奉献：是河北高速人的本色。以为民服务的大情怀、勇担重任的大觉悟、敢于吃苦的大境界，把工作当成机遇来珍惜，作为事业来追求。

务实：是河北高速人的优良传统。一切从实际出发，实事求是，工作中以此判

断与决策，继承和发扬务实的精神是每一名河北高速人的责任。

创新：是河北高管局的发展动力。敢于突破，打破常规，以超长的努力，把挑战和压力变为机遇和动力，围绕发展以勇于创新的精神不断创新机制、创新管理、创新服务、创新制度、创新环境，谱写河北高速公路建设发展的新篇章。

5. 职业道德：遵纪守法，爱国诚信，团结友爱，朴实勤奋

职业道德是河北高管局核心价值体系的职业规范，是职工在管理与服务活动中应当遵循的道德准则、道德情操和道德品质的总和，是其规范和发展的根本要求。

遵纪守法：是河北高速人的基本准则。体现在学法、知法、用法、依法办事，严格遵守组织纪律和本单位（部门）的各项规章制度。

爱国诚信：是河北高速人的基本道德要求和价值取向。体现在对祖国的热爱，对事业忠诚，对组织忠诚，对公众诚实，对相关方守信。

团结友爱：是河北高速人的处世素养。体现在识大体，顾大局，彼此尊重，协调配合，团结互助，求同存异。

朴实勤奋：是河北高速人的工作修养。体现在作风朴实、任劳任怨，在日常工作和生活中努力锤炼自己，认认真真做人，勤勤恳恳工作。

文化体系践行方法

河北高管局文化建设分为 3 个步骤进行。

第一步是 2009 年至 2011 年调研设计阶段。2009 年 3 月，成立了局文化建设领导小组，聘请咨询单位作为第三方机构，对文化建设进行咨询辅导。2011 年 3 月，通过了《河北省高速公路管理局 2011 年文化建设工作实施方案》，确定了河北高速文化建设工作思路：提炼整合，建立文化体系；分块建设，打造行业品牌；加强物质反映，提高文化影响力。并通过大量调研，通过专家指导、全员参与、研讨、凝练、提升，先后易稿 20 余次，推出《河北高速文化手册》，提出了核心价值理念体系。在此基础上，采取全局征集、专家评选并修改完善的办法，在“河北高速”标识应征作品中评选出优秀作品 10 件，最后由聘请的设计专家在此基础上修改，最终形成了具有河北高速局文化特点的“河北高速”标识标志。

第二步是 2012 年推广宣贯阶段。2012 年 9 月召开了河北高管局文化宣贯大会，提出宣贯中应要实现“三知”（一要自己知，二要职工知，三要社会知）。并做到

文化要与管理工作相融，文化要与制度建设相融。在实际宣贯中，以“一主多元、外部统一、内有特色”的原则推进。

（1）对室内外环境办公环境和省管高速公路外部环境统一推行河北高管局文化理念体系、标识、标志，对局属路段外部环境要按照局文化宣贯方案要求统一更换为河北高速统一外宣内容。

（2）发放《河北高速文化手册》和《河北省高速公路管理局视觉形象识别系统推广手册》到部门、基层单位、班组。

（3）强化学习培训，按照宣贯方案要求采取“三级培训法”，对社会主义核心价值体系、交通运输核心价值体系、管理者的文化素养、《河北高速文化手册》《河北高速视觉形象识别系统推广手册》内容进行详细解读。

（4）以活动为载体，将手册内容融入工作岗位中，开展了“中国梦、交通梦、我的梦”读书征文大赛、河北高速文化知识竞赛、演讲比赛、书法比赛、文化会演等。

（5）文化落地生根。河北高管局系统各单位、部门以开展活动践行河北高管局文化；以创建服务品牌践行河北高管局文化；以开展便民服务践行河北高管局文化。

第三步是 2013 年以后提升巩固阶段。

单位标识诠释

标识以“河北高速”汉语拼音 4 个首写字母“H、b、g、s“作为基本元素巧妙组合，形成一个具有高速公路和立交桥特征的抽象图形。

标识设计造型突出河北高速公路的重要特征——笔直的高速公路。高速公路是快速连接两地的主要通道，是带动地方经济发展的大动脉，笔直的高速公路在华北平原上快速延伸通向远方，准确地反映了河北高速局“打造畅通、平安、和谐高速，助推经济社会发展”的行业使命。

标识设计以一条高速公路为主线，两条弯道环绕两旁，体现了河北高速局的核心价值观“服务至上，安全畅通”，两条弯道寓意高速公路收费站和服务区两个主要服务窗口，以“服务至上”“安全畅通”的核心理念为高速公路保驾护航。

安徽省高速公路控股集团有限公司
ANHUI EXPRESSWAY HOLDING GROUP CO.,LTD.

安徽省高速公路控股集团有限公司

安徽省高速公路控股集团有限公司（简称安徽高速集团）是安徽省最大的交通基建企业和主要的高速公路运营管理企业，经营范围主要是投资和营运安徽省内的高速公路、开发经营房地产、参与民航运输及机场建设。

安徽高速集团公司运营管理包括合宁、合巢芜、高界、合徐、合安、连霍高速安徽段、宣广祠、宁连高速安徽段、北沿江、合淮阜、安景、马芜、六潜、阜周、周六、绩黄、蚌淮、芜雁、宣宁、黄祁、阜新高速安徽段、合肥绕城高速北环段等多条国道主干线和区域干线公路，以及安庆长江大桥、马鞍山长江大桥、205国道天长段。安徽高速集团公司开展多元战略投资，已进入机场、银行、证券、创投、物流、典当、小贷等领域。

核心价值理念体系表述及诠释

1. 核心价值观：重道笃行，通达致远

重道：即坚持高速先行、尊重规律和规则、遵循道德和正义。笃行：即忠诚企业、切实执行、行之有效。通达：即建设通达的高速公路、营造通达的企业氛围、实现通达的对外交流。致远：即追求基业长青、推进跨域拓展、致力持续改进。

2. 使命：高速先行，引领安徽崛起；微笑服务，促进社会和谐

高速先行，引领安徽崛起：作为高速公路投资经营类企业，集团坚持适度超前

建设高速公路，更好地服务于经济和社会的发展。奉行高速先行，遵照国家、省交通规划的要求，又好又快地建设高速公路，为社会经济发展奠定坚实基础，引领安徽崛起。在确保建好路、管好路的同时，适度多元发展，以房地产、路域经济、金融投资等其他产业为高速公路的持续发展提供支撑，努力实现以副补主，使企业能够更好地履行自己的社会责任。

微笑服务，促进社会和谐：作为公路交通服务类企业，集团服务的本质和内涵就是为社会提供安全畅通、舒适文明的交通服务。要通过微笑服务实现服务客户、服务民生、服务社会的坚定信念，促进社会和谐。微笑服务蕴含着集团对以人为本的深刻理解，“微笑服务”不仅是一种服务行为，更是一种待人以诚、与人为善、对人关爱的博爱情怀。通过微笑的无声力量，让旅途匆匆的司乘人员拥有一段温馨的旅程，让来自东西南北的物流与人流和谐畅通。用微笑服务万千人家，用真诚传递人间温情，让爱心星火传承，促进社会和谐发展。

3. 愿景：成就投资典范，追求卓越服务，创造乐活时空

通过在高速公路、房地产、路域经济等各个领域的典范投资，以及为社会提供以微笑服务为代表的各种卓越服务，让人们在旅途和居室中，与快乐美好相伴相随。

4. 精神：微笑高速

真诚关怀客户，真情关爱社会，倡行微笑服务，提高服务品质，打造“微笑高速”品牌。用微笑照亮岗位，照亮人生，照亮社会。

5. 职业道德

诚实守信：以诚待人，以信立事；
团结合作：志同道合，团结互助；
持续学习：坚持学习，持续改进；
爱岗敬业：热爱岗位，敬业专业；
遵章守纪：遵守规则，严格执行；
廉洁自律：清正廉洁，严于律己；
服从大局：关于全局，坚决服从；
艰苦奋斗：艰苦朴素，奋发向上。

文化体系践行方法

1. 企业文化建设的源起

从 2008 年开始，安徽高速集团公司着力探索以文化建设破解发展难题，尝试将“微笑”引入收费窗口，引导收费人员以微笑为基本的服务礼仪，并配以标准的收费动作和规范的收费流程，收到了良好的社会效果。2009 年安徽高速集团进一步将“微笑服务”作为公司企业文化建设的主阵地，极大地提升了高速公路服务水平，在省内外产生了广泛的影响。“微笑高速”成为安徽交通运输行业的一面旗帜，也成为安徽省的靓丽名片。安徽省交通运输厅在总结安徽高速集团公司微笑服务基础上开展的“微笑服务、温馨交通”活动成为交通运输部十大交通运输文化候选品牌。

2. 理念体系的构建和深植

2009 年底，安徽高速集团公司成立了企业文化项目指导委员会，在专业咨询机构的协助下，《我们的行动纲领》企业文化手册破茧而出，构建了公司企业文化体系。在使命、愿景、核心价值观的基础上，建立了理念体系与行为准则体系。

此后，安徽高速集团公司开展了大规模的文化深植工作，全面动员、统一基调、明确重点、营造氛围，通过组织文化辅导员开展培训辅导，举办以“撰写一篇学习心得、开展一次故事征集、举行一次座谈研讨、组织一次知识测试、举办一次演讲比赛”为内容的“五个一”活动，编辑发行《企业文化获奖征文汇编》、《企业文化演讲获奖文集》、《企业文化故事集》，组织开展文化深植考核工作，促进员工学习文化手册的核心内容，对照企业文化手册规范和提升自己，努力使企业文化核心理念深入人心、融入经营、植入管理。

3. 制度文化体系的构建

在企业文化建设过程中，安徽高速集团公司认识到，必须把文化核心理念与管理实践紧密结合起来，转化为企业管理制度，以制度统一管理、保障执行，才能创造出现实生产力，企业文化的功效才能得到真正发挥。这一阶段，在专业咨询机构的协助下，公司形成了《全系统管理提升建议》和《全系统管理咨询成果集》，努力完成战略管理等七大管理模块构建和建立微笑服务长效机制、强化成本管理优化成本结构、建立质量管理体系三项重大任务。

依据企业文化理念和全系统管理提升建议，公司开展了管理检查整改工作，对现有管理系统进行整合与提升，实现管理创新、机制再造，优化完善了安全管理、信息监控、资产管理等组织架构，推进了预算计划、薪酬制度、养护体制等多项改革。

4. 质量管理体系建设

安徽高速集团公司将质量管理体系建设作为制度文化建设的重要载体，以“重建立、严实施”为工作原则，以“科学管理，打造安全、畅通、文明的高速公路；持续改进，追求微笑、满意、卓越的服务品质”为质量方针，在完成3个管理处ISO 9001质量管理体系建设试点工作后，2012年底在公司机关和管理处两个层面全面推进ISO 9001质量管理体系建设，着力构建适应公司持续发展需要的管理系统并深入贯彻实施。系统的文化建设取得了增进共识、凝聚力量、内促管理、外提形象的明显成效。以质量管理体系为载体的制度文化建设，推进了管理创新，完善了管理机制，持续提升了集团公司核心竞争力。安徽高速集团公司从文化建设到文化管理的跨越的经验和做法，被中国企业联合会、中国企业家协会在全国企业文化年会上广泛推介，周仁强董事长被授予“2010—2011年度全国企业文化突出贡献人物”荣誉称号。2012年，公司成为全国交通运输行业唯一的国家级服务业标准化试点单位。2013年10月，公司被中国交通企业管理协会授予“全国交通运输企业文化建设优秀单位”称号。

企业文化建设是一个长期的系统工程。安徽高速集团公司将继续探索交通运输企业文化建设的独特规律和道路，在增强企业软实力、促进公司优质快速健康可持续发展的同时，努力为全国交通运输文化建设做出新的更大的贡献。

同路同行

山西省忻州高速公路有限责任公司

山西省忻州高速公路有限责任公司是由山西原太高速公路有限公司和山西新原高速公路建设有限责任公司于 2006 年 7 月整合成立的区域性国有独资高速公路运营管理企业，现担负着山西省境内新广武至太原 152 公里主线（含雁门关隧道左线长 5160 米，右线长 5235 米）和 41.4 公里匝道及连接线的高速公路运营管理任务。

核心价值理念体系表述及诠释

1. 核心价值观：同路同行，至精至仁

同路同行：忻州高速公司的发展就是员工的发展，员工的进步就是公司的进步。所以，员工要相濡以沫、同舟共济、一路前行。让顾客行驶在高速公路上，平安、畅通、舒适、快捷是顾客和公司一致的心愿，顾客不仅是接受服务的对象，更是维护交通重要的参与者，相携相伴、一路同行，共创文明路、共建平安路，共享高速公路发展成果。

至精至仁：仁是仁者爱人，精是精益求精，至是追求极致。忻州高速公司一切工作的出发点和落脚点都是为了员工和顾客，通过精细化管理的实践，展现以人为本的理念和追求卓越的品质，把每一项工作做精，把每一个环节做细，不断提升管理效率和服务质量，达到仁者爱人的思想境界。

2. 使命：打造文明和谐的高速通道，创造社会价值，成就员工自我

打造文明和谐的高速通道：文明和谐的高速通道，就是要通过道路养护管理、路政管理、收费管理、服务区管理和信息服务等各项工作确保高速公路“安全、通畅、

舒适、便捷、美观”；通过开展文明创建活动和路村、路校、路军、路地等共建活动，使文明和谐成果得到广泛延伸，实现共建共享。“打造文明和谐的高速通道”是公司实现为社会创造价值，成就员工自我的根本保证。

创造社会价值：创造社会价值就是最大限度地实现好“三个服务”（服务国民经济和社会发展全局，服务社会主义新农村建设，服务人民群众安全便捷出行，为构建社会主义和谐社会增强交通运输保障能力）。它充分体现了“服务群众、奉献社会”的行业宗旨。

成就员工自我：员工是推动公司发展最活跃的因素，是公司的宝贵财富。创造社会价值的过程，也是员工成就自我的过程。忻州高速公司为员工搭建一个成长、成才、成功的平台，激励员工完善自我、发展自我、成就自我。

3. 愿景：员工理想的舞台，顾客温馨的驿站，行业知名的品牌

员工理想的舞台：忻州高速公司为员工建立人才脱颖而出的机制，搭建施展聪明才智的广阔舞台、提供实现人生价值的发展空间。每位员工可以在各自不同的岗位上充分发挥自己想象力、创造力，在工作中展现自我，同时公司与员工共享发展成果。

顾客温馨的驿站：顾客是忻州高速公司立足的根本，只有顾客的满意和认可，才能保证公司健康地发展。把忻州高速公司建设成为一个温馨的驿站，为顾客提供热情周到、文明礼貌的服务和享受畅通、安全、舒适、便捷、优美的行车环境，及时为顾客排忧解难，让顾客一进入忻州高速就感觉到无比的温馨和快乐。

行业知名的品牌：打造行业知名品牌就是使忻州高速公司成为交通行业和高速公路系统中的排头兵，使之在社会中享有很高的知名度和美誉度。争创知名品牌就是要努力提高公司的管理水平和服务质量。它是公司全体员工的共同追求和目标，它激励着公司员工努力工作、勇攀高峰。

4. 精神

敬业（尽职尽责的敬业精神）；奉献（甘于寂寞的奉献精神）；
民主（平等宽容的民主精神）；合作（诚实守信的合作精神）；
务实（真抓实干的务实精神）；创新（开拓进取的创新精神）。

尽职尽责的敬业精神：敬业是员工做好本职工作的首要前提，是忻州高速公司保持蓬勃生机的基本保证。公司行业的特点决定了每一个工作岗位都会涉及顾客安

全，都会影响到顾客的情绪，这就要求员工必须在自己的工作岗位上发扬尽职尽责的敬业精神，做到恪尽职守，一丝不苟。

甘于寂寞的奉献精神：忻州高速公司的成功是广大员工发扬奉献精神的结果，面对特殊的工作环境，艰苦的生活条件，需要继续大力倡导甘于寂寞、任劳任怨的奉献精神，激发员工勇敢地面对困难，迎接挑战。

平等宽容的民主精神：民主管理、企务公开、全心全意依靠员工，是忻州高速公司多年实践中坚持的好传统，也是今后发展的重要保障。发扬平等宽容的民主精神，就是要创建一个互相尊重、融洽和睦、生动活泼、宽松民主的和谐环境，使员工树立主人翁的意识，充分发挥其在公司改革和发展中的主力军作用。

诚实守信的合作精神：诚实守信的合作精神就是言真行实、有诺必践，精诚团结、和谐互助。忻州高速公司要与相关方友好合作。在忻州高速公司内部，各个部门之间、岗位之间也需要团结协作。诚实守信的合作精神有助于提高工作效率和服务水平，有助于合作各方友好相处、共赢共荣。

真抓实干的务实精神："务实"是忻州高速公司在高速公路建设期间和运营管理过程中形成的优良传统。员工要忠于职守、爱岗敬业、努力学习专业技能，关注工作中的每一个细节，时刻为顾客着想，做好、做细、做成每一项工作，不能因一时的疏忽留下缺憾。

开拓进取的创新精神：创新是忻州高速公司发展的动力，是不断攀升、追求卓越、永无止境的过程，开拓进取是排除困难、迎接挑战、积极向上、超越自我的体现。开拓进取的创新精神就是要学习和掌握新的知识和技能，不断创新管理、创新服务、创新制度、创新机制、创新环境，提升公司的核心竞争力，永葆行业的知名品牌。

5. 职业道德：爱国守法，忠诚企业，诚实守信，遵章守纪，爱岗敬业

爱国守法：忠于社会主义祖国，树立爱国主义思想，关心人民群众，尊重人民群众，相信人民群众，维护人民群众的根本利益，全心全意为人民服务，严格履行法定义务，不超越职权，不滥用职权，自觉维护交通行业的荣誉。

忠诚企业：忻州高速公司与员工之间互信，员工以公司业为家，以本职为乐，对公司有强烈的归属感和自豪感，在高速公路工作岗位上发扬忘我工作的精神，员工与公司共克艰难，共谋发展，共享发展成果。

诚实守信：诚实守信就是真诚无欺、实事求是，是公司员工最基本的工作态度和信守承诺的行为品质，忻州高速公司坚持制度诚信、企业诚信和组织诚信，要求

员工在服务过程中说老实话、办老实事，积极树立公司诚信品牌。

遵章守纪：积极拥护公司各项决议，自觉维护公司工作秩序，严格执行交通法律、法规和公司各类规章制度，切实履行好工作职责，努力为社会提供高效、便捷、安全、舒适的行车环境。

爱岗敬业：立足本职，服务社会，热爱本职岗位，有强烈的事业心和责任感，大力弘扬敬业、奉献、民主、合作、务实、创新的企业精神，尽职尽责，勤恳忠诚，注重务实，钻研业务，不断提高工作能力和服务水平。

文化体系践行方法

1. 理念先行，制定实施纲要

2008年制定出台了《企业文化建设三年实施纲要》，围绕打造“文化理念、制度体系、行为规范”三大系统，对具体实施项目的每一步、每一个环节做了详细部署。

2. 精心挖掘，建立核心价值体系

一是挖掘地域文化，在企业文化中融入忻州市推广的“山水关文化”。二是秉承交通行业核心价值观，以及“大运精神”，挖掘行业文化，探寻具备自身特色的文化基因。三是形成企业文化的核心价值理念，为企业文化的顺利推进奠定了坚实的思想基础。

3. 立足长远，推进企业文化宣贯落地

首先，加强宣传与宣传。主要领导分片包点对企业文化建设组织培训及宣讲。以忻州高速公司内部期刊《先锋园地》为平台搞好内部宣传，以《山西交通报》、《山西日报》、《忻州日报》和省直文明网、山西交通文明网等省内主流媒体为媒介搞好外部宣传。

其次，开展典型选树活动。将文化建设列为工作目标责任制绩效考核的重要内容，确保了文化建设效果。同时，收集编制了《企业文化故事集》，使企业精神和价值观具体化。在全公司范围内广泛开展以“敬业之星、服务之星、创新之星”三星评选活动为重点的一系列争创活动。

第三，积极开展文化主题及品牌建设活动。为保证文化建设成果，制定《党群活动预案》，坚持每年开展一系列文体活动，创办了顿村文化大讲堂。同时，每年坚持选定一些基层单位开展站区品牌文化建设活动。先后开展崞阳收费站生态文化、顿村收费站温馨文化、忻州收费站窗口文化、大盂收费站班组文化、隧道科技长廊等站区文化建设活动，打造了一批特色鲜明，在全省高管系统具有示范作用的站区，树立了窗口服务新形象。

文化品牌

同路同行

文化品牌诠释

“同路”含有“同在”、“同仁”和“同道”之义。“同在”特指忻州高速公司全体员工工作在同一条高速公路上，员工与顾客同在忻州高速公路上；“同仁”指忻州高速公司的员工同事、共同参与忻州高速管理的司乘人员、社会相关方。“同道”引申为“同一信念”、“同一目标”，意指忻州高速公司全体员工、顾客、社会相关方为了共同的事业，携手并肩、同舟共济。

“同行”含有“同心”、“同等”、“同行”之义。“同心”指司乘人员驶入忻州高速公路后，不仅是接受服务的对象，更是维护道路交通安全的重要参与者，同心同德、齐心协力是我们共同的心愿；“同等”体现了高速公路管理者和高速公路使用参与者平等的关系，二者没有主次之分；“同行”寓意忻州高速公路全体员工时刻与顾客同行相伴。

“同路同行”确立了一种共同的价值取向。它既强调公司全体员工要相濡以沫、同舟共济，又希望与顾客相互理解、相携相伴，共享高速公路发展成果。

单位标识

忻州高速
XINZHOU EXPRESSWAY

人文通衢

山西省祁临高速公路有限责任公司

山西省祁临高速公路有限责任公司是负责山西省第一条利用国际金融组织亚洲开发银行贷款修建的高速公路建设项目的企业。负责起点位于祁县城赵镇，止于临汾泊庄的高速公路建设及管理工作。祁临高速公路是国道主干线京昆高速公路的一段，是山西省“三纵十二横十二环”高速公路网中的“中纵主干线”——千里大运高速公路的重要组成部分，途经祁县、平遥、介休、灵石、霍州、洪洞、临汾市尧都区7个县市，全长175.394公里，于2003年9月28日正式通车运营，是山西省第一条利用国际金融组织亚洲开发银行贷款修建的高速公路项目。

核心价值理念体系表述及诠释

1. 核心价值观：以人为本、以质为本，祁临路畅、通衢天下

以人为本：以人为本的核心是尊重人、关心人、激发人的热情、满足人的合理需要、实现人的自我价值。管理者要在工作中把这种意识渗透到每一个管理细节。

以质为本：干群优秀、工程优良、服务优质是公司一直坚持的工作原则。要坚持锤炼队伍，提升队伍综合素质，培养优秀的人才，并严把工程质量关和工作质量关，实现工程优良、服务优质，致力于打造祁临品牌。

祁临路畅、通衢天下：这两句话融入了山西高速行业文化品牌及祁临高速公司文化子品牌的深刻含义。祁临高速公司的企业使命就是“为顾客营造安全、舒适、耐久、美观的公路服务产品。”就是致力于打造“平安、便捷、温馨、绿色”的高速公路通行环境来伴随司乘人员旅途的通畅。祁临高速公司的干部职工始终胸怀“立足祁临、牵引山西、面向全国”的雄心壮志。

2. 使命：奉行为民服务理念、打造温馨畅通大道，为顾客营造安全、舒适、耐久、美观的公路服务产品

祁临高速公司致力于通过自身的努力，切实履行国家赋予的企业责任，为国家经济社会发展提供强劲动力，与包括地方政府在内的利益相关者共同维护路畅人和的社会和谐环境；为社会提供便利、快捷、舒适的交通服务；同时让员工能够分享到因企业发展所带来的荣耀，在企业舞台上实现员工的价值抱负。

3. 愿景：致力于成为具有公信力的“省内领先、国内先进”的高速公路运营管理企业

祁临高速公司将通过自己的不懈努力，打造交通文明，一方面，为国家、为社会创造物质文明；另一方面，通过完善的高速服务体系，向社会和公众传播新的交通文明；使人们的出行生活变得更加便捷，享受到因交通文明的进步而带来的舒适出行体验，促进社会主义精神文明建设。

4. 精神：务实、感恩、笃信、奋进

务实：是祁临高速公司的作风。务实要求员工保持艰苦奋斗、勤奋踏实的优良作风，不计较个人得失，以积极的心态面对任何挑战。

感恩：祁临高速公司的干部职工都应该具有浓厚的感恩情结，感谢哺育自己长大成人的父母家庭，感谢培育自己成才的学校，感谢自己工作的单位及各级领导，感谢公司提供服务的司乘人员，感谢共产党、感谢政府、感谢人民。

笃信：是祁临高速公司的态度。笃信首先是要端正自己的态度，真诚地对待自己、他人、工作。重承诺，守信用，成为人格高尚、态度积极的人。

奋进：包括进取和创新两个层面。

进取：是祁临高速公司的活力。进取要求企业有整体大局意识，发扬团队精神，发挥团队的力量，营造上进氛围，使个体、团队和企业都保持前进发展的蓬勃生机。

创新：是祁临高速公司的动力。要求创新思维，积极进取，不懈努力，提高管理水平，不断追求卓越。

5. 职业道德：勇于奉献、严格认真、品行端正、追求卓越

勇于奉献：是一种真诚自愿的付出行为，是一种崇高理想的实践，更是一种自

我价值的实现。

严格认真：严格认真要求公司在执行制度或掌握标准时认真、不放松，严格要求自己，严格履行合同。

品行端正：修养、品行对个人成长至关重要。品行端正，是祁临高速公司员工最基本的道德要求。品行端正包含三层意思：一是正直，二是严谨，三是忠诚。

追求卓越：卓越是一种境界，指将自身的优势、能力、资源发挥到极致的一种状态。把卓越作为一种精神追求，作为一种职业道德要求，是对员工实现自我价值最大化的要求。只有志存高远，以追求卓越的精神状态做人做事，方能成就个人能力的充分发挥，个人价值的不断创新。

文化体系践行方法

1. 企业文化体系的形成

祁临高速公司的企业文化体系由基本价值理念和企业文化载体两部分组成。其基本价值理念是在对公司自成立至今所积淀的文化基因进行挖掘、整理的基础上，结合高速公路运营管理的行业特点，结合晋中地域文化，汲取当前先进的社会文化、高速公路行业文化及其他优秀企业文化中适宜公司的有益内容，进行挖掘、整合、升华，经反复讨论形成的，体现了对公司优秀文化基因的继承和发展。

2. 祁临高速公司文化体系升华凝练过程

祁临高速公司深入挖掘公司的文化基因，经过提炼、整合、升华，形成了新的企业文化体系。公司企业文化体系的基本价值理念由核心价值理念和应用价值理念组成。核心价值理念包括企业使命、共同愿景、核心价值观、企业精神及职业道德。应用价值理念包括企业的运营理念、管理理念、服务理念、人才理念、学习理念、廉政理念及安全理念等。

3. 祁临高速公司文化体系践行方法

祁临高速公司的干部职工肩负着“实现三个服务，建设和谐交通”的行业历史使命，在继承和发扬多年来为社会、为顾客做出卓越贡献的基础上，努力为顾客、为员工、为社会创造更加辉煌的业绩，把公司建设成为基业长青、员工快乐、社会尊重的现代高速公路运营管理公司一直是祁临高速人不断追求的目标。为了实现使命，达成愿景，公司全体员工必须遵循祁临高速公司的核心价值体系，在所有的工作和行为中，按照核心价值体系的要求行事，并将其内化于心、外化于行，逐渐成为每个员工的自觉行为。

4. 祁临高速公司文化体系经验

在企业文化体系践行过程中，祁临高速公司成功地利用连续四届开展的“麒麟杯”有奖征文大赛、《祁临简报》、《祁临党建》这些载体，丰富干部职工的文化生活，在山西省高速公路系统产生了广泛的影响。同时，在山西诗词学会支持下公司于 2011 年 6 月份开始，又在山西省交通系统成立了唯一的“麒麟诗社”，每月定期出版《麒麟诗刊》。2012 年 11 月，挂靠祁临高速公司的“山西诗词学会·麒麟诗社”还承办了由山西诗词学会、山西省交通运输厅文明办联合举办的“‘喜庆党的十八大，爱祖国，颂交通’诗歌征文比赛暨朗诵会”活动，2013 年 6 月，还积极配合山西诗词学会、山西省交通运输厅文明办具体承办了名为“中国梦、新山西、高速情”的全省在建高速公路工地一线诗歌采风活动；2014 年 4 月 15 日，经山西省作家协会提议并批准，山西省作家协会高速公路行业作家协会成立、秘书处就挂靠在祁临高速公司。这一系列文化举措极大地提升和宣贯了山西省交通运输系统、山西省高速公路管理系统的文化建设和精神文明建设成果，为进一步繁荣山西省高速公路运营管理系统的文学创作也搭建了有力的活动平台。

文化品牌

人文通衢

文化品牌诠释

“人文”，意指祁临高速公路连接了地表人文景观 20 多处，跨越了 5000 年的历史文化，汇聚了民族的精神核心，从促进经济社会的快速发展，便捷物流信息的交换交流和传播人文精神等方面，积极有力地推进社会的和谐稳定与健康发展。“通衢”，是指祁临高速公路作为京昆高速的一段，是山西省“三纵十一横十一环”高速公路网中的“中纵主干线”——千里大运高速公路的重要组成部分。祁临高速公路促进了晋中、临汾 2 市 7 县的经济快速发展，是一条特色鲜明的经济走廊，也是一条畅游山西的旅游黄金走廊。“人文通衢”体现了祁临高速公司将以传承和弘扬“大运精神”为核心，以巩固和延伸“千里大运文明路”创建成果为基础，以文化建设为载体，依托和利用“中纵主干线”的交通资源、三晋文化的人文资源和为民服务、无私奉献、团结奋进、开拓创新的宝贵精神财富，因地制宜地打造一条平安、通畅、文明、快捷、优美、和谐高速路的决心和信心。

单位标识

SHANXI EXPRESSWAY 山西高速公路

祁临高速
QILIN EXPRESSWAY

情贯河东

山西省运城高速公路有限责任公司

山西省运城高速公路有限责任公司现负责京昆高速 G5（侯禹段）、侯平高速 S75、运风高速 S87、运城绕城高速 S7501 总里程 358 公里的高速公路和风陵渡、龙门 2 座黄河特大桥的运营管理。公司机关设 9 个部门，基层设 13 个单位，共有 26 个收费站，6 个服务区，2 个出省口超限检测点。"十二五"末，随着运城片区内在建高速公路的通车运营，运城市高速公路里程将达 700 余公里，路网结构更加优化，与中原、西北、西南的交通便捷优势进一步显现，对运城建设山西向东向西开放的"大通道"和"桥头堡"具有重要的意义。

核心价值理念体系表述及诠释

1. 核心价值观：学习，创新，廉洁，服务

学习：海纳百川，厚积薄发。以博大的胸怀和执着的精神汲取一切先进的知识和经验，点滴积累，持续改善，不断超越。

创新：与时俱进，创新每天。把握时代脉搏，引领行业潮流；超越自我，超越昨天，创新未来每一天。

廉洁：追求阳光，享受坦荡。发展廉为基，从业廉为信，做人廉为本，全力营造清正廉洁、讲操守、重品行的文化氛围。

服务：用心用情，持续改进。服务于国民经济和社会发展，服务于客户的需求，服务于运城高速公司每一名员工。

2. 使命：无限延伸温馨高速，全力创造美好生活

无论是作为高速公路运营管理者，还是项目建设者，运城高速公司始终从事着

一项用高速托起高速，用生命保证命脉的事业：无限延伸温馨高速，全力创造美好生活。

乐学好用，汲取外界最佳实践成果，让四面八方的来客享受“如家”的服务，带着温馨和愉悦奔向大江南北、五湖四海。

竭诚竭力，创造友好的工作环境，不断为员工提供价值增长的机遇，让运城高速成为员工事业和精神的家园。

攀高远眺，以运城为起点，跨越千山万水，把高品质服务理念延伸到祖国的各个角落。

纵横四海，让客流、物流、信息流畅通无阻，驰骋天下，把和谐文明的种子播撒在人们的心田和祖国的土地上。

3. 愿景：高品质服务的典范

致力于通过点点滴滴、锲而不舍的努力，把运城高速公司打造成中国乃至世界交通行业高品质服务的典范。

运城高速公司不仅仅依赖于资源和政策的推动，而且要以文化、管理和技术为原动力，兼顾当前和长远发展，有效整合内外资源，保持企业稳步增长和永续经营的能力，使运城高速公司在追求卓越品质中与时俱进。

路虽远，行则必至；事虽难，做则必成。运城高速公司将继续以高速公路运营管理专业化和项目建设专业化为主导，不断开拓新的领域，实现规模化、集约化与专业化，成为国内交通行业服务的佼佼者，做到人才队伍一流、运营管理一流、品牌形象一流，最终成为国内外交通行业高品质服务的典范。

4. 精神：忠诚、担当、奉献、卓越

忠诚：是对组织目标的认可和对价值理念的承诺，善待客户、服务客户、维护公司利益和荣誉。

担当：贯穿于员工们的全部行动，承担起自己该承担的责任，踏实做好本职工作。唯有勇于担当，才有更多的自我提升。

奉献：是爱国爱企、爱岗敬业的自觉行动，坚持在奉献中体现价值，在奉献中赢得尊重，在奉献中提升形象。

卓越：是运城高速公司和员工勇于超越过去、超越自我，超越他人，永无止境，实现创新、跨越和突破，追求企业价值实现的精神境界。

5. 职业道德：敬业、守纪、诚信、友爱、文明、勤俭

敬业：爱岗敬业是员工立身之本。以专业精致的职业能力奉献于组织事业，以高质高效完成工作为天职。敬业还意味着要在细节上求突破、求完美；善于打破思维定式，不断尝试新的思路和方法。在处理客户、合作伙伴等相关利益者的关系时，信守承诺、遵守约定。

守纪：严格遵守国家法规，尊重、遵守、执行运城高速公司各项规章制度。严格遵照流程开展工作，不因麻痹大意而让公司蒙受损失。对安全规章要不折不扣地执行，绝不允许一丝一毫的侥幸行为。廉洁自律，不利用工作之便谋取不正当利益。谨慎使用并保护包括有形资产、信息秘密及公司声誉在内的公司资产。

诚信：诚实正直，言行一致，以坦荡心胸直面问题，以磊落行为立身职场。对运城高速公司价值理念做出真心实意地承诺，终将组织的信仰转化为个人的信仰。在逆境时坚守信念，在顺境时理性思考，冷静判断，辨识危机。坚守公司的价值立场，维护公司的信誉和品牌形象。

友爱：倡导彼此褒奖、相互欣赏的工作氛围，营造团结互助、信息共享的同仁关系。视同事为生活中的益友、工作中的伙伴，主动为同事提供情感支持、工作配合、生活帮助。

文明：自觉遵守公民道德、职业规范，不参与不健康的社会活动，维护公司形象。对待客户真诚热情，对待上司尊敬谦和，对待竞争对手有礼有节，努力做到文明处事，礼貌待人。建立文明和谐的人际关系，妥善处理上下级关系，公平公正对待他人，妥善处理客户关系及社会关系。

勤俭：坚持艰苦创业精神，树立成本控制观念，充分利用有限的资源，不断提高资源利用率。在保证效率的前提下，通过精细管理优化配置资源，保护公司财产，克勤克俭。工作中不讲排场、不搞形式，生活中不搞攀比、杜绝浪费。

文化体系践行方法

从 2004 年开始，是文化践行的提出阶段，从整合最初开展的两标一体认证，初步建立规范化管理、目标责任制考核及服务质量监督的“三大”运营管理体系，确立了以“学习、创新、务实、廉洁、高效”为核心价值理念的企业文化建设。2007 年开始，进入强化阶段。随着运城高速公司规范化管理的持续改进，提出了二次思

想转变，即从制度约束向文化影响引导转变。2009年以后，进入完善和提升阶段。将企业文化核心价值理念完善为“学习、创新、廉洁、服务”，强调服务这一高速公路行业的本质属性，提出“全面实现文化引领发展”理念。2013年，在全公司广泛开展企业文化品牌有奖征集活动，初选出26条下发至各单位进行第二次征求意见。公司领导班子与公司聘请的文化顾问召开专题讨论会，总结提炼出运城高速“情贯河东”文化品牌，并系统践行。

1. 学习是基础，培育高素质员工队伍

运城高速公司通过多种方式提高员工对学习重要性的认识，引导员工树立“终身学习”理念。一是领导干部定期向员工推荐好书，并组织管理人员与员工座谈交流学习心得，提高员工的学习、阅读的兴趣；二是理顺员工教育培训思路和工作机制，在全公司范围内开展组织文化和路政、养护、收费、机电等专业知识的培训，提升员工工作技能；三是与西安交大、长安大学、北京大学燕工分校等大专院校建立协作机制，委托其培养专业技术人才；四是鼓励员工立足岗位自学成才，设立了“学习标兵”奖项。自2005年至今，全公司累计举办各类培训班84次，受训人员达21700人（次），组织技术比武、岗位练兵135次，先后组织90名管理人员赴北大和海尔集团学习。

2. 创新是灵魂，提高企业核心竞争力

从2004年起运城高速公司就设立了“创新标兵奖”，截至目前，共评选出创新标兵25人，评选创新项目奖60项。运城高速公司保持并不断提高创新能力主要是抓住以下3个方面：一是以知识和信息的占有作为前提条件；二是在继承中发展，在发展中创新；三是找准创新的方向。同时，注重实效性，不能为创新而创新。

3. 廉洁是保障，确保企业健康发展

运城高速公司创办了《警示钟》刊物，制作廉政画册、廉政贺卡，发送廉政短信，定期组织人员开展廉政警示教育，全力营造廉政文化氛围。同时，认真落实党风廉政建设责任制，巩固廉政教育和风险防控成果，着力构建廉政风险防控体系，加大从源头上预防和治理腐败的力度，真正形成用制度规范行为、按制度办事、靠制度管人的有效机制。

4. 服务是宗旨，是各项工作的根本落脚点

务实是服务的前提条件，高效是服务的基本要求，而和谐是服务的最终目标。服务就要做到用心用情，尽善尽美，服务于国民经济和社会发展，服务于客户的需求和期盼，服务于每一名公司员工。运城高速公司将文化建设与服务社会，服务客户，服务员工紧密联系起来，最大限度发挥路网效应，完善服务设施，整合服务资源，拓宽服务内容，简化服务流程，创新服务措施，为社会和客户提供更加优质便捷的服务。在此基础上，不断提高员工生活质量和福利待遇，并为员工自我发展创造提供广阔的空间，让员工能更好地实现自己的人生价值，最终实现员工与企业的同步发展。

文化品牌

情贯河东

文化品牌诠释

情纳含着赤诚、信义、大爱、服务和对这方热土、这份事业的百般痴情。一个“情”字印证了忠诚、担当、奉献和卓越，以路载情、一路情深、情路相融，昭示了运城高速公司文化的高瞻远瞩、源远流长。诚信是立身之本，大爱是行为之源，服务是发展之基，应当说“情”不仅是一种理念，更是一种追求、一种境界。

贯的字面本意是穿越、通达、连接。它既是一个过程，又是一种情景；它既是一种状态，又是一种速度；它既是运城高速人将情怀倾注于、贯穿于、覆盖于河东大地的描述，又是运城高速公路网延伸、纵贯八方的呈现。一个“贯”字折射出速度之高、发展之快和情怀之诚。

情贯河东是运城高速公司“学习、创新、廉洁、服务”企业核心价值观和“社会需求就是我们的追求”企业宗旨的概括和发展，标志着公司企业文化建设进入了一个新的阶段，是“心路相融，和畅通达”行业核心价值观的具体承载和特色呈现，是“畅享三晋”行业文化品牌在运城的延伸拓展。

德行闻垣

山西省闻垣高速公路建设管理处

闻垣高速公路建设管理处负责山西省规划的“三纵十一横十一环”高速公路路网的第十一横公路建设，2011年1月25日，厅党组以“晋交发〔2011〕25号”文件决定闻垣高速公路建设管理处增挂闻合高速公路黄河大桥建设管理处牌子，履行闻垣高速公路运营管理及黄河大桥建设管理的双重职责，实行一套人马两块牌子的管理模式。闻垣高速公路是山西省规划的“三纵十一横十一环”高速公路路网的第十一横，全长83.9公里，设有绛县、华峰、英言、垣曲、蒲掌5个收费站和1个隧道管理站、1个服务区、1个停车区、1个入省口超限运输检测点。

核心价值理念体系表述及诠释

1. 核心价值观：德载道，心相融

自古而今，“德”始终是一种为天下炎黄子孙认同的美好品质。“立德”乃古人为人处世的第一件大事，以“德”为核心的西周之礼是儒家最为推崇的道德标准，儒家所倡“孝悌忠义礼义廉耻”之“八德”构建起民族精神之基，而“自强不息，厚德载物”的主题亦是世代相传的恒久信仰。

河东地区自古作为华夏之根、诚信之邦，是传统“德”文化的发源地。舜帝的德孝礼让，大禹的天下为公，关公的忠义诚信，都是这里源远流长的人文精神，河东称得上当之无愧的“厚德”之表。而闻垣高速公路串联起了帝舜躬耕劳作的历山，恭持周礼的晋国故都绛县以及名卿贤相辈出的三晋望族发祥之地等德文化的著名遗迹，“德”文化无疑是这条道路所承载的最鲜活也最厚重的精神财富。

“道”既指“道路”，又包含有“道理”、“道义”之意。“载道”在儒家教义

中多有“载道兴文”“文以载道”的表述，即表达思想，承载精神之意。也延伸为满路、满途之意，如“口碑载道”。

“德载道”是“厚德载物”的思想与高速公路行业相融合的产物，它与闻垣高速服务年所倡导的“德仁厚爱，服务公众”主旋律一脉相承，更对行业核心价值观做出了最地域化的注解——只有心与路融，以路载德，让德爱满途，才可持久地“畅享三晋”。

2. 使命：打造安全文明出行通道

“安全”是闻垣高速管理处在自身发展过程中一贯秉持的最基本要求，“文明”则关注于这条路所承载的物质文明与精神文明。闻垣高速管理处在充分领会省高管局所提出的“为社会提供安全、畅通、便捷、经济的高速渠道”行业使命基础上，将“打造安全文明出行通道”作为自身使命，承担起为社会提供安全畅通、文明和谐出行通道的责任。

3. 愿景：提供优质服务，助力“畅享三晋”

企业共同愿景重在关注企业内全员思想统一，信念一致，为同一个目标而共同努力。

提供优质服务：闻垣高速管理处以自身现代化服务企业的性质为出发点，在充分理解山西高速行业共同愿景（社会满意、行业领先、员工自豪）的基础上，以社会、行业、员工3条线为基本架构展开优质服务工作。于社会，特别关注所服务路段内司乘人员的实际需求，为其提供便捷服务；于行业，发挥好“第十一横”的区位优势，发挥路段应起到的作用，以德文化的理念领跑省内南部公路建设与管理；于个人，不断提高企业内服务的水平，关注员工的内在成长。

助力“畅享三晋”：闻垣高速管理处清楚认知企业的定位，所构建的文化体系均是从是于山西省高速行业文化的“子文化”，企业共同愿景的提出亦遵从此原则，提供优质服务的最终目的是为了更好地助力公众“畅享三晋”旅程。

4. 精神：精于服务，乐于学习

闻垣高速管理处基于现代化服务企业运营管理的自身性质，所提“精于服务”，是在的贯彻“精细化管理”要求时对服务功能“精细化”追求的体现。“乐于学习”，则是企业成员群体的鲜明精神风貌。这一精神深深贯穿于企业的服务理念和学习理念之中。

5. 职业道德：孝且悌，谨而信

“孝且悌，谨而信”是提取自清初学者李毓秀《弟子规》的箴言，“孝”“悌”即孝敬父母，友爱手足，“谨”“信”则指谨言慎行，讲求信用。闻垣高速管理处在企业员工中倡导“老吾老以及人之老，幼吾幼以及人之幼”的思想理念，由“孝悌”引申至对社会大众发自内心的关爱。这也是对“德”意义的延伸，强调把对德行的修炼贯穿始终；“谨”与“信”则是“德”文化的两大表现，讲求“谨而信”正是全面提升公共服务能力方面的基本道德要求。

文化体系践行方法

闻垣高速管理处文化体系在发展过程中，传承了运城高速公路有限责任公司自2004年整合以来“以运营管理为基础，以项目建设为突破”的可持续发展理念，发扬了“团结、务实、创新、廉洁、奉献”的优良作风，奠定了事企分离和岗位评价的人事制度改革基础，深化了现代企业绩效考核体系等一系列发展实践中凸显出的文化品质内涵。2008年，在全球金融危机爆发的大背景下，党中央提出“扩内需，保稳定，保增长”政策导向。闻垣高速管理处受厅党组指派，承担闻喜东镇至垣曲蒲掌高速公路的建设和管理任务。在有效工期短，项目概算低，桥隧比例高的困难面前，闻垣高速人迎难而上，敢于担当，勇于创新，不辱使命，充分发挥党委对项目的集中统一领导作用，以合同管理为准绳，以模式机制创新为动力，以“两个一流”为目标，以协会服务为补充，以党建工作为保证，追求“科学建设，和谐共赢”，推动闻垣高速公路又好又快建设。在项目建设管理中，闻垣高速人识大体、顾大局、精细管理、追求卓越的精神进一步丰富和发展了运城高速企业文化，并注入了“科学”与“和谐”的新元素。2010年12月，在各级主管部门的坚强领导下，在沿线各级党委政府和广大人民群众的大力支持下，闻垣高速公路全面建成通车并投入运营。根据厅党组的统一部署，闻垣高速建设管理处增挂闻合高速公路黄河大桥建设管理处的牌子，同时负责闻合黄河大桥的筹备与建设管理工作。

穿越帝舜故里，连通晋豫两地，作为山西省高速公路网“第十一横”和出省要道，特殊的地理位置给予闻垣高速管理处企业文化以特殊的精神滋养。在山西省高速公路行业文化的指导下，闻垣高速管理处始终坚持以服务公众为目的，在厚重文化基础之上不断总结，从自身建设与管理运营工作实践中提炼出独属于本路段的精神特质，并把舜帝孝德、关公仁义等地域文化的精髓融入闻垣高速管理处文化建设之中，经反复酝酿、讨论与总结，最终升华形成科学完整、符合社会发展道德判断标准、具有“德”文化特色的闻垣高速管理处文化核心价值体系。

文化品牌

德行闻垣

文化品牌诠释

德行闻垣：自古而今，“德”始终是一种为天下炎黄子孙所强烈认同的美好品质。“立德”乃古人为人处世的第一件大事。闻垣高速公路沿途是“德”文化的发源地。一条高速公路串联起了历山、绛县、闻喜等历史名圣地，这是一种荣幸。从建设期以尊重之德创“和谐共赢”局面，到运营期以仁厚之德服务员工、服务社会，“德”文化无疑是这条道路所承载的最鲜活也最厚重的精神财富。

单位标识

SHANXI EXPRESSWAY
山西高速公路

闻垣高速
WENYUAN EXPRESSWAY

广州交投集团

广州交通投资集团有限公司

广州交通投资集团有限公司是由原广州市高速公路总公司与广州交通投资有限公司联合重组，并吸收原广州市公路局下属的市公路开发公司和工程公司等，于2008年8月成立的国有独资公司，主要从事交通基础设施的投资建设、营运管理、维护管养、综合开发以及年票项目托管等。集团已建成投入营运或管理的高（快）速路有9条，里程达400多公里；在建高（快）速路项目有5个；持有广东省机场管理集团公司49%股份，并参与5条高铁（或铁路、城际轨道交通）、1个和谐型大功率电力机车检修基地等国家、省重点建设项目的股权投资。目前，总资产近900亿元，员工4200多人。

核心价值理念体系表述及诠释

1. 核心价值观：八个提倡

在企业与个人关系上，提倡爱岗敬业、乐于奉献；

在工作质量上，提倡一丝不苟、精益求精；

在生活态度上，提倡勤奋好学、努力向上；

在用人制度上，提倡五湖四海、唯才是用；
在领导决策过程上，提倡集思广益、民主决策；
在上下级关系上，提倡互相关心、互谅互爱；
在收入分配政策上，提倡效益共享、奖罚分明；
在企业对外交往上，诚实守信、勤于沟通。

2. 使命：为广州建设大交通，让员工生活更愉快

“为广州建设大交通”，一是定位广州，二是定位大交通。大交通包括高速公路、城市快速路、机场、铁路、城际轨道交通等的现代交通基础设施，这是集团全部工作的出发点和历史使命，体现了集团的社会责任。“让员工生活更愉快”，反映了集团坚持以人为本，依靠员工办企业，坚持员工与企业共同发展、共享成果的理念。

3. 愿景：成为行业领先、社会满意、员工自豪的现代交通龙头企业

“行业领先”，充分表达了集团锐意进取、争创一流的理想追求。“社会满意”是对社会认可度的追求，这是企业的生命线所在。“员工自豪”反映了员工对企业发展的期望和感受。这是集团的奋斗目标和美好憧憬，是未来发展的宏伟蓝图。

4. 精神：求实、创新、优质、高效

经过20多年来投资建设营运管理，集团以自身发展的基础上，积淀了丰富精神财富。求实、创新，是企业进步的动力源泉。求实是基础，脚踏实地做事，根基才稳；创新是求实过程中的火花，在扎扎实实的工作中，努力开展技术创新、管理创新、制度创新、文化创新等等，不断推动集团向前发展。优质、高效，是事业不息的追求——要建设人民满意的工程，提供人民满意的交通服务，做人民满意的建设者。

文化体系践行方法

1. 初步凝练期

2008年，广州交通投资集团联合重组成立后，企业文化建设开始走向有意识地

归纳、总结、提炼阶段。当时，为稳定员工队伍，使企业改制平稳过渡，集团党委结合学习实践科学发展观活动，大力开展企业文化建设，促进各新并企业不同文化的融合，努力营造团结和谐的发展环境。经集团党委讨论通过，初步建立了以“三个提高”、“八个提倡”为核心价值的企业文化体系，编制了2008年版的企业文化手册。

2. 规划实施期

2011年，集团迈入了“十二五”五年发展规划新征程。这年4月召开集团第一次党代会，明确提出了“推动企业发展，建设幸福交投”的主题和“项目带动，板块发展”的战略思路；提出了“让员工获得物质财富的惠及感、让员工在干事创业中享有成就感、让员工在企业运作管理上享有公平感、让员工在遇到实际困难时具有安全感、让员工在人文环境上产生愉悦感”的奋斗目标。围绕这一目标，集团党委制定了《企业文化建设五年发展规划》，使集团企业文化建设步入常态化、科学化轨道。

3. 推广深化期

2011年至2012年，集团广泛开展了以“认同价值、提升品牌、全员参与”为主题的企业文化建设系列活动。主要亮点包括，建立了集团形象标识系统，在全集团及各下属单位广泛并规范使用集团企业标志。修订完善了集团企业文化体系，形成了以企业宗旨、企业愿景、企业精神、共同价值观（“八个提倡”）、应用理念等5项内容为核心的价值理念体系，并命名为“大道文化”。编印了2012版的《企业文化手册》，制作了宣传片《大道之梦》。这是集团企业文化建设新的宝贵的精神财富。之所以称之为“大道文化”，一是从“道”本身的字面含义讲，道即路，大道就是大交通的概念，这充分体现了集团为广州建设大交通的企业宗旨，也是集团的根本职责和对社会的郑重承诺；二是从思想、管理的层面上讲，提倡勇于担当的社会责任和“人文”有道的管理理念，通过营造“为愉快生活”而工作的氛围，让企业、员工都能在幸福的大道上同心同德，共同努力。

4. 持续发展期

2013年至今，按照文化建设规划，开展了“深入人心、扩大影响、全面落地、形成自觉”为主题的企业文化建设系列活动，特别是开展了集团第一届“十大标杆人物”评选活动，通过自下而上的评选方法，评选出10位得到广大员工普遍认可的标杆人物，这10位标杆人物有的是中层管理干部、有的是基层一线员工，他们成为广大员工学习的好榜样；随后，广泛开展了学习“十大标杆”先进事迹报告会巡讲、征文等学习宣传活动，掀起了广大员工学标杆、赶标杆、超标杆的热潮。

通过一系列的文化建设活动，促进了集团企业文化全面落地，也为集团的建设发展提供了强大的精神动力和智力支持。至2014年上半年，集团各在建项目进展顺利；各营运道路完成全省联网收费切换，路费收入稳中有升；房地产开发有新突破等。集团连续3年获得“全国交通运输文化建设卓越单位”荣誉称号。

广通善道

广东交通实业投资有限公司

广东交通实业投资有限公司成立于1993年，是广东省交通集团有限公司属下的二级企业，目前注册资本人民币13.66亿元，业务板块包括高速公路投资建设、营运管理、养护管理及非高速公路资产管理，是以高速公路投资建设为主，多元化发展的国有企业。

核心价值理念体系表述及诠释

投资公司以“广通善道”为企业核心价值理念，也是企业文化品牌。“广通善道”核心价值理念，以“广”为企业愿景，以“通”为企业使命，以“善”为核心价值观，以“道”为企业精神。

1. 核心价值观：修德敬业，止于至善

“德”是中国伦理和中华文化的内核，是传统伦理中宝贵的优秀遗产。对于投资公司而言，“德”的核心是“敬业”，是投资公司上下立业发展的重要基石。“善”作为核心价值观，告诉员工应该怎么做人做事。对于投资公司的每一个个体来说，要根据“德”的标准提升自我修养，汲取投资公司的文化养分，躬身自省，修德养德，勤业敬业，不断提升投资公司的核心竞争力，最终让企业实现由内而外“止于至善”的最高境界。体现的是公司的“善”。

2. 使命：和谐交通，美好生活

美好生活是人类社会的美好愿望，也是人类社会追求的终极目标。和谐交通是美好生活的前提，和谐交通也是美好生活的保障。和谐交通以提供畅顺高速为基础，以服务民生为目标，以实现自我发展为动力，最终通向和谐社会、美好生活的终极目标，此即投资公司的历史使命。体现是的公司的“通”。

3. 愿景：广通八方，福泽万家

“广通八方”，是指投资公司围绕“高速公路”这一核心产业，不断将事业做大做强，是公司基于行业特点与自身发展建设的愿景。“福泽万家”，是指公司作为交通行业国有企业，围绕“造福社会”这一核心责任，不断在南粤大地筑造通衢广陌，造福员工、服务社会的愿景。体现的是公司的“广”。

4. 精神：担当实干，拼搏奉献

在投资公司发展的风雨历程中，上下一心，迎难而上，谋生存、求发展，依靠自己的汗水和智慧拼搏奋斗，勇于担当，乐于奉献，脚踏实地，顽强拼搏，成为集团高速公路建设管理的主力军之一，既完成了对自我价值的升华，更将重实干、敢拼搏的公司精神展现得淋漓尽致。公司一直坚守社会效益为先导，秉承集团“大责任”文化的理念，履行着国有企业应尽的社会职责，集中体现了勇于担当、乐于奉献的时代精神。体现的是公司的“道”。

文化体系践行方法

随着社会主义市场经济的不断完善，企业之间的竞争直接表现为企业文化之间的竞争。新的发展形势对进一步加强企业文化建设提出更高要求。公司成立20年来，在省交通集团“一主多元”企业文化建设方针的指导下，投资公司以“大责任文化”为指南，结合自身特点，坚持继承创新、以人为本、务求实效、系统运作、追求卓越的原则，对公司企业文化进行诊断、分析、提炼。

2013年7月，正值投资公司成立20周年之际，整合构建了以“广通善道”为核心，以“广”为企业愿景，以“通”为企业使命，以“善”为核心价值观，以“道”为企业精神和执行理念的特色企业文化理念体系。投资公司的企业文化，是公司历年倡导、创造、积累并被全体员工共同遵守和信仰的价值体系、行为准则、历史传统、企业制度、文化环境。投资公司坚持以文化凝聚人心、变革管理、规范行为、打造品牌的宗旨，塑造投资公司特色文化品牌形象，为实现企业全面协调可持续发展提供文化支撑和精神动力。

近年来，投资公司坚持把加强企业文化建设作为提升企业“软实力”和增强职工凝聚力的重要途径，职工文化活动坚持“策划精心、活动精致、效果精彩”的理念，以满足职工精神文化需求为切入点，组织开展多种形式丰富多彩的文体活动，凝聚企业精神、增进团队情感、增强职工体魄，营造健康向上的文化娱乐氛围，为企业文化建设、生产经营目标的实现起到了催化作用。

企业文化建设是一项长期的系统工程，要充分考虑企业改革发展的不同阶段、内外环境、职工素质和文化背景等要素，循序渐进，逐步丰富、发展和完善企业文化内涵，使企业文化建设的目标、内容、方法和手段符合实际，凸显其创新性、系统性、科学性、指导性和可行性，进一步增强文化凝聚力和影响力。

投资公司企业文化建设的基本经验有5点：一是企业文化建设必须强化组织领导的引领作用，只有加强领导，明确目标，才能形成文化建设的凝聚力和推动力。二是提炼企业文化应该讲究阶段性与实效性，因为新生事物的发展、巩固、壮大都有一个循序渐进的客观规律，作为企业文化的倡导者与建设者，不能逾越这条线而走所谓的捷径。三是由于企业核心价值观是超越制度文化之上的精神文化与行为文化的总和，因而培育和践行企业核心价值观是打造企业文化品牌的关键。四是提升企业文化品位必须以创新精神为动力源泉，企业管理者必须用发展的眼光、创新的思维分析和处理企业文化发展中的问题，才能提升企业文化的品位，使企业文化之树长青不老。五是发挥企业文化最大功效必须实施以人为本的理念，企业管理者必须按照文化建设规律，把企业文化建设与企业改革发展有机结合起来，使企业规章制度与价值准则协调同步，以企业文化建设促进企业经营管理水平的持续提高。

文化品牌

广通善道

文化品牌诠释

以海纳百川、有容乃大的胸襟，畅行无阻、兼容并包的情怀，践行尽善尽美，永无止境的目标，探寻“至善之道”。“广通”既是公司的姓与名，属广东交通集团，是广东交通实业投资有限公司的简称，也有比喻和祝愿公司“广交好运，通达天下”之意；“善道”既是公司对所从事的高速公路板块臻于完美的追求，也彰显公司求实奉献、脚踏实地的工作作风和“大道至简”的管理理念。简而言之，公司既要善建高速路，善管高速路，还要走出一条“广通八方，福泽万家”的公司发展之路、员工幸福之路。

“广通善道”，既可以分为“广”、“通”、“善”、“道”的独立阐述，亦可合并整合为“广通善道”的文化解读。“广通善道”囊括了投资公司的企业使命、企业愿景、核心价值观与企业精神，承袭了集团的“大责任”文化，以“修德敬业、止于至善”的核心价值观，秉持“担当实干、拼搏奉献”的企业精神，不仅要善建、善管高速路，还要走出一条至仁至善、共创共赢、路畅人和、粤畅悦享的公司发展之路，最终承担“和谐交通、美好生活”的企业使命，实现“广通八方、福泽万家”的美好愿望。

文化品牌标识诠释

企业文化标志的形象设计与投资公司 LOGO 一脉相承，是投资公司形象在文化上的延伸与拓展。标识整体由“广通善道”核心文化理念以及其汉语拼音的首字母“GTSD"组成。4 个字母连接在一起，体现交通行业的高速公路、桥梁、隧道、互通立交等特征，其中“S”以红色毛笔手写形式，象形道路、飘带和彩虹，凸显企业“善”的社会责任和“交投人”积极进取、面向未来，充满激情、活力、自信的精神面貌，寓意“和谐交通，美好生活”的企业使命以及“广通八方，福泽万家”的企业愿景。

单位标识诠释

投资公司标志设计上体现“方圆兼济、阴阳平衡”的美学观念，寓意高速公路、桥梁、隧道、大厦、昂首阔步等物象与概念。组成公司标志的基本构成元素是汉语拼音字母 G、D、J、T 的变形组合，既代表公司名称，同时也隐喻着“广通善道”的企业文化精髓。标志外圆内方，体现传统美学中“内外兼修、圆融方刚”的深刻内涵。趋于闭合的圆、向右、向上的势态，传达“广”、“通”、“善”、“道”的文化理念，表达了“交投人”积极进取、追求卓越的意识，以及面向未来、创造辉煌的期许和诉求；蓝色主体图形传达着科技创新、人文关怀、精益求精的企业文化基本理念。红色字体则表达了企业激情奋进、昂然自信、温暖幸福的文化内涵。

单位标识

广东交投

广东云梧高速公路有限公司

广东云梧高速公路有限公司于2003年5月26日由广东省长大公路工程有限公司和广东省长大发展投资有限公司共同出资组建，2009年12月10日公司股东之一广东省长大公路工程有限公司与广东省路桥建设发展有限公司和股东之一的广东省长大发展投资有限公司签订了股权转让协议，公司的现有股东为两家，即广东省路桥建设发展有限公司和广东省长大发展投资有限公司，分别拥有注册资本的54%和46%。

核心价值理念体系表述及诠释

1. 核心价值观：质量是企业的生命，政治思想工作是企业经济工作的生命线

质量是企业的生命。作为一家高速公路营运企业，云梧公司的产品就是为司乘人员提供服务，而高速公路的美在于能够为司乘人员提供安全、高效、便捷的出行服务，因此员工文明服务的质量好坏直接决定着公司的对外形象。云梧公司秉承绿色生态管理理念，创造性归纳出公共出行服务“六要素”和以“四预”机制为核心的高速公路保畅通管理体系，不断提高提升云梧公司的文明服务质量。并聘请文明服务义务监督员，不定期地对公司的服务状态、设施设备、照明状况、卫生状况、收费准去度等内容进行测评与考核，全方位提升公司的公共出行服务水平。

政治思想工作是企业经济工作的生命线。随着社会经济持续快速发展，各种各样的不确定因素都影响着云梧公司的员工，员工的思想更容易出现波动，不利于企业的持续健康发展。为此，云梧公司在日常管理工作中，把员工的思想政治工作作为一项重要工作来抓。云梧公司始终坚持加强员工的思想政治教育和培训力度，在企业中的大力倡导“人便于行、货畅其流、服务群众、奉献社会”的行业核心价值

观和“艰苦奋斗、勇于创新，不畏艰险、默默奉献”的交通精神，把思想政治工作渗透到企业的生产经营实践的各个环节中去，不断宣贯社会主义核心价值观，培养员工的职业道德、敬业精神和团队意识，最终到达提升员工综合素质的目的，推动云梧公司的可持续发展。

2. 目标：打造“大西关”文明示范路

2008 年时任广东省委书记汪洋同志到云浮进行专题调研时，将云浮喻为广东富庶文明的“大西关”，这一荣誉凸显了云浮地理位置的重要性，同时也为贯穿云浮山区、连接两广的交通运输大动脉——云梧高速公路和云罗高速公路增添了强烈的时代色彩。云梧高速公路和云罗高速公路的建成通车不仅让当地老百姓的出行变得简单易行，更为当地人增加了收入，提供了脱贫致富的机会，对推动地域经济发展，缩小地区差距，改善当地交通运输环境具有重大的意义。

作为负责云梧高速公路和云罗高速公路营运管理的云梧公司深知，随着经济社会的不断发展，人们已不再仅仅满足于高速公路行车速度快、通行能力大、运输成本低等基本功能作用，人们对高速公路的行车环境、道路的安全与畅通以及应急救援等方面提出了新的需求。为此，云梧公司立足本地，通过对社会需求、顾客需求、政府需求、员工需求、股东需求进行分析，对高速公路公共出行服务需求进行调研，提出了“打造‘大西关’文明示范路”的工作目标，积极发挥自身的区位优势，以文明服务为出发点，在推动当地经济发展，缩小地区差距，改善当地交通运输环境的同时，为广大人民群众提供安全、高效、便捷、舒适、优质的高速公路通行服务，使云梧高速公路和云罗高速公路成为高速公路文明服务的示范路。

3. 精神：求真务实、开拓进取、活力开放

求真务实是云梧公司一以贯之的工作精神。云梧公司要求员工从说实话做起，把说实话作为一种作风来培养，同时建立健全有效机制来改变说假话的现象。坚持有一说一，有二说二，既讲经验又讲教训，既讲意见又讲建议，把对上负责与对下负责一致起来。其次是办实事。就是对职工群众需要解决的问题，要真正想办法去做好、做实、做到位、做出实效。办实事是云梧公司一项经常性的工作任务，通过不定期的召开座谈会、面对面交流、体验一线工作、发放调查问卷等措施，广泛征求职工群众意见和建议，在公司范围内营造说实话、办实事的风气。

开拓进取是云梧公司一切行动的准则。随着社会经济的持续快速发展，作为准公共产品的高速公路现有功能已无法满足广大人民群众的需求。云梧公司按照“富强、民主、文明、和谐”的要求把握企业的发展方向，努力打破陈规、勇于改变现状，主动地转变自身的管理理念、工作方式来适应司乘人员需求的变化。在企业内部，云梧公司围绕“爱国、敬业、诚信、友善”的要求提升职工思想道德素质，培养员工奋发向上、积极进取的心态，坚持高标准、严要求不放松，让员工不能产生应付的心态，使员工自觉地、积极地努力，主动去做应做的事，并坚持不懈地把思想付诸行动，影响和带动身边的同事去工作，积极开拓工作的新局面。

活力开放是云梧公司的本质特征。云梧公司本着“环境决定习性”的理念，培养员工“人格自尊、人格平等”的意识，鼓励“人才多元化”，突出“文化多样性”，从细节管理入手，注重员工的个性化需求，在一定的合理的范围内给予员工自由发挥的空间，从而使公司对员工的管理进入良性循环的轨道。根据员工特长和爱好，以具有文艺、体育等特长员工为骨干，成立了各种类型的兴趣小组，开展丰富多彩的文化生活，加强了员工之间非正式的沟通、交流，着力打造一支年轻、活力、开放的人才队伍。

文化体系践行方法

1. 建立企业管理效能评价体系

从企业的自然资本、生产资本、人才资本三个主要方面建立企业管理效能评价指标体系，衡量、调整、提高企业的综合竞争实力，使企业朝着健康向上的方向前进发展。

首先，云梧高速位处广东的“西大门”，是粤西地区与广西相连接的主要通道，占据着厚重而独特的区位优势。其次，云梧公司在建设过程中，结合所辖路段山区高速公路的特点、难点，积极开展科研项目课题研究，共立项开展了近 27 项科研课题研究，完成了专著 6 本、指南与标准 9 项、工法 2 项、国家级专利 21 项、软件登记 3 项、公开发表学术论文 100 多篇。同时，各项研究成果已在工程实践中推广应用，实现了科研与实践的相结合。最后，在人才队伍方面，云梧公司本着“环境决定习性”的理念，培养员工“人格自尊、人格平等”的意识，鼓励“人才多元化”，突出“文化多样性”，重视员工职场规划，并适度地给予员工引导，搭建便于他们展现特长的舞台。

2. 提炼思路，制定制度，形成机制

云梧公司还从科技、服务、流程控制3方面入手，提炼出了“以养护为重点、以收费为中心、以路政为关键、以机电为支持”的营运工作思路，制定了适合本路段的工作制度、机制、文化、科技以及人才集约化管理体系，倡导生态管理理念，建立良好管理生态。

在生态科技方面，云梧公司不断加强科研力量建设，大胆引进和自主创新，打造了节约土地资源、本土植物绿化防护、LED灯动态调光控制系统、污水处理及太阳能的利用等四大绿色节能环保亮点。

在公共出行服务方面，云梧公司积极适应交通发展要求和公众出行需求的新变化，建立了路况信息、收费服务、路政管理评价、养护服务、后勤服务评价等5个标准化指标体系，归纳了以“文明服务、时效服务、专业服务、咨询服务、救助服务、创新服务”为内容的出行服务六要素，在这6个一级服务下再细分27个二级服务内容，实现了高速公路公共服务全覆盖。同时，还创新了以“四预机制”为核心的高速公路保畅通管理体系，做好预测、预警、预告和预案，有效保障了所管辖高速公路的安全畅通，在管理的每一个高度构筑了高速公路公共出行服务的新起点。

在生态控制方面，云梧公司通过完善企业内部推动力体系和制动力体系，实现生态控制。为进一步规范公司内部管理，修订完善了一系列管理制度，共编制制度164个，业务流程222个，业务表单347个，全方位提升公司整体管理水平。还与云浮市安监局联合启动了安全班组建设活动，以建设“零事故班组”为目标，充分发挥班组在安全生产第一道防线的作用。

3. 调动职工建立企业文化的积极性

云梧公司通过融入“社区文化”的组织形式，以创建“号”“手”活动为切入点，根据员工的特长和爱好，并给予他们适当的启发与引导，调动他们的主观能动性，持续推进企业文化生态的健康、和谐、共生发展，建立了和谐多彩的企业文化。

通过开展一系列富有成效的创争活动，不断加强生态文化建设，自始至终保持一种拼搏进取的创先争优态势，使公司上下保持饱满的精神状态，持续推进企业文

化生态的健康、和谐、共生发展。2011 年 12 月，云梧公司团委被省国资委团委命名为 2010 年度“广东省属企业青年文明号”。2012 年 2 月，云梧公司平台、连滩收费站被省妇女联合会授予“巾帼文明岗”荣誉称号。2013 年 3 月，云梧公司监控中心荣获广东省妇女联合会“三八红旗集体”。

4. 培养各类专业人才

在人才培养中贯彻文化理念践行，注重企业发展中对各类人才的吸收和培训，员工专业类别达 40 多种，中高级职称人员占比 7%，安全生产管理资格证持证率达 16%，各项专长的人员在云梧公司的发展过程中各司所长，形成形式多样、精彩纷呈的企业氛围；科技上，云梧公司也进行不断的创新和大胆的尝试，建设中探索新技术、新手段的应用，实现环保节约的施工理念；在管理中，工程、业务、综合管理等系统的投入运行，保证了管理的科学性，也为高速公路建设决策提供各项有力的参考。

5. 创新管理理论，引导企业发展

结合文化理念践行，创新“铪”管理理论来引导企业协调和可持续发展。一栋高楼的建成，靠“铪”，即石头、砂子、水泥、水、钢筋等五样元素，作为企业管理来说，同样也离不开这五大元素，企业的制度如石头，保证企业有序化、规范化地持续运作，为企业发展提供不可或缺的支撑；企业的机制如砂子，能形成企业办事的行为准则和做事风格，也填补了制度与制度之间的衔接缝隙，保证企业各个业务能形成强有力的整体；企业文化如水泥，是一种黏合剂，可以把员工紧紧地团结在一起，形成强大的向心力，使员工万众一心、步调一致，为实现目标而努力奋斗；企业中的员工如水，通过不同人在不同岗位的合理配比，使企业各项工作协调发展，从而实现组织目标；而企业所应用的各项科技手段就如钢筋，有的是信息系统、有的是管理体系，它们都保证了各类信息在企业内部的有效、快速传达，保证了关键节点的有序运作，使得企业在持续发展中始终保持旺盛的上升态势。

石头、砂子、水泥、水、钢筋必须达到一定的科学合理配比，方能让钢筋混凝土建筑能达到“固化的艺术”要求，保证了建筑物能往更高、更安全、更美、更和谐处发展。这 5 大元素既是相互关联、也是相互制约，只强调其中一样，都会给建筑带来可怕的后果。这点用在企业的管理上也适用。制度、机制、文化、人才、科

技都是企业发展所必须有的因素，而且相互之间也是相辅相成的作用，根据企业不同时期发展需求而不断调整相互之间的“配比”，达到一种和谐共存的状态，这也恰恰是生态管理的一种有效表现。

云梧公司充分发挥自己的资源优势，对社会需求、顾客需求、政府需求、员工需求、股东需求进行分析，积极探索运营管理亮点，不断提高营运管理水平，在广东的“大西关”，精心打造一条高标准、严要求的文明示范路，以“贯通一方命脉，造福一方百姓”为己任，充分实现省交通集团“构建和谐交通，延伸美好生活”的使命。

广东广乐高速公路有限公司

广东广乐高速公路有限公司主要负责广乐高速公路项目的投资、建设、经营、管理。广乐高速公路是广东省新十项工程和高速公路“六纵”的重要组成部分，作为京港澳高速粤境段复线，广乐高速公路走向大致与之平行，途经3市8区（县）34镇，起点位于湘粤两省交界的小塘，向南经过乐昌市、韶关市、英德市、清远市，止于广州市花都区花东镇，主线新建线路长约270公里（含扩建段约5公里），连接线约32公里，合计总长302公里。

核心价值理念体系表述及诠释

1. 核心价值观：广行天下，乐善通达

广行天下：“读万卷书，行万里路”，广乐高速公司通过广乐高速公路这个载体“迎四面客，连八方路”，打造粤北区域经济中心，实现新时期广东经济转型与可持续发展的突破，为社会主义事业贡献绵薄力量。

乐善通达：筑路知善、乐善而行善；道路通达，事理通达，而人心通达。

2. 使命：自主创新、追求卓越，为用户提供优质服务，成为一流里程碑高速公路工程

依托自主创新能力，坚持可持续发展战略，持续领跑，敢为天下先。为用户持续提供优质产品和服务，创造更多价值，成为我国高速公路标杆和地标工程。

3. 目标：安全、优质、高效、和谐、创新

安全：运用现代信息和科技技术，为用户提供安全运行环境和产品。

优质：整合资源，高效运作，提供优质服务。

和谐：稳健经营，与社会和自然和谐相处。

创新：信守承诺，珍惜资源，勇于担当，创新领先。

4. 精神：尊重劳动、为民造福、敢于为先、勇于跨越

尊重劳动：善待劳动者，让每个人都有成长的空间，“你有多大能耐，便有多大舞台”，特别是尊重一线施工人员，给他们以较好的生产与生活环境。

为民造福：以民为本，将广大人民群众的利益放在第一位，为人民群众创造安全、优质的通车环境与服务质量。

敢为天下先：坚持创新、创优，敢于“先走一步”，敢于质疑，敢于担当，创造技术领先、服务优先的新模式。

勇于跨越：在实践中追求卓越发展，实现从工程到管理的跨越式提升。

5. 职业道德：责任，守信，服务，奉献

责任：爱岗敬业，对工作负责，对他人负责，友爱互助。

守信：诚实守信，团结协作，纪律严明，实事求是。

服务：全心全意为人民群众服务，创新性地做好道路建设工作。

奉献：“不唯上，不唯书，只求实”，树立崇高的职业荣誉感，把继承中华民族传统美德与弘扬时代精神结合起来，热爱祖国，奉献社会。

文化体系践行方法

广乐高速公司从“五种文化”为切入点打造企业文化，有效地推动了广乐高速公路项目建设，使工程建设管理水平得到明显提升。

1. 人本文化——善待员工，给每个人成长的机会

广乐高速公司牢固树立以人为本的理念，在管理过程中采用“1+4”模式，设立广乐高速公司本部和4个管理处，公司对每个管理处充分授权，使各级管理人员得到了充分的锻炼，为他们将来走上职业专业道路提供了成长的机会。公司设计了全线覆盖整个建设期的劳动竞赛，设立了劳动竞赛专项资金，重点奖励一线工人，

充分调动和激发一线工人的积极性。劳动竞赛过程中事迹特别突出者，符合清远市、韶关市、广州市劳模条件的由公司劳动竞赛委员会分别向清远市、韶关市和广州市工会申报市劳动模范奖章；符合省部级劳模条件的，由公司劳动竞赛委员会逐级向广东省推荐。善待员工，给每个人成长的机会和空间，已经成为广乐高速公司的核心价值观和文化体系中的重要组成部分。

2. 质量文化——标准化先行提质量，双标引领上水平

在工程实施过程中，广乐高速公司坚持"安全第一、质量至上、工期服从质量安全"的原则，通过强力推进"双标"管理、合理利用经济杠杆、加强质量监控、开展专项治理、开展等多种途径，严把工程质量关，开展"六比六创"为内容的劳动竞赛活动，为争创优质工程、精品工程打下了坚实的基础。在省交通运输厅2010年、2011年标杆工程评比活动中，公司项目12个合同段共获得22项样板（标杆）工程，占全省在建高速公路标杆（样板）工程总数量的27%；在省交通运输工程质量监督站组织的5次全省在建高速公路质量监督综合检查评比中，公司项目一直名列前茅，监理标段囊括5次第一名，施工标段斩获3次第一。

3. 安全文化——以标准化推动平安工地，以信息化确保工地平安

项目动工建设以来，广乐高速公司全面构建安全文化体系，并坚持从源头抓起，及时整治安全隐患，通过积极推进"平安工地"建设活动，建立广乐项目应急预案体系、加强施工危险源的管理与控制、开展应急演练月等专项活动，有效提高了应急处置能力；通过全面落实推广使用安全生产管理信息系统，对全线施工关键点实施监控，使用隧道无线监控定位系统，有效降低了施工风险，使工程管理人员能及时掌握工地现场的动态，及时处理现场突发事件，真正实现动态化、信息化远程管理，为创建广乐高速公路"零伤亡"工程打下坚实的基础。2011年，被交通运输部评为第一批"平安工地示范工程"；2011年、2012年，被广东省交通运输厅授予"广东省公路工程平安工地示范工程"称号；T10和T27合同段被评为广东省公路工程"平安工地"优秀工地。

4. 廉政文化——构建廉洁风险防控管理新机制，争创廉洁阳光示范工程

广乐高速公司始终把廉政建设贯穿于工程实施的全过程，一是设立制度防线。

按照“谁行使、谁清理”的原则，对“1+4”管理模式下的内控管理体系进行全面梳理，明确了公司本部和各管理处的工作职能和权限。针对职能部门人员进行职权清理，将每项职权的各个部位划分为若干必经环节，并绘制了权力运行流程图，确保了权力更加明晰、流程更加优化、监督更加到位、管理更加规范。

二是设立风险防线。以纵向工作流程为主轴，分工程建设前期、实施及交竣工3个阶段，按“流程、所处环节、所涉对象、廉政风险点、防控措施、责任主体”6项内容逐一分解，排查具体工作环节中可能产生的廉政风险，并提出相应的防控措施。

三是设立监督防线。作为省交通集团“全过程跟踪”审计试点单位，广乐高速公司积极主动配合审计机构对各项工程事项进行定期不定期的审计或巡查，本着“边建设、边审计、边整改、边规范、边提高”的原则，对审计出的问题均限期进行整改，并形成全过程跟踪审计整改工作情况报告。

四是设立科技防线。公司依托 HCS 网签操作系统固化办事流程，使各项工作审批系统化、网络化，进一步提高了业务处理效率，提高了项目管理水平，实现了项目建设管理工作分权制衡、流程制约、风险预警以及权力运行进系统、留痕迹、可追溯、有监督，纪检监察和审计机构对各项工作流程能进行实时监控，企业运作更加公开透明。

5. 柔性文化——柔性组织系统高效运作的保障

广乐高速公路建设期长达 5 年，为了适应工程建设进展，同时提高组织对外的适应能力，广乐高速公司建立了面向工程建设全生命周期的柔性组织，即在工程的前期决策、设计阶段、施工阶段、竣工结算阶段和运营阶段，随工程建设内容的变化和工作重心的调整，动态的调整组织结构、运作机制和岗位配置，以形成面向工程全生命周期内的组织结构的动态演化，从而改变了工程建设组织在整个建设期一成不变的刚性组织，有利于充分利用各类资源，尤其是人力资源。柔性文化对公司的影响主要体现在价值观、组织理念、组织氛围和群体认识论等方面。

广乐高速公司文化建设潜移默化地把业主、参建单位的思想、行为引导到实现广乐高速公路的建设目标上来，提高了参建者工程建设的责任感、自豪感和使命感，增强对这个临时组织起的集体的认同感和归属感。广乐高速公司文化氛围能够以无形的、非正式的、非强制性的方式，对思想和行为进行约束，协调公司与管理处、业主与各参建单位的关系，共同完成工作目标，协调企业和社会的关系，实现“双赢”，并提高工程建设管理的软实力。

京珠高速公路广珠段有限公司
Beijing-Zhuhai Expressway Guangzhou-Zhuhai Section Co.,Ltd.

京珠高速公路广珠段有限公司

京珠高速公路广珠段有限公司为粤港合作企业，其前身广珠东线高速公路有限公司于1993年5月注册，1998年9月19日工商注册登记变更为京珠高速公路广珠段有限公司，全面负责建设、经营和管理京珠高速公路广珠段。广珠段位于京珠高速公路最南端，起点为广州市南沙区塘坑，终点为珠海市香洲区金鼎，全程62.4公里。公路于1995年10月15日正式开工，1999年12月6日建成通车，是第一条由内陆直接通往澳门地区的高速公路，是第一条纵跨珠江西岸广州、中山、珠海3市的大通道。

核心价值理念体系表述及诠释

1. 核心价值观：阳光·春风伴你行

“阳光·春风”包括两方面含义。一是“阳光·春风”管理。指广珠段公司管理的目标：一个中心（以顾客为中心），两个高效（高效率、高效益），三个服务（服务社会，服务企业，服务员工），四个和谐（与顾客关系和谐，与股东关系和谐，与社会关系和谐，企业内部员工和谐），五个保障（保计划、保安全、保畅通、保稳定、保服务质量）；二是“阳光·春风”服务。指让顾客、员工充分感受到广珠段公司特色的人文关怀——温暖热情，舒适温馨。

2. 使命：为员工拓展价值空间，为顾客提供优质服务，为股东创造最佳效益，为社会创造最大财富

企业使命反映的是社会对企业的期望和要求，又体现企业对社会应承担的责任，企业是存在的目的和理由。

为员工拓展价值空间：为员工的职业发展搭建舞台提供机会，变潜能为显能，

实现自身价值，同时又关心员工生活和福利的提高，实现员工与企业的共同发展，体现了广珠段公司“以人为本”的思想。

为顾客提供优质服务：通过持续为司乘人员提供安全、优质的服务，凝聚和培养忠诚客户，使企业持续健康、快速发展。

为股东创造最佳效益：企业存在的目标之一就是要为股东创造利润，创造出最大效益是企业对股东的承诺。

为社会创造最大财富：为社会创造财富、做贡献，体现了广珠段公司强烈的社会责任感。企业是社会的一份子，既要考虑企业的经济效益、人才效益，更要考虑社会效益，履行应尽的社会职责和义务，最大限度地回馈社会，为社会做贡献。

3. 愿景：以人为本，尊重员工；合法经营，优质服务，获取效益最大化

企业宗旨是企业存在于社会的主要目的、意图和志向，是企业的最高理想。

以人为本：是企业凝聚力的重要途径。“以人为本”中的“人”字也可以做不同的理解。一般来说，这里的“人”会被认为是企业的员工，即企业对员工是尊重的，在企业内部的管理中，企业是把员工作为人来看待，而不是将他们等同于机器设备来对待，因为管理中会更多地去注重人性化的东西，管理上更富有人情味。事实上，“以人为本”中的“人”还不仅仅限于企业的员工，还包括企业的其他所有利益相关群体，比如说企业最终所要面对的顾客、供应商、企业的股东、企业的合作伙伴以及社会各个方面的人。因为对人的尊重如果是发自内心的，如果已经深入企业的方方面面，那么，它就必然会渗透融合于企业的各种关系之中，无形中便会成为企业的灵魂和形成企业的内在文化。

尊重员工：不仅充分体现企业“以人为本”的管理理念，更能强化工作中员工的自尊，有效的促进员工的自我管理、自我要求和自我提升，使管理与被管理者之间的关系更加和谐与融洽，从而达到管理的最高境界。

合法经营：广珠段公司从事经营活动，必须遵守法律、行政法规，遵守社会公德、商业道德，诚实守信，接受政府和社会公众的监督，承担社会责任。

优质服务：优质的服务是提高企业的美誉度，赢得广大客户信赖的前提。

获取效益最大化：效益，是市场经济时代永恒的主题。效益的提高，决定着广珠段公司的前景和可持续发展。而利益的合理分配，更涉及股东的支持力度、员工的奉献精神、从内到外的凝聚力，以及企业的远大未来。这里所指的“获取效益最大化”包括：企业利润最大化，股东收益最大化，员工报酬最大化。

4. 精神：务实求真，团结奋进，廉洁清正

企业精神是企业文化的精髓，是企业员工价值观念、理想信念、道德规范、行为准则、工作作风等多种因素相结合的产物。

务实求真：始终当老实人、说老实话、办老实事，脚踏实地，艰苦奋斗，务科学之实、发展之实、作风之实，与时俱进，勇于创新，敢于超越，努力创造卓越业绩。

团结奋进：体现的是现代企业这个复杂系统正常、有效运转所必需的不同岗位、不同部门之间和谐相处、协调一致的团队精神。

廉洁清正：以“三个代表”和科学发展观为指导，体现领导干部要不断提高自身的综合素质和个人修养，坚持反腐倡廉，弘扬正气，做到廉洁从业，诚实守法，严于律己，清正修身，树立良好形象。

5. 职业道德：自强不息，厚德载物

企业道德观念是企业在生产经营过程中形成的道德观念，道德规范和道德行为的总称。

道德是内在的，诚信是永恒的。自强不息，厚德载物是中华民族几千年来的道德精髓。道德于人，是其本质和品位；道德于企业，如同企业的诚信评价通行证。“土扶可成干墙，积德为厚地”。人无德寸步难行，企有德驰骋纵横。广珠人在 10 年的发展实践中，始终秉持实事求是的工作作风，以善立企，以善处事，一贯坚持做老实人，说老实话，办老实事的道德准则，为企业的兴盛、和谐奠定了良好的思想准则、行为保障和道德基础。

文化体系践行方法

1. 领导重视，是搞好企业文化建设的关键

广珠段公司历届领导班子把企业文化建设作为一项系统工程来抓，而且是一把手亲自抓。从建设期创“广东省高速公路建设样板路”，到营运期塑造“阳光·春风”营运管理品牌，从创办企业内刊《广珠风采》、与院校合作办班，到建立企业文化长廊、精神文明创建室、企业文化展示厅、成立企业文化部等等，企业文化历经萌芽、雏形、成长等阶段，从无形到有形，从模糊到清晰，这与历届领导班子重视企业文化建设是分不开的。

2. 勇于创新，是企业文化建设永葆生机的动力源泉

一是创新服务模式，成就“阳光·春风”营运管理品牌。结合实际，从“站立收费+微笑，双手递卡+走好”的服务模式，到率先开展站长服务日，率先开展文明服务月，率先设立客户服务中心，率先开通免费服务电话等新举措、新亮点，开创性地在公司系统内开展“四个服务日”（站长服务日、团员服务日、党员服务日、路政服务日）活动，并由公司系统内推广到省交通集团范围广泛开展。同时，按照建设服务型企业的总体要求，党政齐抓、部门联动，形成一种“一线员工为顾客服务、职能部门为一线服务、公司领导为全体员工服务”的服务文化氛围。

二是创新主题活动，成就“企业文化周”文化品牌。近年来，广珠段公司精心打造特色文化品牌——“企业文化周”。从“书香飘广珠，活力展风采”到“学习贯彻‘十八大’，谱写广珠新篇章”为主题的连续5年企业文化周活动，共策划“‘阳光·春风’使者”评选活动，“企业文化建设”辩论赛等80多项活动，涉及岗位技能、书画摄影、诗歌散文、文娱体育、综合才艺、手工制作等方面内容。

3. 加大投入，是搞好企业文化建设有力的保障

一是改善员工的居住条件，加大硬件设备投入，在原有的基础上改善职工文体环境，让员工体会到广珠段公司“大家庭”的温暖；

二是加强人才队伍建设力度，组建了一批文体骨干团队，既丰富了员工的业余生活，又提升员工的综合素质。

三是加大送温暖力度。广珠段公司将“送温暖工作”常规化，制定了《工会慰问、困难补助费用暂行管理办法》等有关规定，努力帮助员工渡过难关，让员工感受到“企业就是家”的温暖。广珠段公司把中山市福利院作为定点服务基地，每年定期为福利院的老人们送去慰问品和关爱；把珠海市斗门县灯笼村妇女学校作为“一对一”定点、帮助学校实实在在解决困难。此外，适时开展爱心捐款活动，如：汶川地震、大西北旱灾、广东扶贫济困日等，为灾区和贫困地区奉献爱心，尽显企业的社会责任。

广珠段公司始终坚持以顾客为中心，以人为本，科学管理，和谐发展的经营管理思想，用实际行动生动地诠释着“阳光·春风”实质内涵，锤炼了“务实求真、团结奋进、廉洁清正、优质服务”的企业精神特质。

向日葵服务 Sunflower Service 顾客满意100

广东省路桥建设发展有限公司广韶分公司

广东省路桥建设发展有限公司广韶分公司前身是广东省公路管理局京珠高速公路粤境南段建设管理处，于1998年10月26日在广州注册成立，负责投资、建设、经营、管理广韶高速公路及沿线配套服务设施。2010年5月27日，在广州注册成立广东省路桥建设发展有限公司广韶分公司。京港澳高速公路粤境韶关甘塘至广州太和段是国家“7918”高速公路网的重要干线，路段北起韶关甘塘，接京港澳高速公路粤境北段，经曲江、翁源、英德、佛冈、从化、花都，南止于广州白云区太和镇，与广州北二环高速公路和华南快速干道北延线相连。

核心价值理念体系表述及诠释

1. 核心价值观：勇担责任，共享成果

勇担责任：这是在省交通集团“大责任”文化背景下，广韶分公司喊出的响亮口号和践行标准。作为“广韶人”，有责任为司乘人员提供安全、畅通、快捷、舒服的行车环境及向日葵式服务；收费人员向过往司机乘客提供“向日葵”式服务，让他们感受到广韶人的热情、活力，阳光之路、阳光服务；养护人员抢修抢险，确保道路畅通无阻、环境优美；路政人员文明、热情执法，全心全意为司乘人员排忧解难。公司有责任为员工营造一个和谐、稳定、向上、幸福、温馨的工作及生活氛围；对待员工就如同员工对待顾客一样，真心、体贴，关心他们的成长；广韶人要抱以

责任心，勤勤恳恳做事，怀着感恩心，踏踏实实做人。有责任真抓实干，勇于创新，做精做细各项工作，高质量、高标准完成各项指标，以一流的设施、一流的队伍、一流的服务实现一流的专业化营运管理，为路桥事业添砖加瓦。

共享成果：广韶高速公路作为广东通往粤北山区第一条高速公路在建成通车以来显现出有目共睹的成果，一方面提高了南北大通道的运输能力，改善了粤北地区的投资环境，加大了沿海经济向内地的辐射力度，为沿线各市的经济发展提速．另一方面体现了广韶分公司作为省交通集团全资控股下通行费名列前茅的企业对省路桥公司、省交通集团的突出贡献；体现了广韶人与广韶高速公路一起成长、一起壮大，在这里彰显青春活力，体现人生价值，付出并收获着。

勇担责任，共享成果，这更是公司对未来的郑重承诺。“广韶人”将不断深化“向日葵”服务文化精髓，以一贯的热情、活力、开放的精神面貌，实施一流的专业化营运管理，致力成为高速公路营运管理的领先者。

2. 使命：为员工谋实惠，为企业求发展，为社会促和谐

员工是企业发展的基础和动力，广韶分公司在发展过程中要为员工营造更多的发展空间及谋划职业生涯，努力做到企业和员工双赢；

作为高速公路营运管理单位，要为顾客提供优质的产品和服务，只有致力于为顾客创造价值，才能为企业发展赢得优势；

企业存于社会之中，发展依靠社会的整体发展。广韶分公司要以强烈的责任感面对社会、回报社会，为社会的发展与进步承担责任，从而获得社会认同，和谐共处。

3. 愿景：致力成为高速公路营运管理的领先者

把企业打造成高速公路营运管理的领先者，是广韶分公司永久的承诺、永恒的追求，它将不断激励所有广韶人奋勇直前，拼搏向上。

4. 精神：热情，活力，开放

广韶分公司是“向日葵服务”文化的缔造者，通过为过往司乘提供安全、舒适、热情的通行服务，向社会各方面充分展示广韶人的阳光服务风采；

广韶分公司着眼于思想观念、工作思路、长效机制和方法手段的创新，不断改进、完善和优化各项工作，增强工作动力，激发队伍活力；

广韶人要尊崇自己的职业，真诚做人，诚信做事，敢于解放思想，打开思路，

全面大力贯彻落实科学发展观，保持高昂的工作热情和务实苦干精神，为事业尽心尽力。

文化体系践行方法

广韶高速公路自 2001 年分段通车以来，广韶分公司开始探索提高职工向心力和凝聚力、促进企业发展的企业文化。2003 年，建立了以顾客为关注焦点的“向日葵服务”文化。以“向日葵服务”品牌为基点，通过对司乘人员和公司员工的需求分析，完善了对外顾客和内部职工的服务体系。2012 年，对前 10 年的企业文化进行了系统梳理，并完成了自成立以来第一部企业文化宣传片，建设了企业的文化展厅，广韶分公司在全线范围生活区大面积增设了企业文化宣传栏，促使了企业文化的跨越式发展。

1. 以一流的设施，塑“向日葵服务”文化之“形”

首先，加大对路面养护投入力度，对沥青路面维修罩面，完成了各服务区、主线及佛冈、沙溪匝道互通 10300 平方米混凝土路面维修，并率先对沿线的绿化进行改造升级，开展生态景观带建设。

其次，积极参与“三部委”课题建设。“十一五”期间，京珠高速公路作为全省唯一一条高速公路参与国家科技部、公安部、交通运输部联合启动的“山区公路网安全保障技术体系研究与示范工程”课题建设，并于 2011 年 10 月底完成工程建设。

第三，建立全程监控巡逻体系，率先开展国标网改造及计重收费。广韶高速公路监控范围覆盖了全线的路面，基本上实现了无盲点全程视频监控，大大提高了道路保安全、保畅通能力。率先在省内组织实施高速公路命名改造示范工程，把京珠高速构建成一条便民高效、安全快捷的“数字高速”。自广韶高速公路在省内率先实行计重收费以来，路面行车环境改善明显，超载超限车辆明显减少。

2. 以一流的队伍，培“向日葵服务”文化之“元”

一是在员工培训方面，广韶分公司坚持培训与强化管理相结合，推进文明服务质量的提升。二是按照“文明执法、文明收费、文明施工”的原则，加强了职业技能的培训和监督考核，尤其是文明服务礼仪培训，推行了三级稽查体系，努力保持文明服务的常态化。三是严格绩效考核，充分体现良好竞争激励机制，真正体现员工日常工作状态，反映员工真实能力和水平，鼓励员工参与文明创建，为司乘人员提供优质服务，使员工懂得文明服务的真谛。四是定期举行收费业务技能大比武活动、路政业务技能大比武活动、机电业务技能大比武活动，提升队伍业务能力。

3. 以一流的机制，铸“向日葵服务”文化之“核”

建立健全“联合巡逻信息共享”机制。创造性地提出适合粤北山区复杂路况条件下的路警联动新模式——路警联合交叉巡逻机制，通过全程路面监控，实现路面交通状况和事故信息更快掌握。

建立健全“轻微事故快速处理”机制。联合广州、清远、韶关高速交警制定了《交通事故简易程序处理办法》，充分实现了路政、交警职能互补，最大限度地缓解交通拥堵。

建立健全减少分流联合保畅机制。经过与沿线高速交警部门沟通联系，提出了道路交通事故“零分流”方案。在保障道路安全畅通的同时，减低了通行费的损失，保障了高速公路的正常营运，为司乘人员提供了舒适、安全、便捷的行车环境。

建立健全“联合整治行车秩序”机制。广韶分公司与沿线高速交警联合行动，以“打通救援应急车道”为重点，通过加强对客运、货运企业的宣传教育，以及在沿线设置相应标志标牌，联合整治应急车道行车秩序，收到良好的效果。

建立健全“联合整治治安环境”机制。积极配合沿线高速交警大队、通驿公司实行“警务前移”，强化治安防范，提高服务一线群众能力；设立路警联合执勤点，切实提高整治治安环境能力，优化收费站正常的收费秩序和治安环境。

4. 以一流的服务，表“向日葵服务”文化之“旨”

与“文明服务月活动”相结合。每年文明服务月期间，广韶分公司面向社会设立“便民服务点”，开展“便民服务日”和“站长服务日”，向司乘人员免费提供行车指引、地图、收费政策资料等服务。

与“为民服务创先争优活动”相结合。广韶分公司在创建过程中树立了“微笑服务”、“空乘服务”、“许霞式微笑”等品牌。

与“企业文化建设年活动”相结合。广韶分公司把“向日葵服务”文化建设活动与“企业文化建设年活动”有机结合，通过打造优质的服务文化，将创建活动常态化，把企业文化全面、有效地融入企业日常各项工作，形成了“人人参与文化创建”的良好氛围。

“向日葵服务”文化，不是广告也不是口号，而是一份坚定的社会责任。广韶分公司将以“向日葵服务”为标杆，围绕更高的目标，不断创新管理、充实内容、巩固成果、提升内涵，让文明之花常开不败，让文明之风永远吹拂在广韶路上。

文化品牌

向日葵服务

文化品牌诠释

顾客是太阳，我们是向日葵，我们提供的服务必须围绕顾客的需求。

河南高速公路发展有限责任公司驿阳分公司

河南高速公路发展有限责任公司驿阳分公司，成立于 2008 年 3 月 25 日，主要负责省道 S38 新阳高速公路、S49 焦桐高速公路泌阳段、泌阳至桐柏段的运营管理工作。管辖高速公路总里程 272.719 公里。所辖路段连接了 G45 大广高速、G4 京港澳高速、G40 沪陕高速等多条国道主干线、省道线，组成了完善的豫南公路网络。

核心价值理念体系表述及诠释

1. 核心价值观：广纳众智，和谐共创

广纳众智：战国时期李斯在《谏逐客书》中说："山不让寸土，始能成其大；海不舍涓滴，始能成其深。"山不舍弃一点泥土，才能成就它的高大，海不舍弃一点水滴，才成就了它的深邃。对于驿阳分公司来说，员工就是公司的泥土和水滴，是公司最大的财富。

广纳众智，以众智群力谋发展，是驿阳分公司在运营管理中遵循的态度。坚持"以人为本"，尊重员工创造，激发活力，充分调动全员的积极性，发挥全员的智慧和力量，

不仅体现出大局意识、协作精神和服务精神，而且使全员在运营管理中各显其能、团结协作，集聚众力造就公司的“高大和深邃”。

和谐共创：和谐是中华民族文化内涵的核心，和谐共创是驿阳分公司致力实现的目标。以打造和谐企业为目标，构建文明和谐高速，是驿阳分公司适应时代发展的需要，也是全体员工的共同愿望。和谐文明高速主要体现在公路与自然环境的和谐，公路与未来的和谐，公路与社会的和谐，这种和谐的氛围让每一位员工都心甘情愿地为企业奉献。

共创是一种思维方式，也是一项能够付诸行动的主张。在和谐氛围实现共创，增强员工的精神力量，增进企业发展活力，才能“积力之所举，则无不胜也；众智之所为，则无不成也。”在和谐发展的同时实现员工成长、司乘满意、政府放心，达到共赢共享状态，是驿阳分公司坚定不移的信念。

2. 使命：服务民众出行，助力经济腾飞

驿阳分公司作为高速公路的管理者，以创造安全快捷、贴心舒适的交通环境服务民众出行、助力中原经济区尤其是豫南地区经济发展为己任。通过“管好路”打造畅、洁、绿、美、安的行车环境，“管好人”塑造交通运输行业的标杆服务典范，维护路畅人和的社会和谐环境，打造极具影响力的交通服务品牌，让每一位行驶在驿阳高速公路上的司乘都宾至如归，为豫南地区经济社会发展乃至整个中原经济区建设做出积极的贡献。

3. 愿景：建卓越团队，铸高速品牌，惠驿阳员工

“建卓越团队，铸高速品牌，惠驿阳员工”，体现了企业愿景与个人目标的契合。只有一个个优秀的个人才能凝聚成一个卓越的团队，高素质的优秀团队是打造高速品牌的保障；企业与员工在美好的愿景下才能实现共同发展，共享发展成果。驿阳分公司注重为员工搭建施展才华、奉献企业的舞台，着眼于全面提升员工队伍素质，提升运营管理水平，提升公司整体形象，着力打造驿阳高速品牌，以赢得社会公众的高度评价和广泛赞誉，并让每个人与公司共同进步、共同提高、共享荣誉。

“建卓越团队，铸高速品牌，惠驿阳员工”这一愿景，为驿阳分公司品牌形象建设指明了方向，展现了公司争创一流的信心与责任，使公司有了明确的奋斗目标，清晰的前进思路，广阔的发展空间。公司积极谋求企业与员工共同发展，努力把发展成果惠及广大员工，使企业与员工水乳交融，和谐共享。同时，企业愿景会激发

每一个员工的创业激情和创新活力，朝着这一共同的目标奋进，树立起驿阳品牌形象，开创驿阳分公司更加美好的未来。

4. 精神：自信自强，求是求精，思危思进，争先争优

自信自强：自信是坚定不移地相信自己能够获得成功，成就事业要有自信，有了自信才能产生勇气、力量和毅力。自强是一种精神、一种信念、一种境界，企业要实现持续发展当自强求生，个人具有自强品格能铸就人生辉煌。在运营管理中，自信自强是驿阳分公司员工澎湃于心的动力，是决定成功与否的首要条件。自信自强这种心态，在公司创新发展中会形成自强不息、开拓进取的信念和决心。

求是求精：求是求精是一种先进的管理方式和管理文化，体现出驿阳分公司的工作作风。在现代企业中，弘扬这种精神和作风尤为重要。这一企业精神要求在工作中做到作风求实，管理求精，创新求变，树立脚踏实地和精益求精的工作作风。

思危思进：思危思进就是强调虑远制胜，危机意识、责任意识和竞争意识应心中长存，从而激励员工不断挑战自我，负重加压，锐意进取，务实拼搏以求发展。思危思进不仅是一种清醒，更是直面现实的勇气和居危思进的决心。只有认清“危”而思量“进”，在居险思危中居危思进，才有可能转危为安、转危为机，促进驿阳分公司持续健康发展。

争先争优：争先争优就是树立争优比强、争先发展意识，培植锐意进取、开拓创新的正气，形成“事事争先、人人争先、全面创优”的顽强斗志和拼搏作风。保持“自信自强”的工作心态，秉承“求是求精”的工作作风，保持“思危思进”工作态度，付诸“争先争优”的积极行动，做事力求尽善尽美，方能激流勇进谱华章。

5. 职业道德：团结协作，遵章守纪；勤勉尽责，博学善思；诚信廉洁，勤俭节约；胸怀仁德，知义明礼

团结协作，遵章守纪：是指要弘扬团队精神，同事之间友善真诚，互相尊重，坦诚沟通，协作配合。不计较个人得失，乐于奉献，在心情舒畅、温暖和谐的工作氛围中享受友谊和真情。同时，要严格遵守国家法律、法规和公司的各项规章制度；热爱本职工作，认真执行工作标准、岗位职责和工作程序。时刻牢记自己的一言一行代表公司形象，自觉维护公司利益，珍惜公司荣誉，做到讲求素养，行为得体。

勤勉尽责，博学善思：是指热爱工作，用心做事，激情满怀，脚踏实地，工作不推、不拖、不等、不靠，日事日毕，日清日高。以积极向上的心态对待人生、对待工作、对待生活，在工作岗位上实现自己的人生价值。同时，要做到自强不息，追求真知，让“让学习成为生活习惯，把学习作为终身需求”的学习理念融入行动，以学做人，以学做事，刻苦钻研业务，精通业务规程、岗位操作规范，不断提高业务素质和实际工作能力。

诚信廉洁，勤俭节约：是要求干部职工为人诚于心，信于行，与他人交往中诚信待人，不弄虚作假，服从上级，听从指挥，讲求诚信，信守承诺。在工作和生活中清正廉洁，遵纪守法，决不假公济私，徇私舞弊。同时，在工作中培养勤劳节俭之美德，保持艰苦奋斗的优良传统，牢固树立过紧日子的观念，从力所能及的小事做起，尽自己的一份责任，体现出个人具有的基本素养。

胸怀仁德，知义明礼：要求干部职工遵守社会公德，养成良好习惯，自觉维护公共秩序，不作危害社会的事。爱护公共设施，维护公共卫生，办公室内外整洁清爽，井然有序，保持工作场所整洁干净。同时，要热爱生活，热爱家庭，尊老爱幼，尊重他人，做到家庭和睦，亲密和气，邻里友善，文明相处，谦和礼让。言行举止符合文明礼貌的准则和规范，做一名合格的、文明的现代人。

文化体系践行方法

1. 确定企业文化体系

驿阳分公司历届领导班子都非常重视企业文化的建设，成立了以一把手为组长的企业文化建设领导小组，并邀请相关专业人士参与，根据企业性质和自身实际，采用“学习借鉴”、“员工调查”、“典型分析”、“领导确定”和“专家咨询”相结合的方法，规划、定制了具有驿阳分公司自身特色的企业文化体系。

2. 推广文化体系理念

为使企业文化尽快落地生根，驿阳分公司编印了《企业文化手册》下发到各个基层单位，组织召开企业文化宣贯会，培养企业文化推广员，创办了《驿阳高速》内部资料、博客、微信平台，制作了企业文化走廊、灯杆旗、文件袋等一系列有型产品，使文化宣贯无处不在。同时，注重“看得见”的宣贯与“看不见”的宣贯有机结合，将文化建设贯穿于领导方式、日常工作、文体活动等方方面面，使企业文化在潜移默化中铭于心、践于行。

3. 践行体会

企业文化建设是一项巨大的、系统的工程，不是一朝一夕就能够完成的，需要持之以恒地做下去。一是要有计划地去做，包括财务预算、建设目标、建设周期等；二是要系统地去做，有统一的思想约束和指导；三是要作为一个长期计划去做，坚持不懈地做下去，而且企业干部员工在工作实际中还要认真践行，才会对企业真正起到作用；四是要防止文化建设进入四大误区，即企业文化口号化、企业文化文体化、企业文化表象化、企业文化僵化。

一路温馨

飞越秦岭

陕西省高速公路建设集团公司西汉分公司

西安至汉中高速公路是国家高速公路“7918”网国道主干线(北)京昆(明)高速公路在陕西境内的重要一段，全长361公里，北起户县涝峪口，连接先期建成的西安至户县高速公路，跨越西安、安康、汉中、户县、宁陕、佛坪、石泉、洋县、城固、南郑、汉台、勉县3市9县(区)，止于勉县黄家营(元墩)，连接后期贯通的勉县至棋盘关高速公路。2002年开工建设，2007年9月30日建成通车，建设工期5年。由陕西西汉高速公路有限责任公司负责建设。

2009年1月6日，陕西省高速公路建设集团公司西汉分公司(简称西汉分公司)正式成立，承担着西安至洋县段共计163.75公里的征费、养护、路政和治超等管理工作。

核心价值理念体系表述及诠释

1. 核心价值观：道宽人和，路畅业兴

道，表示规律、真理、方向、路径等，中国古代著名思想家韩非把“道”视为物质世界的普遍规律和万物存在与发展的总依据。认为，“道者，万物之始、万物之源”，“之所以成”是因为遵循物质世界的普遍规律、真理，走了一条正确的路径。道作为西汉分公司的核心价值元素，指分公司在发展的过程中，不断地升华自我，寻找运营管理的价值本源，实现持续的发展。

宽，一般指宽敞、宽畅、舒适，寓意西汉高速宽广、宽厚、宽容的人格特征。道宽相连，西汉分公司追求实现“山区高速公路运营管理典范”的愿景和高速人奉献社会的真情，浩瀚而无垠。

“人和”原指天、地、人，宇宙万物的有机统一与和谐。作为中国文化意识的集中体现，“人和”主要包括：和敬、和清、和寂、和廉、和静、和俭、和美、和爱、和谐、和合、和衷等含义。西汉高速公路从建设始，就致力于打造一条人文之路、生态之路、和谐之路，让古老的蜀道呈现“天人合一”的和谐之美。

作为一个企业，西汉分公司肩负经济效益和社会效益的双重使命，“路畅”是实现双重使命的基础和保障。善于利用天道、人和，事业则可蓬勃发展；只有确保路畅，西汉高速即可成为一条安美通衢，服务三秦发展的平安大道、康庄大道。业兴，则人兴；心宽，方能天地宽；人和，才能社会和谐。这就是西汉分公司恒久不变的共同信念、共同信仰。履道坦坦、事业兴盛。

2. 使命：打造安美通衢，塑造蜀道新颜，服务三秦发展

使命，是西汉分公司存在的价值和理由“宣言”。它表明和回答了“西汉高速的事业是什么和存在的目的和意义”。在当前及今后相当长时期内，西汉高速都需要紧紧围绕使命来履行职能。

“安”的本义原指家眷有稳定的住处，引申义为平静、安定、安全，后又喻为治理状况——安定、稳定等。“美”，原义“味甘”。古代帝王喜欢把治国与烹调相比拟，即“治大国若烹小鲜”，后引申为人们对新鲜、高品质事物，对德、才学，景、容貌等的享受和礼赞。美的基本形态是艺术美和现实美，艺术美主要指人类活动中创造的各种美的形态，包括各种美的艺术作品。现实美包括：自然美、社会美等，是现实生活最直接、更典型的美。打造安美通衢，即是更好地创造现实的生活美，实现分公司的使命之梦。

西汉高速公路是在“难于上青天”的古蜀道上构筑了现代化的通天大衢。运营以来，以科学管理为根本，以道路安全保畅为中心，以科学养护为手段，以创建“微笑服务、文明执法、科学养护、温馨驿站”四大品牌为目标，营造了畅、洁、绿、美、安的交通环境，使千年蜀道旧貌换新颜。

为深入推进西部大开发，加强成渝经济圈与关天经济圈的联系发挥了重大战略意义，特别是在服务三秦经济社会发展方面，有着独特的难以替代的作用。

“打造安美通衢，塑造蜀道新颜”，是西汉分公司的理想宣言，生命之歌；“服务三秦发展”则是西汉高速的价值目标和存在的目的、意义所在。

3. 愿景：打造山区高速公路运营管理典范

愿景，是人们的一个期望并能够预见的和可以实现的未来景象。西汉分公司愿景，是西汉高速事业发展的未来蓝图，寄托了分公司全体员工对美好未来的憧憬、心愿和梦想。

西汉高速公路是我国一条比较难管理的山区高速公路，在255公里路上，有桥梁540座（单幅），特大桥62座；隧道145座，特长隧道12座。西汉分公司营运以来，就提出了“强化管理措施、创新工作思路、提升服务水准、打造运营经典”的工作目标和价值理念。在提供高品质、安全、畅通的通行服务方面，全力打造了“一路温馨、飞越秦岭”西汉高速文化品牌，使西汉分公司运管理水平在业内有一定的影响力。为了更好地使企业发展充满蓬勃活力，使西汉高速公路与秦岭山水、与蜀道历史、与现代社会更加和谐，确立了创建山区高速公路运营管理典范的愿景。分公司全体员工有了这个愿景，企业的发展蓝图更加清晰，个体的发展目标也更加明确。

4. 精神：和谐、创新、高效、卓越

精神，是西汉分公司群体的精神风貌，是在建设、运营管理的实践中，积淀形成的概括简洁、寓意和内涵丰富、具有社会主流意识的表述语言，是西汉高速人在工作中表现出来的奋发向上的精神状态和理想家园。

和谐、创新、高效、卓越”集中体现了分公司在实践中形成的企业精神和员工的思想境界。企业精神是追求，是责任，是拼搏，是大爱在心、为民开路的崇高情怀，是要让群众享受到西汉高速公路带来的便利，实现路畅人和。

和谐：努力实现高速公路事业发展与自然生态和谐，与经济社会发展和谐，与员工发展和谐，最终达到与整个社会的和谐。

创新：在实践中不断推进体制创新、机制创新、管理创新和服务创新。

高效：保持奋发进取的精神面貌，高标准、高质量、高效率地圆满完成各项工作任务。

卓越：追求卓越的管理水平、卓越的创新能力、卓越的品牌形象和卓越的服务能力。

5. 职业道德：诚为道，善为桥，业为基，人为本

职业道德，作为一种职业规范，它是人们在长期的职业活动中形成的职业观念、职业素养和职业规范。西汉分公司的职业道德，是西汉分公司调整员工与员工、员工与单位、单位与单位、企业与社会等关系的基本信念、行为准则和职业操守。

诚为道：意为说话办事要诚实讲信用。《礼记·中庸》就说："诚者天之道也，诚之者人之道也。"认为"诚"是天的根本属性，努力求"诚"并达到合乎诚的境界才是为人之道。孟子也认为人能够达到"诚"的境界，就是最大的快乐。把"诚"作为西汉分公司职业道德的首要元素，要求全体员工把"诚"作为进行自身道德修养的方法和立身处世境界。

善为桥："善"常指吉祥、完好、圆满等，是美德的源泉。古希腊哲学家苏格拉底认为，善是至高无上的美德，人类一切可以达到幸福的行为都是善举。作为西汉分公司职业道德体系的重要组成部分，是西汉高速人判断真和假、美和丑、好和坏、善和恶的价值标准。以善为桥梁，就能把工作做得更加完美，在人们接受西汉高速提供的优质服务的过程中，自己也能获得快乐、幸福等美好的满足。

业为基："业"多指工作、手艺等。是个体及其一个组织健康发展的基础，主要包括两个方面的内容：一是事业，二是职业能力。把"业"作为西汉分公司的职业道德的重要组成部分，要求全体员工恪守诚、善的道德境界，忠诚自己的事业，履行好自己的职能，敬业、乐业、精业。敬业是责任心，乐业即是职业兴趣，精业是职业能力。

人为本：是至高无上的职业境界。把它作为西汉分公司的职业道德，表明了西汉分公司长期倡导的以人为本理念，在工作中把尊重人、理解人、服务人和满足人的需要作为一切工作的终极目标，遵守服务社会的承诺，引领良好的社会风尚，树立诚、善的企业形象。表明了西汉分公司全体员工对司乘人员和社会公众的服务态度和职业操守。

文化体系践行方法

1. 层层推进，完善企业理念、行为、视觉识别系统

一是统一图文标识和包装。各办公场所等都有醒目的标识，凸显西汉高速品牌，提升企业形象和美誉度。二是推行精细化管理。制定工作流程、职责、质量、标准和行为等标准，形成一套完整的行为识别系统。三是总结提炼理念体系，把理念意识渗透到员工个体，员工明白只有实现企业着力追求的价值标准才能维护个人的利益，积极主动地为社会提供"文明、优质、快捷、高效"的通行服务。

2. 内外并举，塑造良好公众服务形象，打造品牌文化

建设管理中，“让千年蜀道早日打通”成为建设者心中最强烈的愿望和最执着的信念，会战西汉线，决战郭家山，顺利实现通车目标。

运营管理中，坚持“工作勤一点、脑子活一点、微笑多一点、语言暖一点、技能高一点、放行快一点”的服务标准，拓展内涵，推行“半转身注目礼”。通过“请进来走出去”的方式，广泛组织员工参加现代礼仪、职业道德等业务培训，吸纳其他单位服务经验，采纳司乘意见，提供了热心、细心、耐心、贴心、真心的“五心”服务。

3. 寓教于文，塑造优美整洁的环境形象，打造行为文化

围绕打造山区高速公路运营管理品牌，以“人文关怀”和“历史文化”为主题抓好“十大工程”建设——征费管理实施“特色、增收、微笑”工程；养护管理做好“美化、靓洁”工程；路政、治超管理开展“畅通、严控”工程；隧道管理实施“点亮、清新、消防”工程，在提高通行能力保障硬件和提升高效管理软件上下功夫，让西汉高速公路成为“地域文化、自然景观、历史人文、美食文化、生态环保”为一体的文化长廊。

4. 以人为本，创建和谐团队，打造“家”文化

一是夯实民主管理基础，成立5个工会分会，按期召开职代会，广泛征求员工对分公司发展的意见和建议，提供决策参考。二是推行无固定期限劳动合同制度，缴纳“五险一金”，合理表达员工的利益诉求，依法维护员工合法权益。三是积极推进“四个一工程”建设，让员工有温馨舒适的宿舍、干净卫生的食堂、能四季淋浴的浴室、学习知识文化的书屋。四是为一线员工提供免费工作餐，过集体生日、建职工菜园、配备接班车、组织体检、定期心理辅导等，实现“快乐工作、快乐生活”。五是开展“三问三解三创”活动，党员干部结对帮扶解困，设身处地解决员工生活上的后顾之忧。六是举办各类文体比赛，成立6个文娱协会，定期不定期地开展群众性文娱活动等，让交通大发展的成果真正惠及员工。

文化品牌

一路温馨，飞越秦岭

文化品牌诠释

一路温馨，西汉分公司在运营的过程中，突出服务社会的职能，依托高速公路“产品”，创建了“微笑服务、温馨驿站、文明执法、科学养护”四大服务品牌，为广大司乘人员提供更安全、更畅通、更便捷、更高效的道路通行环境，并且努力追求不断满足、超越社会公众期望，把“求实、创新、高效、和谐”的企业精神融入运营的方方面面，把人性化服务和人文关怀渗透到管理和服务的各个环节，使温馨的氛围充满西汉高速公路。

飞越秦岭，西汉高速公路以恢宏气势，选择直线飞越秦岭中段主峰，桥梁凌空飞架，隧道半空开凿，洞穿千年屏障，勾连华北与西南，被誉为“陕西的青藏线”。既包含了征服秦岭实现“千年蜀道不再难”的浪漫情怀，又概括了顽强拼搏、勇攀高峰的大无畏精神；既容纳了建设科技高速、生态高速、文化高速的理想，又凸显了人文关怀的突出特征，实现“与秦塞通人烟”的千年夙愿，更以豪迈情怀战胜桥梁多、隧道多、弯道多、坡道长、冰雪期长的科技难题，以恢宏的气势飞跃苍茫秦岭山。

文化品牌标识诠释

文化品牌标识图形以延绵起伏的华夏龙脉秦岭为源点，一条气势恢宏的高速公路像一条巨龙，飞越秦岭这一天然屏障，以流畅优美的肢态从秦岭主峰凌空飞越而过。表现了西汉高速人克服重重困难，征服秦岭实现“千年蜀道不再难”的浪漫情怀，以顽强拼搏、勇攀高峰的大无畏精神直越秦岭中段主峰；也蕴含了西汉分公司运营中，努力追求不断满足社会公众期望，为广大司乘人员提供更安全、更畅通、更便捷、更高效的道路通行环境，把人性化服务和人文关怀渗透到管理和服务的各个环节，使温馨的氛围充满企业和西汉高速公路。

蓝色书法笔触的路基寓意西汉高速人借助现代科技的力量，桥梁凌空飞架，隧道半空开凿，洞穿千年屏障，以恢宏的气势飞越苍茫秦岭山。

绿色的巨龙寓意了西汉高速在建设之初，本着保护原始生态环境构筑绿色生态走廊的理念；标识的表现形式以具有文化气息的书法、笔触、优美线条和印章构成，表现西汉高速公路是文化高速的典范。

陕西省交通建设集团公司

陕西省交通建设集团公司主要负责高速公路项目筹划、资金筹措、建设实施、运营管理、债务偿还和资产管理，依法履行公路建设、运营管理和收费还贷等职责。下辖运营单位 18 个，建设单位 5 个，经营性公司 7 个；总部内设部门 12 个，直属附属机构 3 个，派出派驻机构 2 个。截至 2013 年底，交通集团资产总额 2051 亿元，员工 12520 人，负责建设、管理的公路 2765 公里，其中运营高速公路 2165 公里。

核心价值理念体系表述及诠释

1. 企业价值观：服务立本、卓越图强

积极践行“发展现代交通、奉献一流服务”的行业理念，大力弘扬“大爱在心、为民开路”的陕西交通精神，全力做好“三个服务”，实现陕西交通集团的卓越发展。

2. 使命：服务司乘、回报社会，关爱员工、共创和谐

服务司乘，为司乘提供文明优质的服务，为公众提供安全便捷、畅通舒美的行车环境。回报社会，以服务经济社会发展为己任，为建设西部强省、富裕三秦百姓提供强有力的交通服务保障。关爱员工，尊敬员工、爱护员工、成就员工，实现员

工与交通集团的共同发展。共创和谐，实现员工、企业、社会、自然的和谐。

3. 目标：打造全国交通运输行业品牌，塑造陕西一流国有企业典范

抢抓机遇，奋发图强，提高精细管理和服务水平，提升发展品质，努力打造全国交通运输行业“优质工程”、“微笑服务”、“温馨驿站”、“科学养护”、“文明执法”、“畅通安全”的品牌，塑造综合实力雄厚、管理理念先进、人才资源丰富、科技水平卓越、社会贡献一流的大型国有企业典范。

4. 精神：科学管理、团结实干，文化和谐、创新争先

以科学的管理手段指导实践，以团结实干、创新争先的精神凝聚干事创业的力量，坚定奉献社会、构建和谐的信念，不断追求效率、超越自我，建设一支富有战斗力的员工队伍，奏响文明和谐的时代主旋律。

文化体系践行方法

陕西交通集团成立伊始，将企业文化建设作为关系企业长远发展的战略需求，列入科研课题进行立项研究。

1. 确定研究内容

确定了精神文化、行为文化和物质文化 3 个核心组成部分，共同构成企业文化综合体系。其中精神文化是核心价值理念，是交通集团的核心文化。精神文化是物质文化和行为文化建设的思想基础和价值源泉，行为文化是精神文化和物质文化建设的具体行为体现，而物质文化则是精神文化与行为文化建设的物质条件与有形载体。

2. 突出关键环节

（1）制定企业文化建设发展计划。（2）增强全体员工对企业文化建设的认知与理解，有效地推进价值观念和服务理念的确立。（3）做好典型推广工作。及时总结推广所属分公司文化建设经验，进行研讨交流，达到以点带面的目的。（4）在企业管理过程中注入文化内涵，确保文化理念的落地与深植。（5）把思想政治工作内

容扩展到思想觉悟、道德规范、文化修养和人际关系等领域，增强思想政治工作转化为物质生产力的力量。

3. 明确预期目标

确定 MI（理念识别）、BI（行为识别）、VI（视觉识别）系统。

4. 建设实施过程

按照阶段目标任务安排，通过调研、研讨等，先后形成《陕西交通集团企业文化建设纲要》、《陕西交通集团企业文化分析报告》、《陕西交通集团企业文化定位及框架方案》、《陕西交通集团企业文化试点运行报告》、《陕西交通集团员工行为规范手册》、《陕西交通集团形象文化手册》、《陕西交通集团企业文化成果推广实施方案》等。2010~2011 年，形成了《陕西交通集团企业文化手册》；2012 年，形成了《陕西交通集团廉政文化手册》。

5. 建立文化体系

在形成核心理念基础上，陕西交通集团进一步归纳提炼企业应用理念，阐明企业理想、文化品格、战略方向等思想本源，形成了符合发展实际的发展理念、服务理念、创新观、人才观、执行观、责任观、学习观和廉洁观，并将这种精神转化为凝聚员工思想、激励追求卓越的永恒动力，成为全体交通集团人共同的信仰和追求。

结合一般文化体系包含内容、交通行业特色、陕西交通集团业务特点、关注重点等，搭建起了完整的企业文化框架和思想体系，确立企业文化的指导地位，最终将陕西交通集团的文化体系分为精神文化、行为文化、形象文化、制度文化、安全文化、和谐文化、路域文化等 7 个篇章，完整、真实、生动地阐述了陕西交通集团企业文化建设的基本脉络、主体框架。

6. 文化建设特色

路是陕西交通集团文化传播的载体，路域文化，是陕西交通集团企业文化与各地域文化水乳交融形成的特色文化。陕西交通集团在全面推进文化建设的同时，结合实际，积极打造具有时代特征、行业特色、地域特点的高速公路文化，阐释、辐射、传播陕西交通集团精神。推出了“西安绕城、全心服务”、“西长高速、阳光之路”、

“大路进深山、文明遍商漫”、“沙漠高速、绿色长廊”等路域文化品牌，借助四通八达的道路，陕西交通集团企业文化与各地域文化水乳交融，孕育出独具魅力的路域文化。

单位标识诠释

标识整体造型由透明椭圆和线段构成。画面外形轮廓抽象为一只向上翱翔的雄鹰，象征着陕西交通集团在广阔的发展空间里“鹰击长空、奋发拼搏”的精神。核心部分的线段构成两条向上无限延伸的平坦大道，象征着交通运输事业广阔的发展前景、服务经济社会的理念。

标准色选择了蓝绿，丰富了画面的层次感，绿色代表畅通、环保，蓝色代表广阔、包容。

标识造型中包含“C 交通（communication）”、“C 建设（construction）”、“C 集团（group）”字形的变化。

标识整体效果体现了现代化企业集团追求科技创新、凝聚优势力量、和谐腾飞的企业精神，具有强烈的视觉冲击力和现代感。

内蒙古高等级公路建设开发有限责任公司服务区分公司

内蒙古高等级公路建设开发有限责任公司服务区分公司属非独立法人非独立核算的企业分支机构，主要负责公司所辖高速公路服务区的运营管理及全线广告业务管理工作。公司共运营管理服务区36对，按照服务区所处地域、规模等划分为6个片区进行管理。全线服务区从业人员近1200多名。目前，服务区的餐饮、超市、住宿等经营项目实行对外承包经营；加油站由内蒙古高速石油公司负责经营管理。分公司负责服务区保安、保洁等公共服务及设施管理，并对服务区各经营单位服务质量、服务形象进行统一监督管理。

核心价值理念体系表述及诠释

1. 核心价值观：温馨驿站、和谐家园

和谐家园：注重在企业内部营造和谐环境，积极开展和谐员工、和谐企业、和谐组织建设，让服务区分公司每一位员工、每一位从业人员都深切感受到服务区和谐大家庭的温暖。

温馨驿站：注重在企业外部建设温馨驿站，履行企业的社会责任，增强责任感和使命感，处理好企业和社会的关系，以德治企、诚信为本，切实提升服务质量和服务水平，为广大用路人建设温馨的旅途家园。

2. 使命：发挥独特资源优势，为过往司乘人员提供优质周到服务，打造功能齐全的高速公路新型服务形态

服务区分公司立足内蒙古大草原和高速公路，以满足顾客需求为宗旨，结合高速公路建设运营所带来的发展新机遇，在对服务区提供餐饮、超市、住宿、汽修以及保洁、保安服务等主要业务的同时突出发展商贸流通、特色食品加工、旅游及综合信息广告服务平台等产业；以主营业务为基础，大力拓展相关产业链，提升并丰富产业空间，努力打造成向外展示内蒙古风情、地域特色的窗口，成为驻地政府对外宣传的名片；在服务过程中充分展现内蒙古独特的民俗风情，把大草原的豪迈情怀和蒙古人民的热情好客带给过往司乘人员，以高品质的服务水平、细致周到的服务态度，充分展示服务区人的风采，服务国家、服务社会、服务人民、服务交通。

3. 愿景：建设有专业品质和功能完备的高速公路名牌服务企业

服务区分公司顺应时代发展规律，紧跟行业发展步伐，以树立高速公路服务行业品牌为导向，坚持高标准、严要求，用心做好司乘人员的服务工作，积极提升专业水平和服务质量，形成全方位的服务体系，增加服务区分公司的经济效益和社会效益，打造高速公路知名服务企业。

4. 精神：踏实、进取、诚笃、开放

“路基精神”：是一种直面压力，积极向上，顽强不屈的精神；是一种踏实稳重、平凡质朴的精神；是一种敢于奉献和甘于奉献的精神。

踏实：做事踏实、实事求是是做好每一项工作的基础，服务区人踏实稳重，对待工作专心、诚心，自始至终脚踏实地，真抓实干，勤勤恳恳做事业。

进取：服务区人励精卓越，求新求变，勇于开拓的创新进取精神。

诚笃：草原人民淳朴性格的真实写照，为人诚实厚道，坦坦荡荡，真诚对待每一位司乘人员。

开放：豪迈奔放的草原人民海纳百川，以博大、宽广的胸怀迎接八方来客。

5. 职业道德：爱岗敬业、争创一流

爱岗敬业：体现服务区人对工作的一种职业态度，服务区人热爱自身岗位，忠于自身岗位，充分尊重自身工作，认真对待每项任务，不断提升自身业务能力。

争创一流：
一流的员工：素质高、技能精、态度好；
一流的队伍：和谐的队伍、创新的队伍、能打硬仗的队伍；
一流的管理：管理理念现代化、管理制度规范化、管理手段精细化；
一流的服务：服务环境一流、服务质量一流、服务效率一流；
一流的平台：员工实现理想和自我价值的平台。

文化体系践行方法

1. 健全组织领导，完善企业文化建设机制

从 2006 年开始，将打造“草原温馨驿站”作为内蒙古高速公路服务区分公司建设的主题，编辑了《企业文化学习材料读本》、《服务区分公司企业文化手册》等。

2. 坚持理论联系实际，明确企业文化建设主题

提出了企业文化建设的一个宗旨和 3 条主线，采取制度化的形式加强企业文化的落地。第一条主线为政治思想系统建设，第二条主线为组织团队系统建设，第三主线为形象服务系统建。

3. 内强素质，培育有“内蒙古高速公路服务区特色”的企业精神

重新编制印发了《服务区分公司企业核心文化手册》，形成了具有服务区分公司特色的核心文化体系，即“538”的核心文化体系，突出“路基精神”、“三个服务”、“四个八”建设等重点内容。

4. 外塑形象，推动企业与社会和谐进步

5. 建立多种企业文化宣传平台

开展企业文化宣讲，积极开展全员参与的企业文化建设活动，构建具有内蒙古高速公路服务区特色的企业文化体系。

通过 5 个方面的宣传贯彻和积极引导，起到了统一全体干部员工思想、提高素

质水平、形成文化管理理念的作用，明确了企业文化建设的主题内容和实施路径；明确了干部员工的思想、行为、形象标准，使服务区分公司企业文化建设走上了系统化、规范化的道路。在企业文化的持续发展建设中，使服务区分公司逐步形成了具有较强凝聚力和拼搏精神的团队，有力推动了分公司事业的发展。

单位标识

标识由延展的高速公路和心形的服务区图案组成，整体颜色以红黄渐变为主色调，暖色来代表温馨服务，心的形状代表服务的热心、诚心、爱心。

广通实业
Guangtong Industry

湖南高速广通实业发展有限公司

湖南高速广通实业发展有限公司是根据湖南省政府《关于同意在高速公路统一规划建设和经营管理加油站的批复》和湖南省交通运输厅《关于高速公路服务区经营管理有关问题的批复》等文件精神，由湖南省高速公路建设开发总公司（2009 年变更为湖南高速投资集团有限公司占 51% 股权）和中石化湖南分公司（占 49% 股权）于 2001 年 5 月共同成立的股份合作公司，主要负责湖南省政府还贷性高速公路服务区和停车区的经营管理。目前，纳入广通公司管理范围的服务区（停车区）数量占全省高速公路服务设施总量近 60%。

核心价值理念体系表述及诠释

1. 核心价值观：善通则广

“善”，即与人为善，与社会为善，与自然为善，以广通公司广大员工为着力点，以司乘人员在服务区享受便捷实惠服务为出发点，以服务区的“两型”发展为切入点，发善心、结善缘、施善行。

“通”，有通达、通畅两层含义。通达，寓意服务区员工良好的道德品质、职业素养和服务水平，能设身处地为司乘人员着想，将以人为本的理念植入人心。通畅意指服务区安全和谐的公共秩序和通行环境，司乘人员进入广通公司所辖服务区能感受到舒心的服务，便捷的通行。

“广”，既体现服务区的服务特性——地域覆盖面广、服务对象广泛，又展现了广通公司发展的广阔前景，与公司名称相吻合。

“善通则广”，就是在深入挖掘服务区各种文化元素基础上，利用服务区和公共媒体两大平台，结合全员的智慧，提高活动策划能力和对外宣传推广水平。对内树立典型提升员工凝聚力，对外因善结缘倡导和谐共生，让公众真正认识、了解服务区，让品牌内涵更加丰富，个性特色充分彰显，品牌价值不断提升，内在活力得到不断激活和增强。

2. 使命：展现湖南形象，展示湖湘文化，服务社会公众

展现湖南形象：履行职能，提升硬件设施水平，完善服务保障功能，倡导文明优质服务，在服务区这一窗口行业充分展示湖南高速、湖南交通风采，展现湖南形象。

展示湖湘文化：明确定位，充分利用服务区这一对外宣传平台，展示三湘大地各种旅游风景、人文风貌，为地方提供推销土特产品渠道。

服务社会公众：承担责任，有意识地拓展公益服务内容，强化安全保障措施，满足社会公众对服务区的高品质需求。

3. 愿景：全力打造“实力广通”、“品牌广通”、“诚信广通”、“民生广通”、“平安广通”，实现“百年广通”梦

实力广通：坚持市场化运作、品牌化经营、规范化发展，努力打造规模大、效益高、软实力强的高速公路服务区专业管理公司。

品牌广通：既把广通实业打造成在业内具有较高知名度的公共服务品牌，又要在内部创立更多的类似“好相惠”这样的系列实体品牌。

诚信广通：坚持诚信经营，努力将广通公司打造成广大司乘人员和老百姓可以信任依靠的服务型企业，在政府眼中是一个诚实守信的纳税人。

民生广通：不论是在日常运营管理中，还是在应急保障的关键时期，都要坚持民生为本、民生为大、民生为上。

平安广通：全力确保广大司乘人员人身财产安全，遇到特殊情况，服务区要成为安全的港湾。

百年广通：以“百年老店”为目标，争取实现基业长青。

4. 精神：特别能吃苦，特别能战斗，特别能奉献

特别能吃苦：广通公司员工常年驻守在偏远的服务区，背井离乡，远离家人，无论寒冬酷暑，一代又一代的广通人，十几年如一日，为广大司乘人员营造着干净优美舒适的休息环境。再苦再累，无怨无悔，涌现出许多好人好事和先进代表，形成了特别能吃苦的精神。

特别能战斗：广通公司员工越是面对急难险重的任务，越是能够显出敢打硬仗的本色。在2008年抗冰救灾、奥运保障，2011年抗冰冻雨雪天气、迎接国检，2013年抗旱救灾等服务保障任务中，表现出很强的执行力，展现了特别能战斗的精神。

特别能奉献：公司一线员工长年累月，兢兢业业，舍小家为大家，奉献青春、奉献智慧、奉献身心，践行了特别能奉献的精神。

新的发展时期，高速公路不断延伸到偏远贫困地区，车流量小、人流量少。但强调公共服务属性，周边关系错综复杂的困难依旧存在；执行应急任务、承担接待事宜、加强协调对接的考验依然存在；平凡岗位、服务工作、默默付出的现状依然存在。因此，员工仍然需要继续传承大力弘扬广通实业精神。

5. 职业道德：爱岗敬业，诚实守信，服务司乘，奉献社会

爱岗敬业是对员工的基本要求，也是职业道德的核心。只有爱岗敬业，切实立足本职，珍惜自己的岗位，才能忠于职守、认真负责地做好本职工作；

诚实守信是公司对员工的一种约束和要求，也是司乘朋友对公司的一种希望和要求；它既是做人的准则也是做事的原则；

服务司乘是要求员工在自己的职业活动中一切都以司乘人员的利益出发，时刻为司乘人员着想，竭力为广大司乘人员提供文明优质的服务及营造安全、舒适、便捷的休闲环境。

奉献社会是要求员工通过自身的不断努力和付出，努力树立服务区良好的窗口形象，为湖南交通乃至湖南经济社会发展做出自己的贡献。

文化体系践行方法

2010年以来，广通公司领导班子以原湖南省委书记周强提出的“把高速公路建设成为展示湖南的窗口和展现湖湘文化的风景线”的指示精神，提出“形象、市场、效益”的经营方针，明确了“创新超越，责任致远”的企业理念，树立了“强化管理，创优争效”的发展目标，并在此基础上形成了以“善通则广”为企业核心价值观的价值理念体系，并在实际工作中践行。

1. 加强领导，科学谋划，积极推进企业文化建设

为加强企业文化建设组织领导，制定了公司文化建设规划，并明确企划部为企

业文化建设的主管部门，安排专（兼）职人员负责此项工作，形成企业文化建设党政主管领导负总责、分管领导抓执行、主管部门负责组织、各职能部门分工落实、全体员工广泛参与的工作体系。

2. 加大培训力度，提高员工文化意识

广通公司利用自建的培训中心，举办各类制度文化培训班，突出岗位技能和综合素质的提升。同时，组织相关人员前往其他服务区、山西高速、台湾高速等地考察学习交流。2012 年 9 月初，公司总部召开了“讲正气・树形象・争创交通系统优秀文化企业”动员大会，就企业文化建设展开大讨论。10 月中旬，公司又启动了关于企业文化的培训活动，引导和鼓励广大员工都参与到企业文化的建设中来。

3. 加强制度文化建设，规范员工行为

广通公司在现有制度、规章规范及科学管理的基础上，进一步建立健全员工行为规范体系，落实各类行为准则，制定和完善包括服务规范、岗位规范、程序规范、奖惩规定、廉洁自律规定等规范员工行为的管理制度，提升管理的层次和品位，努力实现从传统管理到现代管理，从经验管理到科学管理的制度型企业的升华，使企业行为文化建设规范化、标准化，成为公司企业文化的重要体现。

4. 实行文化创意，营造和谐文化氛围

一是融入湖湘文化，彰显文化特色。在所辖服务区结合周边人文地理环境，设置了具有浓郁湖湘地域文化的原创性文化推介牌、人文风景画；二是建立文化系统，丰富企业文化展示载体。2010 年，广通公司聘请专业团队结合服务区的实际，建立了一套企业文化系统，包括设计公司 VI 识别体系，打造了自己的“五个一”工程（1 部对外形象宣传片、1 首企业歌曲《幸福的里程》、1 首 MTV、1 张服务指南、1 本画册《广通大道》），丰富了展示企业文化的载体。

5. 加大宣传力度，强化企业文化的感召力

利用服务区和公共媒体两大平台，并通过运用公司网站、内刊、简报等形式，对企业文化进行宣传引导，让企业理念、文化内涵，植根于员工的脑海里，积极推进意志化工程，提高宣传推广水平，对内树立典型提升员工凝聚力，对外因善结缘倡导和谐共生，让公众真正认识、了解服务区，让企业文化具有更强的感召力。

湖北京珠高速
HUBEI JINGZHU EXPRESSWAY
微笑京珠 · 情满荆楚

湖北省交通运输厅京珠高速公路管理处

京港澳高速公路湖北段全长339公里，途经孝感、武汉和咸宁3个市区，其中湖北北段、武汉军山长江大桥于2001年12月15日建成通车，南段于2002年9月28日建成通车。湖北京珠高速公路管理处负责京港澳高速公路湖北段的收费、养护和经营管理等工作。机关设8个科室，下设23个管理所、1个后勤中心、1个监控中心、4个养护管理站，省交通厅派驻路政支队下设7个路政大队、1个超限检测站。同时，还负责武汉市周边由社会资本投资建成的7路1桥（即青郑、汉英、武麻、汉蔡、汉洪、和左、咸通高速公路和东荆河大桥）的委托管理工作。

核心价值理念体系表述及诠释

1. 核心价值观：我微笑，你微笑

“我微笑，你微笑”，是京珠人“快乐工作，微笑生活”的人生态度，让微笑成为融入生活、提升素质、实现价值的精神元素。“我微笑”体现在员工自信的神态、端庄的姿态和良好的状态，也是京珠人职业操守和幸福感的自然流露；“我微笑”是面对亲友同事更真诚，面对司乘更友善，面对成就更淡然，面对曲折更豁达，面对责任更担当。通过“我微笑”，拉近距离，传播文明，让社会忘不了微笑京珠，实现“你微笑”。

"我微笑、你微笑"，不仅仅是外在形象，更重要的是服务品质。京珠人用真诚的微笑、贴心的服务赢得司乘人员的满意和微笑。"我微笑"体现在窗口服务，传递亲切与尊重的信息；"我微笑"体现在道路质量，行车舒适，绿化环保，路无病害，让司乘人员感受道路的畅通；"我微笑"体现在路政管理，执法文明，保驾护航，让司乘人员安全到终点；"我微笑"，让服务更温馨更和谐，行车更便捷更舒适，提升司乘人员认同感和满意度，给司乘人员留下难忘的记忆，感染司乘，实现"你微笑"。

2. 使命：建设畅通的京珠，兴鄂的京珠，摇篮的京珠，品牌的京珠

畅通的京珠：运用一系列组合措施，加大科技投入、完善服务设施、健全联动机制，探索建立常态化、智能化的畅通保障机制，做到道路养护快速施工、收费道口快速通过、路政执法更加便捷、应急救援及时高效。

兴鄂的京珠：兴鄂是湖北京珠地理位置赋予的光荣使命。突出京珠高速公路在湖北"七纵五横三环"大动脉作用，在"打牢发展大底盘，建设祖国立交桥"中大有作为，在湖北"建成支点，走在前列"中建功立业，服务于"五个湖北"宏伟蓝图。

摇篮的京珠：以服务交通大发展为己任，着力培育高水平的管理人才、高层次的技能人才和高素质的业务骨干，建设一支"素质优良、作风正派、结构合理、数量充足"的人才队伍，使之成为湖北交通人才的摇篮。

品牌的京珠：不断丰富"微笑京珠，情满荆楚"的文化内涵，拓展外延，争当高速公路发展的领头雁和排头兵，以"精细管理，优质服务"为主要内容，把湖北京珠建设成为"高速公路管理模式"示范基地，成为湖北交通走向全国、展示形象的靓丽名片。

3. 愿景：做高路行业服务创新的领跑者

以"服务国民经济和社会发展全局，服务社会主义新农村建设，服务人民群众安全便捷出行"为目标，在信息化服务、科技化服务、人性化服务、个性化服务等方面求新思变，致力于建设更加安全、畅通、便捷、高效的公共服务体系，争当高路行业服务创新的领跑者。

4. 精神：勇于担当，敢于创新

勇于担当：湖北京珠内畅外联，接南纳北，关乎千家万户，牵动各行各业。勇

于担当就是在平常时期尽职尽责，在关键时刻迎难而上，在危难关头挺身而出，在矛盾面前敢抓敢管，在难题面前敢闯敢试，在风险面前敢作敢为。

敢于创新：创新就是在观念上突破狭隘的、落后的条条框框；在管理上继承优良传统，改变不合时宜、陈旧的老办法；在机制上革除弊端、不断优化；在服务上强化人本意识，提升满意度。真正做到有效创新、持续创新。

5. 职业道德：爱岗敬业，明礼诚信，服务群众，奉献社会

爱岗敬业：对本职工作认真负责，尽心尽力，精益求精。

明礼诚信：讲文明，知礼仪；讲诚实，重承诺，守信用。

服务群众：关注社会需求，想司乘之所想，急司乘之所急，解司乘之所难。

奉献社会：围绕“三个服务”，惠民、利民、便民，勇于承担社会责任。

文化体系践行方法

1. 以价值体系建设为根本，增强价值观念的渗透力，为文化品牌创建提供思想保障

一是强化“理想、信念、追求、责任就是生命力”的价值理念，引导职工提高政治素养；二是强化“服务、技能、业绩、争先就是竞争力”的价值理念，引导职工扩大知识和技能容量；三是强化“敬业、拼搏、奉献、协作就是执行力”的价值理念，引导职工施展创业的能量；四是强化“关爱、理解、帮扶、培养就是凝聚力”的价值理念，引导职工树立“与高路共命运”的大局理念，从而形成包含使命、愿景、精神等为基本内容的职工价值理念体系。

2. 以京珠文化建设为重点，增强文化氛围的影响力，为文化品牌创建提供精神动力

文化阵地吸引人气，“两站一刊”成为员工关注的主流媒介，京珠文联、摄影、绘画、写作、文艺、体育等兴趣小组相继建立并彰显活力；活动品牌凝心聚力，3 年一次“京珠之光”文艺会演，2 年一次书画摄影展，1 年一次职工运动会，提振了团队的协作精神；典型效应日益显现，1 年一度的“十佳标兵”、“微笑明星”评选机制发挥了

先进典型的强大示范效应，一大批特点鲜明、个性明显的先进典型不断涌现，“银华”工作法、“芳式”微笑法香浓京珠；站所文化精彩纷呈，“江北微笑圈、梦圆鄂北、书香汉北、凤凰文化、永安文化、孝感绿景文园林站所”等一大批文化亮点竞相迸发。

运用各种喜闻乐见的形式载体，激励广大职工在本职岗位上建功立业的同时，积极引导京珠文化产品的制作，推出了一套高速公路管理体系丛书，推出了一套高速公路服务体系丛书，拍摄了一批京珠成就纪录片，提炼了一部部文艺节目历史纪录片，推出了一批高质量的文学作品和书画摄影作品。

3. 以行业文明建设为主题，增强文明创建的辐射力，为文化品牌创建提供坚实基础

坚持把文明创建纳入整体发展规划，制定了近期、中期和远景精神文明创建规划；坚持把文明创建工作纳入制度化轨道，构建起科学有效的监督、考核、激励和管理体系；坚持把文明创建纳入重要议事日程，推行“一岗双责”制度，形成党政工团齐抓共管的精神文明建设工作模式；坚持把文明创建纳入行业特色管理，在全国成功开启广告经营权拍卖、启动市场化的服务区经营、实行社会化的养护模式、建立了标准化的管理体系和现代化的机电监控体系、成功探索了“六个一”的警路共建模式，成为全省筹集资金最多，经济和社会效益最好的高速公路管理企业。

4. 以十大文化品牌为目标，增强京珠品牌的软实力，为文化品牌创建提供强大支撑

根据交通运输部文化建设“十百千”工程实施方案，湖北京珠提出了建设“微笑京珠、情满荆楚”十大交通运输文化品牌的重大战略部署。服务湖北中部崛起、打造长江中游城市集群等一元多层次的重大战略，以及“五个湖北”宏伟蓝图，力争在建设华中最大物流集散中心、以汽车制造业为主的产业结构调整、“1+8”城市圈和新型城镇化建设等一系列重大战略中有所作为，在湖北交通“打牢发展大底盘，建设祖国立交桥”战略发展中大有作为。不断寻求精准定位，不断地自我完善与创新，不断丰富和完善湖北京珠文化品牌的内涵，拓展外延，争当引领高速公路发展的领头雁和排头兵，打造湖北交通精细化管理的品牌，打造湖北交通优质服务的品牌，打造湖北交通先进文化的品牌，把湖北京珠建设为“湖北高路发展模式”示范基地，成为湖北交通走向全国、展示形象的靓丽“名片”。

文化品牌

微笑京珠，情满荆楚

文化品牌诠释

湖北京珠文化的内涵，是在京珠高速公路建设施工和运营管理过程中形成的价值观、人生观、行业精神等，它由以路景相融为主要内容的建设文化、以京珠模式为主要内容的管理文化、以微笑京珠为主要内容的服务文化3个部分组成，包括在全体员工中形成的“我微笑，你微笑”的核心价值观、“勇于担当，敢于创新”的京珠精神等一系列共识。这些共识是湖北京珠的特质和底蕴，是十多年来全体员工视为“根基”的精神家园，最终浓缩概括成为“微笑京珠，情满荆楚”的文化理念。

“微笑京珠，情满荆楚”作为湖北京珠文化理念的核心具有丰富的蕴意。“微笑京珠”既是一种服务理念，也是一套工作标准，还是京珠人特有的做事态度和做事理念。京珠人视微笑如品质，始终保持平和心态、阳光豁达、乐观进取的精神状态，传递乐业奉献、服务社会的正能量。“情满荆楚”就是用京珠人永不止步的创新服务，让社会司乘人员体验和感受“忘不了的微笑”，领略京珠人热情周到、真诚友善的服务品质，让司乘人员在通行湖北京珠高速公路上享受宾至如归的感觉。

漳州高速

ZHANGZHOU EXPRESSWAY

福建省高速公路漳州管理分公司

福建省高速公路有限责任公司漳州管理分公司于 2007 年 1 月，由厦漳高速公路有限责任公司、漳诏高速公路有限公司和漳龙高速公路有限责任公司整合而成，对漳州市内目前通车运营的高速公路实行统一管理。目前，公司管辖的高速公路里程为 479.5 公里。2013 年 12 月，漳州管理分公司完成基层单位管理模式改革，将管辖的 34 个征管所整合成 9 个片区中心所，1 个路政支队，1 个区域监控分中心，1 个 ETC 分中心，1 个信息分中心和 12 对服务（停车）区。

核心价值理念体系表述及诠释

1. 核心价值观：以人为本，以德为重，以诚为贵

坚持以人的全面发展为根本目标，为了人，依靠人，满足人的根本需要，保障人的根本利益，尊重人、理解人、关心人，为广大人民群众便捷出行创造条件。

注重道德建设，以社会公德、职业道德、家庭美德、个人品德为着力点，提升素养，培养情操，提高社会美誉度。

诚，是立人之本、企业之魂、管理之道。以诚为本、以诚待人，贵在服务社会、助推发展，为社会提供便捷、通畅、舒适的环境。

2. 使命：服务海西，高速先行

经济腾飞呼唤高速公路快速发展，海西崛起需要高速公路先行。漳州高速公路

分公司坚持为海西的发展服务，把企业的命运与海西建设发展紧紧联系在一起，勇当先锋，以自身力量辐射和带动海西经济、文化的发展，着力构建畅、安、舒、美的海西高速公路网，为推动海西建设发展贡献力量。

3. 愿景：文明，和谐，生态

文明是人类社会发展进步的标志。高速公路担负服务社会、传承文明的责任，大力推进“物质、精神、政治、生态”四大文明建设，倡导新文化，宣扬新观念，传播新文明。

公司追求人与自然的和谐、企业与社会的和谐、企业内部的和谐，确立和睦相处的关系，打造和衷共济的团队，建设和谐共享的“高速公路之家”，为社会提供和谐友善的服务。

公司渴望构建“畅、安、舒、美”的生态环境，建设“菜园、果园、花园、公园、家园”五位一体的工作生活环境，建设资源节约型、环境友好型、低碳导向型企业，实现高速公路事业健康、可持续发展。

4. 精神：创新发展，追求卓越

创新是高速公路事业发展的源泉，是持续发展的不竭动力。漳州高速公路人以路为基，解放思想，善于学习，勇于探索，勤于实践，立足创新，实现发展。在创新中发展，在发展中创新，用改革创新的精神推动高速公路事业的科学发展。

追求卓越是一种实践，是一种态度，是一种境界。漳州高速公路分公司要推进先进文化建设，做强做大分公司品牌，构建和谐、生态、文明高速公路，在创新发展中追求卓越，臻于至善。

文化体系践行方法

1. 3 年整合融合期，形成企业文化发展规划

2009 年，经过 3 年的整合融合期，漳州高速公路分公司党委高度重视企业文化建设，成立以党委书记为组长的企业文化建设领导小组，发布《福建省高速公路有限责任公司漳州管理分公司企业文化建设发展规划》，设立专项经费，做到有部署、有措施、有检查、有落实，健全完善了组织体系和运行机制。公司领导班子成员实

行挂钩联系片区单位制度，带头深入基层指导各单位开展文化建设工作，及时解决文化建设中遇到的困难和问题，从组织决策、资金投入、人员配备等方面提供保证，促进企业文化建设健康发展。

2. 3 年实践完善期，确立企业文化理念体系

2009 年 5 月，漳州高速公路分公司提出进一步细化企业文化建设的“企业核心价值体系”发展总战略，同时，公司进行 VI 形象征集，与价值理念用语征集活动同步启动。2009 年初完成了公司生产车辆标准色的统一喷制；2009 年在评出多幅优秀作品基础上，进行深入设计，形成多套标志方案；2010 年经党委会多次研究，达成初步统一意见，正式确定标志、标准色、标准字的系统方案，在各种场合、活动中使用统一形象标识。2011 年 7 月在全公司范围内进行了漳州高速企业文化建设的问卷调查和企业理念的征集活动。2012 年 5 月，经公司一届七次职工（工会会员）代表大会审议通过，出台《漳州管理分公司价值理念体系》。

3. 3 年凝练升华期，抓好企业文化落地宣贯

通过对漳州高速公路分公司价值理念体系的提炼和标准化管理工作的推进，自 2012 年以来，公司品牌形象已深入人心。公司制定实施方案，逐步推进企业价值理念体系。

（1）对在建高速公路，如靖海常东高速公路，以及新开通的所队，通过办公会、工作协调会等方式，提前部署，强调所有房建、收费棚、票亭及沿途有关设施，将企业标识系统纳入设计环节。

（2）对现有已经布置好的公司机关、各基层单位，结合实际需要，逐步更替标志、标准色和标准字，节约成本，杜绝浪费。

（3）通过各种载体，进行宣传、推广。

一是会议宣贯。在各种会议倡导企业文化理念，唱响《高速公路人之歌》。

二是刊物宣贯。通过《漳州高速》内刊、《漳州高速简讯》等信息刊物，在公司制作的宣传贺卡、宣传画册、职工文集、制度汇编、活动剪影等书册上推广应用标识系统。

三是生态所队建设宣贯。各单位因地制宜利用走廊文化、景观文化、石头文化等形式，促使企业文化在员工中“入眼、入耳、入脑”。公司组织文艺小分队深入基层慰问演出，带动了员工参与互动的积极性；划分片区开展活动，员工在亲历亲

为之中对公司组织的活动表现出浓厚的兴趣，增强对企业的认同感，增强队伍的凝聚力。

四是活动宣贯。公司把基层单位划为9个片区，由机关各部门分别挂钩组织开展企业文化活动，统一规范使用标识系统，达到企业文化理念外化于行的目的。公司提出“让出讲台、打造平台、提供舞台”的口号，开设“员工论坛”，开展“百人谈心”、道德讲堂活动，改变过去“领导台上说、员工台下听”的做法，让员工有充分话语权，有话可说、有话可听，员工反应很好。2013年以来，公司在常山所建立职工廉政书画室，不少干部职工工作之余泼墨挥毫，提升了文化品位，强化了廉政教育阵地建设。

五是手机宣贯。公司在全省高速公路系统内率先采用《高速公路人之歌》为集团彩铃，极大地增强了企业文化的感染力。

单位标识诠释

标识中央构想源于高速拼音首字母G、S造型，展现四通八达的枢纽互通、穿山越岭的隧道，体现漳州高速公路分公司“创新发展、追求卓越”的企业精神。

色彩采用绿、蓝、橘红、白色4种颜色。绿色代表生态、生命、顺畅、安全、象征高速公路顽强的生命力，体现可持续发展，构建生态与安全高速公路。蓝色代表着冷静、准确，象征稳定、和谐的运营秩序，构建和谐高速公路。白色代表着干净、畅快，象征着舒适整洁的高速公路，白色线条展现舒美的高速公路环境。橘红色代表热情、文明，以橘红为底色，犹如一轮东升的旭日，象征着高速公路事业蒸蒸日上，体现司乘至上，尽善尽美，热情服务的理念，构建文明高速公路。

畅行三峡

一路阳光 Cruising the Three Gorges
Nothing but sunshine

长江三峡通航管理局

长江三峡通航管理局是交通运输部设置在长江三峡河段负责长江三峡枢纽工程和葛洲坝枢纽工程水域通航综合行政管理的事业单位（正局级），实行集通航指挥、船闸运维、海事监管、航道维护、锚地管理、通信服务于一体的综合管理模式。

核心价值理念体系表述及诠释

1. 核心价值观：一切为了通航，一心服务船方

一切为了通航，反映了三峡通航事业的任务性质。通航是事业的根基，三峡局的所有工作，都必须紧紧围绕通航展开。一切为了通航，要求全局员工积极、全方位地努力，提供更安全、畅通、和谐、高效的通航服务，不断满足日益增长的通航需求。

一心服务船方，反映了三峡通航事业的价值取向。服务是现代交通行业的本质属性，为船方服务，是三峡通航工作的出发点和落脚点。一心服务船方，要求全局坚定服务意识，积极分析、研究和响应船舶的需求，发挥综合管理优势，搞好通航服务，努力让船方满意。

2. 使命：发展现代三峡通航，发挥枢纽航运效益，服务经济社会发展

发展现代三峡通航，决定了三峡通航事业的具体价值实现，是时代赋予的使命。

现阶段，国民经济蓬勃发展，人民生活日益丰富，对运输和出行提出了更高的要求，发展现代三峡通航，提供更安全、更畅通、更和谐、更高效的通航服务，是三峡局当前的主要任务。

发挥枢纽航运效益，承载了三峡通航事业的重要价值诉求，是三峡局的特殊使命。三峡和葛洲坝枢纽，其巨大的综合效益干系国运、影响民生。三峡局负责枢纽通航设施管理，负责枢纽通航交通组织，负责枢纽水域安全监管，直接关系枢纽航运效益的发挥，这也是事业地位的决定因素。

服务经济社会发展，体现了三峡通航事业的最终价值归属，是三峡局的终极使命。航运是支撑经济良性发展、促进社会全面进步的基础性行业，三峡通航是长江黄金水道功能发挥的关键节点，是流域经济和社会发展的重要环节，而一切工作的最终落脚点，还是在于服务经济和社会发展。

3. 愿景：枢纽通航典范，平安和谐航程，职工美好家园

三峡局管理着世界规模最大、技术最先进的枢纽通航设施，管理着内河通航最繁忙、环境最复杂的枢纽通航水域，在枢纽通航领域有着举足轻重的地位。坚持三峡通航事业的发展水平应和其重要地位对等，应不断代表枢纽通航的前沿水平，持续引领枢纽通航的未来发展，在管理、技术等各方面成为枢纽通航典范。

三峡河段是连贯长江黄金水道的关键河段，是自然人文风光荟萃河段。坚持不断提升服务品质，努力提供更安全、更畅通、更和谐、更高效的通航服务，让船舶通过三峡河段安全无碍，让三峡局和服务对象和谐共赢，让黄金水道和三峡自然人文环境和谐发展，将三峡河段打造成船舶的平安和谐航程。

事业的发展依靠人，事业的发展为了人。努力营造良好的平台，让职工心无旁骛地奉献激情、成就事业、放飞梦想，为事业的发展持续注入原动力；坚持让职工分享发展成果，让职工生活更加幸福、更有尊严；努力让三峡局成为职工的事业理想寄托、幸福生活依托，成为职工的美好家园。

4. 精神：担当，奉献，协作，创新

担当体现了三峡局的责任意识。担当是勇于履责，是一种态度，更是一种行动。使命崇高、责任巨大，一直以来，三峡局不逃避困难、不回避矛盾、不推诿责任，心怀忧患，履责有为，努力树立良好的社会形象。对于直接职责范围内的事情，想方设法，谋求做到最好；对并非直接职责范围内的事情，但凡对航运和经济社会发

展有利，对发挥枢纽航运效益有益的，认真研究、主动建议、积极促成，做负责任部门和负责任行业。

奉献概括了三峡局的行业特质。奉献是真情付出，是贯穿事业的精神主线。三峡局从事的是公益性、服务性的事业，注定了不可能按照市场经济规律来谋求等值回报。奉献在三峡，有着深沉而悠久的历史积淀。老一辈的三峡通航人，筚路蓝缕、恪尽职守、默默付出；新时期的三峡通航人，继承和发扬了这种奉献精神，在平凡的岗位上，不计得失，对事业奉献才智、对服务对象奉献爱心。

协作再现了三峡通航的工作状态。协作是一种大局意识，是一种团队精神，是事业的主题曲。三峡通航是系统工程，实行综合统一管理，将内部协作发挥到极致，发挥系统整体合力，提高船舶过坝效率，确保通航安全。三峡通航是长江航运链条的一环，坚持上下游管理力量的充分协作，有效开展联动，在特殊艰难时期，保证了长江黄金水道的畅通。三峡通航管理是枢纽管理的一部分，三峡局和枢纽管理部门充分协作，积极维护航运利益，努力发挥枢纽航运效益。

创新表达了三峡局的时代追求。枢纽现代通航管理是没有前例可循的开创性事业，创新伴随着事业发展的全过程。从体制和机制上看，三峡局承担着航运综合管理改革的试点工作，多年来坚持不断深化综合管理改革，创新综合管理模式，提高综合管理效能；从管理和技术上看，三峡通航管理从手工到自动化，从粗放到信息化，从传统到现代化，从分散到集约化，每一步前进，都离不开管理和技术的创新。

5. 职业道德：忠于事业，精于专业，乐于善助，坚于操守

忠于事业，是对职业信念的要求。忠于事业，就是忠诚地对待事业，首先要求在感情上要爱业，干一行、爱一行；其次要求在态度上要乐业，心思放在工作上，主动钻研，努力做出成绩；第三要求在行为上要敬业，诚信负责，遵章守纪。

精于专业，是对职业素养的要求。精于专业，就是业务技能精湛，业务知识纯熟。现代社会专业分工越来越细，专业分野越来越大，专业之间的不可替代性越来越突出，每个职工，都要努力钻研业务，掌握丰富的业务知识，具备精湛的业务技能，在自己的专业岗位上发挥出应有的作用，才能保证由多工种、多专业构成的三峡通航管理系统的整体优质运转。

乐于善助，是对职业价值的要求。事业的性质决定了三峡通航工作必然是公益性、利他性的，因此要以做服务为乐，以帮助人为乐，以做公益为荣。要心中有服务对象，想服务对象所想，急服务对象所急；要眼中有服务对象，善于发现服务对象的需求，

主动排忧解难。

坚于操守，是对职业品质的要求。操守是一个人为人处世的基本原则，是安身立命的基石。坚于操守，就是坚持品德和气节，不为个人之利而损害团体的利益。坚于操守，要求员工依法行政、秉公执法、文明执法；要求员工诚实守信、阳光服务、公开透明，不搞暗箱操作；要求员工清正廉洁，不拿权力做交易，不徇私情，不谋私利。

文化体系践行方法

1. 实施文化体系完善工程，增强事业发展的凝聚力

坚持深化和完善三峡局文化体系，加强安全、服务、廉政等子文化建设和船闸、工程技术等局属单位文化建设，切实把三峡局的核心价值体系融入思想教育和精神文明建设全过程，融入管理、科技、人才等各领域，使之成为全体职工普遍理解接受、自觉遵守奉行的价值理念，成为全局干部职工奋发向上的精神力量和团结和睦的精神纽带。

2. 实施通航文化落地工程，注重实践养成

编写《三峡通航人物》、《三峡通航故事》等系列文化丛书。加强文化阵地建设，认真规划建设好办公区域的文化上墙工程，将文化元素物化于环境建设中。完善全局视觉形象识别系统，深化局标识和文化符号的规范运用，制作一批具有通航特色的文化用品，积极开展职工文艺创作、运动会、技能比赛等文体活动，进一步加强文艺精品节目、书法、摄影等各种文化活动的管理，把三峡局文化融入日常工作之中。

3. 实施文化品牌建设工程，提高三峡通航文化的影响力

按照《三峡通航文化品牌建设推广实施方案》，认真做好文化品牌的宣传策划、推荐申报等工作。将文化实践与志愿服务有机结合，成立“畅行三峡、一路阳光”青年志愿者服务队。加强与新闻媒体的合作，积极开展系列宣传活动，塑造三峡局新形象。大力推广和不断总结文化品牌建设经验，包装、宣传品牌形象，切实提高三峡通航文化的影响力。

4. 实施文化惠民利民工程，切实提升服务水平

深化春暖行动，不断推出新的便民、利民、惠民措施，广泛开展志愿服务活动，加强“温情驿站”等特色服务力度，构建船舶待闸服务体系，真正做到“满意服务、从心开始”，让船舶“畅行三峡、一路阳光”。切实关注关心职工，主动为职工办实事办好事。坚持开办“三峡通航大课堂”、“道德讲堂”、“职工学堂”。

5. 实施文化交流传播工程，加大通航文化的传播力度

积极参与交通运输行业、省市地方政府、长航系统组织的各种文体活动，传递三峡局价值理念，形成共识，提升知名度和影响力。注重吸收外界好的文化资源，加强合作，引进高雅艺术、优秀文化作品等，陶冶职工情操，实现文化提升。重视各种宣传媒体的利用，加强宣传品的策划管理，定期组织向船方、群众、媒体等发送体现三峡局文化格调的宣传品，在潜移默化中将文化融入业务，宣传出去。

6. 实施先进典型引领工程，突出典型示范作用

持续开展“标兵”、“服务明星”、“感动人物”、“科技英才”等评选活动，加大先进典型的宣传力度，努力培养具有全国影响力的劳动模范、道德模范、服务明星等。用典型的感召力展示文化的魅力，凸显文化育人的作用，用身边的先进人物教育感染身边的人，营造崇尚先进、学习先进、争当先进、赶超先进的良好氛围，达到典型引路、榜样示范、由点及面、带动全局的目的。

文化品牌

畅行三峡，一路阳光

文化品牌诠释

畅行三峡：既指三峡河段通航环境安全通畅，又指船舶航行状态高效顺畅，也指船方航行心情愉悦舒畅。

一路阳光：既指三峡河段阳光和煦、环境和谐，又指三峡局全程“公平、公正、

公开”和热情优质的阳光服务，也指船方全程的阳光、温馨感受。

畅行三峡，一路阳光是三峡局的神圣使命和理想追求，是“一切为了通航，一心服务船方”核心价值观的具体体现。

文化品牌

三峡局文化品牌标识采用书法的表现形式，书法将“三”字的第三笔夸张表现，与长江三峡通航局管辖的59公里河段的曲线特征吻合，恰似一条流畅的水运航道，是“畅行三峡”的形象表现。“三”字又体现了三峡通航人以“三个服务”为宗旨，以“发展现代三峡通航，发挥枢纽航运效益，服务经济社会发展”为神圣使命，建设“枢纽通航典范，平安和谐航程，职工美好家园”的理想追求。热情洋溢的红色表现了三峡通航人用热情优质的阳光服务，保障三峡河段的安全畅通，为船方营造温馨的三峡航行感受。

单位标识

中国船级社

中国船级社（CCS）系交通运输部直属事业单位，成立于1956年，总部设在北京。中国船级社是国家的船舶技术检验机构，中国唯一从事船舶入级检验业务的专业机构，国际船级社协会的正式会员。依据国家有关法规和国际公约、规则，为船舶、海上设施及相关工业产品提供技术规范和标准，提供入级检验、鉴证检验、公证检验、认证认可服务，以及经中国政府、外国（地区）政府主管机关授权，开展法定检验和有关主管机关核准的其他业务。不仅在船舶、海上设施、集装箱以及相关工业产品领域从事提供检验业务，还在可再生能源、交通运输、基础设施、大型钢结构等领域广泛开展认证、审核、监理、检测、评估、试验、咨询、培训等服务。

核心价值理念体系表述及诠释

1. 核心价值观：安全、环保，为客户和社会创造价值

安全是中国船级社的行业使命，也是平安交通的基础。所谓安全是指通过船级社对船舶"全生命周期"的质量控制，以保证船舶的航行安全，进而保证水上人命、财产的安全；

环保是中国船级社的社会责任，也是绿色交通的核心。所谓环保是指通过船级社对节能环保技术的研发、推广、应用，不断提升船舶及相关产品的环保能力，进而保证环境不受污染；

为客户和社会创造价值是船级社的不懈追求，也是综合交通和智慧交通的必然要求。所谓“为客户和社会创造价值”，是指通过提升技术标准的先进性和适用性，强力推动我国航运、造船、海洋工程产业实现由大到强的转变，发挥水运比较优势，促进“四个交通”建设。

2. 使命

致力于服务海洋强国的国家战略，在全面深化改革和航运、造船、海工产业实现由大变强的进程中，不断提升船检主力军的中坚作用和品牌影响力，为“综合交通、智慧交通、绿色交通、平安交通”发展做好服务保障。

致力于船检文化的建设，秉承“三个牢牢、四个坚持、五个能力”的理念，提升发展理念、创新思维和服务意识，不断弘扬“团结、奉献、公正、高效”的船检精神，在技术、服务、管理能力上赢得政府信任、客户认可、业界认同。

致力于船检员工队伍的建设，坚持以员工为本，不断推进人才作为技术立社这个第一资源建设。进一步树立人才工作优先发展理念，着力优化人才队伍结构，创新人才培养方式，多层面激励人才。坚持人才来源更加优化，人才培养更加专业化，人才储备更加系统化，人才评价更加科学化。

3. 愿景：国际一流船级社

国际一流船级社应在规模、品牌、技术、服务、管理、等方面达到国际先进水平。在船队规模上，应达到2亿总吨；在品牌影响力上，应获得政府信任、社会认同、业界认可、国际知名；在技术能力上，能够全面覆盖业务发展的要求，有领先技术，有话语权，并引领行业技术发展；在服务能力上，优质高效，客户信赖，创造价值。在管理上，理念先进，方法科学，绩效卓越。

4. 精神：团结、奉献、公正、高效

5. 职业道德：忠于职守，独立公正，客观诚信，高效严谨，严格把关，有错必纠，努力钻研，遵守纪律，团结协作，清正廉洁

忠于职守：认真贯彻执行国家有关法律法规、政府主管部门的规定，遵守行业公认的职业道德和行为规范，立足本职、忠于职守，保障水上生命和财产的安全，防止水上污染。

独立公正：提供的检验结果不受任何行政干预及其他人为因素和经济利益的影响，在发现与服务对象存在利益冲突关系可能影响检验公正性时，主动申请回避。

客观诚信：坚持原则，实事求是，客观正确地记录检验情况，确保提供的信息真实、准确、完整，未进行相应的检验和经过所需的适当程序，不颁发、盖印或签署任何证书和报告，不弄虚作假。

高效严谨：以所见事实为依据，公约、规范、标准为准绳，一次就把工作做对；不主观臆断或偏听偏信，对于重要的和没有把握的事项及时请示报告，不擅自决策，工作不拖拉，不敷衍塞责。

严格把关：严格执行有关公约、法规、规范和标准，以及船旗国政府的有关检验规定，不因个人或者集体的私利，导致技术标准实施的降低。

有错必纠：持续改进检验质量，若发现因自身过错导致的检验质量问题，不回避和遮掩，勇于承担责任，并本着实事求是、有错必纠的原则及时报告，采取改正措施并认真总结经验教训。鼓励各级人员及时改进工作质量。

努力钻研：热爱本职工作，积极参加规定的培训项目，钻研专业知识和检验技术，熟悉有关公约、法规、规范和标准，具有与所承担检验工作相适应的知识和技能。

遵守纪律：严于律己，有令则行，有禁则止，服从领导，保守在检验活动中知悉的国家秘密、商业秘密，以及申请方提供的要求保密的信息，不以私人名义或未经单位同意以单位名义，接受船旗国政府和其他机构的委托进行检验。

团结协作：树立全局观念，自觉维护中国船级社和船舶检验行业的整体形象，与本单位，以及其他单位的验船师应当加强协作配合，互相尊重，互相学习，互相支持。

清正廉洁：依法检验，正确行使职权，不以权谋私，不接受申请方的馈赠，克己奉公，清正廉洁，自觉主动地接受各级组织和广大群众的监督。

文化体系践行方法

1. 领导先行

领导层对企业文化功能的深刻认知和高度重视，是中国船级社文化建设取得成功的重要前提。长期以来，无论是最高管理者还是基层领导，无论是在各种场合，还是与员工的沟通交流，都始终把宣传先进的文化理念作为重要的战略任务，为中国船级社特色文化的“落地”铺垫了极好的基础。通过持续不断地宣传教育，使先进的文化理念成为全体员工的自觉意识。

2. 深入调研

中国船级社文化建设工作一直遵循深入细致调查的原则，尤其是在凝练升华阶段，进行了长达 2 年多全方位的深入内外调研，完成了长达 27 万字的《船检文化建设研究》报告，为中国船级社文化的凝练成功夯实了基础。

3. 注入情感

不断挖掘、激发员工的自豪感和责任感、归属感和依附感，增强员工的凝聚力和向心力，带着情感去做文化，挖掘出船检员工自身真实的情感，是中国船级社文化建设的一个重要特点。

4. 突出个性

没有鲜明个性的企业文化是没有生命力和竞争力的。中国船级社在文化建设中特别注重抓住自身的特点，提出了鲜明而符合实际的“安全质量”文化个性特征和“安全环保，为客户和社会创造价值”文化核心内涵。

5. 与中国船级社实际相结合

一是中国船级社文化致力于探求中国船检事业长期发展中内含的文化因素，从思想观念、职业道德、管理理念、队伍建设等方面总结成功经验和优良传统，力求不断提升和丰富中国船级社文化。二是着力实现文化建设的根本目的，用正确的思想武装员工的头脑，以科学的理论指导船检实践，用合理的观念引导船检队伍，全面服务并有力推动船检实践又好又快发展，实现中国船级社文化建设与船检实践的互动发展。

6. 与提高员工素质相结合

通过大力开展员工培训，用社会主义核心价值体系统一员工思想，着力提高员工的思想素质、技术素质和道德素质，造就中国船检事业发展的高素质的人力资源队伍，形成中国船检事业发展的主体动力基础。

7. 与推动实践相结合

在日常的工作实践中，始终坚持安全环保，为客户和社会创造价值等理念，以此为核心，指导、检视船级社的工作中是否落实了上述理念，并为此建立了包括质量体系、安全管理等在内的相关工作制度，通过制度的推行来强化员工自觉意识。

8. 与文化全面发展相结合

在中国船级社文化建设的长期过程中，始终坚持把突出文化的核心精神建设同实现文化的全面发展相结合，并在建设过程的各个环节中加强贯彻，逐步形成了以创新性、国际性、公益性、公正性为基本特征的中国船级社文化全面发展的新格局。

9. 与发扬优秀民族文化相结合

中国船级社致力于遵循国际惯例，引进国际先进船检文化理念，吸纳国际先进船检文化精华，为中国船级社文化注入鲜活的生命力。同时致力于吸收民族文化的优秀成果，不断总结和发扬新中国几代船检人的优良传统，形成了既凝含世界先进船检文化精髓又充分发扬优秀民族文化的中国特色的文化体系。

10. 充分发挥榜样的作用

无论是在日常的绩效考核，还是在各种类型的评比表彰中，始终将是否有效地贯彻了安全理念、质量理念、服务理念作为考核的重要因素，对在安全、质量、服务等方面取得成就的员工充分给予表彰，向员工传递中国船级社的价值导向，鼓励员工不断转变自己的思想观念，自觉地与中国船级社的价值取向保持一致。

单位标识

CCS
CHINA CLASSIFICATION SOCIETY
中国船级社

中国船级社上海规范研究所

中国船级社（CCS）是中国唯一从事船舶入级检验业务的专业机构，上海规范研究所作为其直属单位，承担了海船规范、法规的制定和维护、技术支持等职责，是中国船级社科研系统的一个重要组成部分，拥有相当数量经验丰富的高级科研人员和较先进的科学试验设施，承担着高新尖、前瞻性的项目和课题，是技术密集、知识密集、人才密集的“三密集”单位。面向生产制造，面向检验发证，对散货船、液货船、集装箱船、工程船、高速船、沿海小船和特种船舶等船型提供安全、可靠、适用的规范和标准，同时在船舶稳性、结构强度、振动、材料、消防、电气等诸多领域开展技术研究和开发。

核心价值理念体系表述及诠释

1. 核心价值观：质量为本、服务至上、精诚团结、不断创新

2. 宗旨：为促进航行安全、防止水域污染和维护海上保安，提供先进合理的技术标准和一流的技术服务；为中国船级社的发展提供强有力的技术支持保障；为企业员工的发展提供实现价值的平台和成长空间

3. 目标：成为中国船级社技术高地，为中国船级社成为国际一流船级社提供强有力的技术支持保障

4. 精神：团结、奉献、公正、高效；严谨、务实、创新、和谐

文化体系践行方法

1. 历史传承

中国船级社的前身为中华人民共和国船舶检验局。在1956年成立之初，形成了老一辈船检人最初的价值取向：创建船检、壮大船检。随后几十年的发展中，逐渐形成了“团结、奉献、公正、高效”的八字船检精神。进入新世纪，随着时代的前进、科技的创新和国内外情况的变化，中国船级社根据所承担的使命及愿景，船检精神又增加了“诚信、公正、严谨、创新”的内容。随着中国船级社的不断发展壮大，作为中国船级社技术保障系统中重要组成部分的上海规范研究所，逐步形成了“质量为本、服务至上、精诚团结、不断创新”的企业价值观、以“团结、奉献、公正、高效；严谨、务实、创新、和谐”为核心内容的企业精神，形成了独具特色的企业文化。

2. 打造品牌

近十年来，当企业的竞争已从技术的竞争转变成服务的竞争，从服务的竞争转变成文化力的竞争的时候，文化的创新与变革也成了上海规范研究所孜孜以求的目标。上海规范研究所近年来对内积极构建“和谐”文化，对外大力打造“诚信”文化，牢固树立“客户第一”的理念，围绕客户需求提供“优质、规范、高效、诚信”的服务，坚持以“自主创新，引领发展”科研指导思想，强化服务与质量。围绕企业宗旨，逐步完善发展具有上海规范研究所特点的企业文化体系，积极打造“方寸规范　船海于心”的文化品牌，结合实际，体现自身特色，将企业文化建设贯穿业务工作始终。团结带领全体干部职工努力提升技术研发能力、对外服务能力和可持续发展能力，在国际公约、绿色技术、船舶新技术、目标型标准（GBS）、软件等方面积极开展工作，为业界提供了先进、安全、绿色、适用的规范标准，为推进国际一流船级社的建设做好技术支持和技术保障工作。主动应对国际新规则、新规范，在高端技术研发方面引领我国船舶技术发展方向。积极参与国际海事组织（IMO）、国际船级社协会

（IACS）相关公约、规则、规范的研究和制定，不断增强国际话语权，为扩大海事大国的影响、维护国家海权和造船航运利益积极发挥作用。

3. 坚持践行

在企业文化实际创建工作中，上海规范研究所坚持以践行交通运输行业核心价值体系为主线，用交通运输行业核心价值体系统领和深化文化建设与文明创建活动。在活动决策上，充分体现交通运输行业核心价值体系的要求，确保正确的创建方向；在活动主题上，彰显时代精神和交通特色；在活动载体上，打破常规，勇于创新，广泛吸引群众参与；在活动内容上，贴近交通运输和船检行业的实际，鼓舞士气；在活动效果上，达到促进工作、推动发展、让员工满意。在谋划活动方案、检验活动标准、宣传活动成果等各个环节上，都自觉践行行业核心价值体系。不断增强凝聚力、战斗力，努力升华共同理想、弘扬时代精神、培养职业道德、树立行业新风、促进发展方式转变、深化改革开放、鼓励员工为加快发展现代交通运输事业做出贡献。

上海规范研究所的企业文化建设注意贴近生活，贴近群众，贴近实际，运用多种形式和载体，开展了一系列旨在凸现企业精神、弘扬先进典型、塑造企业形象、增强竞争力的企业文化建设活动，如完善协调和评先创优机制，促进团结协作（加强沟通，促进业务合作；开展优秀论文评比，加强学术交流）。提高员工满意度，永葆企业生机（形成人才选拔机制，促进优秀人才脱颖而出；加强员工与企业的和谐与共同发展，完善共同愿景；提高队伍素质，创建学习型企业；建立完善的保障体系，增强企业凝聚力）。加强精神文明建设，丰富员工文化生活（与南京军区航务军代处开展文明共建活动；积极开展“创先争优”活动；每年举办读书笔谈活动，培养员工忠诚度；组织拓展训练，培育团队意识；制作企业文化宣传片，加强宣传）。加强职业道德规范、岗位行为建设。丰富员工业余生活，陶冶员工的情操，并取得了丰硕成果。全所干部员工团结一心，形成了文化建设的良好氛围，推动了企业的快速发展。

文化品牌

方寸规范，船海于心

文化品牌诠释

上海规范研究所规范科研人员编制海船规范、法规、指南时，时刻牢记上海规范研究所的使命和责任，心中所想是船舶安全和海洋清洁，规范虽仅方寸大小，却包含船舶与海洋工程质量要求，为检验服务指引方向，为船舶与海洋事业助力，为促进航行安全、防止水域污染和维护海上安全，提供先进合理的技术标准和一流的技术服务。

企业文化建设是一个注重实践、与时俱进的过程。上海规范研究所在边探索、边实践、边总结的过程中，积极探寻和把握企业文化建设的规律，不断增强企业文化建设的针对性、开创性、有效性，继续弘扬“团结、奉献、公正、高效；求真、务实、和谐、发展”的企业精神，以不断创新发展的企业文化为依托，进一步提升企业核心竞争力，以优秀的企业文化“聚人心、塑精神、促发展”，用饱满的热情和蓬勃的活力，抒写更加辉煌壮美的篇章。

深海文化

SZMSA CULTURE

中华人民共和国深圳海事局

中华人民共和国深圳海事局（简称深圳海事局）是对深圳沿海水域和内河通航水域安全实施监督管理的主管机关。依据相关法律法规赋予的职权，负责辖区船舶交通安全和防止船舶污染工作，同时承担深圳海救分中心日常事务。

核心价值理念体系表述及诠释

深圳海事局的使命、宗旨与中国海事局使命、宗旨保持一致，由中国海事局统一推出。

1. 核心价值观：和谐促进事业发展，创新推动能力建设

它是深圳海事人在全面实现深圳海事现代化的历程中共同深耕历练，共同凝结汇聚的价值取向，也是引领深圳海事局不断发展前行的核心价值。和谐促进事业发展，是深圳海事局一直坚持的核心价值判断标准，也是实现深圳海事事业又好又快发展的基石。通过打造海上安全服务链构建海上安全特区，推出“便利运输，促进发展”措施等，实现了与港航事业相关方携手共进，和谐发展。通过丰富的文化实践活动，层级典型培树机制、党工团三位一体的思想沟通机制等，加强了全局干部职工共同的幸福感、归属感和成就感。创新是深圳海事局存在和发展的灵魂，是不断推动全面实现深圳海事现代化的不竭动力。从现代化指标体系到海上安全监管长效机制，从深港定期会晤机制到三支一流专业队伍，从深圳海事服务质量管理体系到深圳海事文化季，深圳海事局始终用“创新”推动深圳海事人的能力建设，通过创新推动

深圳海事事业达到国际化现代化水平。

2. 愿景：海事科学发展“试验田”，海事国际化现代化“窗口”

深圳海事地处特区，毗邻港澳，地缘优势和政策优势明显，深圳海事局以科学发展为宗旨，坚持在海事监管、公共服务、文化建设等各方面改革创新，走在前头，充分展现了深圳海事局作为“窗口”和“试验田”的定位和作用。当前，党的十八大提出海洋强国战略，十八届三中全会做出了全面深化改革的重要部署，交通运输部党组明确了加快推进“四个交通”发展，海事系统正全面推进“三化”建设。面对机遇和挑战，深圳海事局紧扣部党组对“海事系统‘排头兵’、改革发展‘试验田’和中国海事国际化、现代化‘窗口’”的功能定位，坚持将科学发展和国际化现代化作为自身的发展方向与重心，深化改革，以“两个率先”、“六个建成”为目标任务，深入推进“三化”建设。

3. 精神：一流海事服务一流港口

深圳作为集装箱吞吐量及港航管理水平处于国际领先水平的港口城市，面对现代化港口及先进航运企业的发展需求，提供一流的海事服务，是上级、港航对深圳海事局的一致要求和期望。多年来，深圳海事局从海事监管、海事信息、海事保障和海事文化等领域全面推动深圳海事工作水平达到一流水平，从船舶载运危险品货物管理系统到港区溢油监控系统的不断研发，从深圳港籍船舶综合质量管理到一流海事服务一流港口，展现了深圳海事人先行先试、勇力潮头的气势和魄力，反映了深圳海事人对一流不断追求的目标和梦想。

文化体系践行方法

“深海”文化建设之路，是一个从不断摸索到思路清晰的过程，是一个长期反复实践的过程，更是一个内化于心，外化于行的过程，从 2002 年至 2007 年，是以明晰思路为先导的文化自觉阶段，全方位开展文化建设的探索活动。从 2008 年至 2010 年，是以过程引领为重心的文化自信阶段，形成了系列实践模式与文化载体。从 2010 年至今，是以深化实践为主题的文化自强阶段，深耕核心价值体系，打造“深海”文化品牌。

1. 以思路创新为先导

通过思路创新，建成层级文化建设模式和“一主多元”文化实践形态，形成内涵科学、丰富的“深海”文化品牌理论体系，为科学、有序开展各项文化实践活动提供了有力思想保障。

2. 以过程引领为重心

以过程引领，打造海事文化活动季，创建“深海”论坛、对话、讲堂、音乐会等一系列践行平台，充分突出全员参与、过程引领的创建思路，“深海”文化的大众性与引领性特色得到充分展现。

3. 以效果检验为推进

在深圳海事局核心价值体系形成的基础上，建立明确的海事文化指标，将文化建设融入中心工作，渗透到海事局各项海事管理服务工作中，结合到各项内部管理制度的建立中，通过完善层级典型培树机制提升队伍素质，文化建设的引领和推动作用得到最有效的发挥。同时“深海”文化 LOGO、文化手册、文化丛书、宣传片等系列产品不断出炉，“深海”文化形象得到全方位展示。

文化品牌

“深海”文化品牌

文化品牌诠释

“深海”文化品牌，其形式上能够直观、鲜明地反映深圳海事业务特点，在海事系统内具有识别唯一性。内容上意蕴深邃，可展现出与海事系统、深圳特区文化的一脉相承，体现出深圳海事局文化建设源远流长，深圳海事人“和谐、创新、忠诚、一流”等众多优秀品质也尽含其中，具有文字、感性、实践、理性、文化等多层面多维度的丰富内涵。

1. 文字层面

“深海”是深圳海事局的简称，能够形象、直观地反映深圳海事局的地域特色和职能属性，在海事系统中具有标识的唯一性和较高的辨识度。

2. 感性层面

“深海”能激发联想，并因此而产生认同和接受，这也是品牌设计的要求之一。如同广为人知的人物形象，谍战片《潜伏》中以“深海”为代号的余则成，“深海”象征着深圳海事人在科学发展之路上不断追求、传承、并强化的精神特质：

对理想信仰的坚定执着；
对履行使命的不懈努力；
对组织的高度忠诚；
面对各种挑战时的坚韧不拔。

3. 实践层面

“深海”文化品牌的内涵来自于发展历程的提炼，是反复实践、总结、提升的递进过程。2012 年，深圳海事局开展了以“和谐·创新”为主题的深圳海事科学发展十件大事评选活动，选出的十件大事全面诠释和凝练了深海之动、容、衡、新、矩、美、涌、清、力、蓝等十大内涵，展现了和谐共处、安全共赢、科学管理、优化服务、创先争优等深海精神。

4. 理性层面

“深海”亦可体现基于蓝海战略和“深蓝”理论的目标，即要适应国家经略和由近海走向深海的发展趋势，在“九龙治海”到“五龙治海”直至目前的“两龙治海”的形势下，保持自身的发展空间，保证全面履职。

5. 文化层面

“深海”文化品牌创建与马斯洛需求层次理论紧密相通，它从满足深圳海事局干部职工的生存、安全、情感归宿、尊重和自我实现的层级需求出发，因时制宜，乘势而为，形成了具有深海特色的精神文化、制度文化、物质文化、行为文化，确保文化建设对事业发展和队伍建设的推动作用。

中华人民共和国长江海事局

中华人民共和国长江海事局（简称长江海事局）是经国务院批准设置的交通运输部直属14个海事局之一。代表国家依法履行水上安全监管、防止船舶污染和水上人命救助职责，管辖重庆至安徽2100公里长江干线、1000公里支流汉河以及19个水库、湖泊，并担负长江干线宜宾到上海安全通信保障和引航管理职责。下设重庆、三峡、宜昌、荆州、岳阳、武汉、黄石、九江、安庆、芜湖10个分支海事局和长江引航中心、信息中心、长江船员考试中心等局属单位。交通运输文化建设示范单位。

核心价值理念体系表述及诠释

1. 核心价值观：执法为民，服务发展

执法为民：长江海事作为国家执法机构，最高宗旨是为人民服务，最终目的是满足人民的需求，保护人民的生命、财产安全。

服务发展：最严格的监管就是最优质的服务。长江海事局以严格执法维护长江航运秩序，守护长江水域清洁，为沿江经济社会发展和人民群众安全便捷出行提供优质服务，为打造长江全流域黄金水道和长江经济带保驾护航。

2. 使命：让航行更安全，让长江更清洁

长江海事局是长江干线水上交通安全主要的执法力量，是长江航运重要的支持

保障系统，肩负着维护长江黄金水道运输安全和水域清洁的神圣职责。让航行更安全，让长江更清洁是长江海事局的光荣使命。

3. 愿景：一流强局

长江海事局全面推进“革命化、正规化、现代化”建设，以水上安全监管为中心，以服务长江全流域黄金水道和长江经济带为己任，以依法行政、以人为本、创新驱动为原则，大力实施思想政治教育、水上安全监管、海事公共服务、海事创新驱动、行政管理执法和人力资源管理六大工程体系，努力实现长江海事核心价值、监管能力、服务水平、发展内生动力、依法行政水平和队伍素质六大提升，加快打造全方位覆盖、全天候运行、监管有力、反应快速、运转高效、管理规范、服务优质的长江航运支持保障系统，争当全国海事排头兵。

4. 精神：人和，忧乐，坚韧

人和，即以人为本的和谐环境，体现了古老川江的人文历史。内涵包括：

团队和谐——领导班子成员之间、干群之间、职工之间团结互助、和睦相处、政令畅通、相诤互励、和衷共济；

管理和谐——海事部门依法行政、优质服务，管理对象遵章守纪、协调配合；

社会和谐——政府统一领导，海事依法监管，社会广泛支持，实现“全国海事一家人，安全监管一盘棋”，凝聚各方力量，构建和谐长江。

忧乐，即责重于山的忧乐意识，蕴含了九曲荆江的湘楚文化。内涵包括：

忧患意识——常怀忧患之心、常思安全之责、常谋发展之策，不断提高依法行政、科学管理能力；

责任意识——把工作当事业，把事业当追求，把追求当责任，切实树立“负责任”的海事形象；

服务意识——服务国民经济和社会发展大局，服务社会主义新农村建设，服务沿江群众的安全便捷出行。

坚韧，即矢志不渝的坚强韧劲，展现了八百里皖江的意志品质。内涵包括：

坚定信念——拥护党的领导，忠诚国家法律，热爱海事事业，奉献长江水运；

顽强意志——千方百计、千言万语、千辛万苦，顽强拼搏，百折不挠，不断取得安全管理和海事发展新业绩；

求索品质——追求卓越，开拓创新，主动作为，永不满足，开创长江海事科学发展新局面。

5. 职业道德：恪尽职守，清正廉洁，服务人民，无私奉献

恪尽职守是长江海事人职业道德的内在要求；清正廉洁是长江海事人作为公务人员的职业道德基本准则；服务人民是长江海事人职业道德高尚情操的体现；无私奉献是长江海事人职业道德追求的最高境界。

文化体系践行方法

1. 规划文化建设路径

在“文化兴局”战略思想的指导下，出台了《加强长江海事文化建设指导意见》，明确了文化建设的指导思想、主要任务和保障措施；2010 年出台《“十二五”长江海事文化建设规划》，明确了“十二五”期的主要目标和重点任务，即实施“五大工程”，实现“123”的目标；2014 年初步制定了“十三五”文化建设规划，明确了文化建设新的方向和路径。

2. 完善文化建设机制

把文化建设作为一把手工程，构建“党委统一领导，行政全力推进，部门组织协调，全员积极参与”的文化建设领导体制和工作机制，实行文化建设与中心工作同部署，同检查，同考核，同奖惩。评选、表彰长江海事系统文化示范品牌、示范单位，发挥其示范引领作用。依托上、中、下游 3 个政研会，加强片区单位文化建设研究；举办文化骨干培训班，培养文化建设骨干队伍；成立文化建设专家组，为文化建设提供智力支持。打造长江海事文化建设网页、网上图书馆等，积极构建海事文化传播平台。

3. 提炼核心价值理念

广泛开展了提炼核心价值理念、征集长江海事局精神表述语等活动，在深入调研、征求意见的基础上，广纳群智，集中研讨，提炼出了长江海事局的愿景、使命、宗旨、目标和精神，形成了以“人和、忧乐、坚韧”为核心的长江海事精神。长江海事人

首次明确和拥有了感情上真诚认同的价值理念和共同精神追求。

4. 搭建特色文化架构

着力构建以理念文化、制度文化、行为文化、形象文化为主要内容的长江海事局文化体系。提炼形成了人和、忧乐、坚韧的长江海事局精神，“五化”发展战略及“三化”建设蓝图。形成了“456”水上安全预警、人命救助“1540”、客渡船“116”等管理机制。全员开展半军事化建设，队伍面貌焕然一新。建设“八个一”标准化处站，规范建设了各级海事管理机构办公场所，海巡艇实现了从40米级~15米级的系列化配备。

5. 引领分支文化建设

在长江海事文化总体架构下，局属各单位结合地域文化和工作特质，按照成熟一个推出一个的原则，局属单位形成了尚行文化、畅安文化、激情文化、求索文化、忧乐文化、责任文化、执行文化、争先文化、和谐文化、对比文化、引航文化、超越文化、发展文化等13个各具特色、精彩纷呈的分支文化体系。

6. 不断丰富文化载体

自2004年起，连续11年开展文化建设“五个一”活动，先后开展了文化理念语（画）征集、职工诗文作品征集、半军事化建设成果演示、“廉政故事汇”巡讲、执法案例规范化评选等50余项助推文化建设的活动。积极倡导“快乐工作，健康生活”理念，成立书画、摄影、棋牌、球类等兴趣小组，连续开展十一届职工综合技能大赛、四届职工运动会；结合海事工作实际，创作文艺作品，组织全线文艺会演；加强文化阵地建设，完善职工书屋、流动书箱等群众性文化设施，制作文化宣传展板、专栏，规范文化上墙标语、标识，各单位都制作了各具特色的“文化宣传展示中心”，推进文化“进机关、进处队、进船艇”。开展“青年聚智”行动，连续开展三届“小发明小创造小创意”活动，激发广大干部职工的创新创造活力。

7. 精心打造文化品牌

长江海事局所属芜湖海事局的“八百里皖江一帆风顺”文化品牌得到广大航运企业、船民和涉水管理部门认可；宜昌海事局的“激情海事・平安峡江”文化品牌促进了辖区水域连续5年无一般等级以上运输船舶事故、无人员伤亡。岳阳海事局“潇湘三江·人水和谐”、安庆海事局“和风宜航”文化品牌深入人心。引航中心“国门形象第一人”得到了各级领导的高度肯定和行业广泛共鸣。“船员流动学校”送水上安全知识到船头、进船家。长江水上安全信息台“长江之声”搭起海事系统与行政相对人信息及情感沟通的桥梁，享誉长江。全线执法大队推行“一日工作制”，让规范成为习惯，让习惯符合规范，提升了执法团队文化力。

8. 注重积淀文化产品

组织开展文化大系之“1+13”的编撰印制工作。推出了《人和》、《忧乐》、《坚韧》精神内涵诠释丛书、《长江海事文化理念语集萃》、《江风海韵长江海事诗词选》、《姚泽炎报告文学》、《从这里出发》、《在全面履职中奉献青春》等一批文化产品。拍摄了《万里长江海事魂》、《励磨出剑锋》、《众志绘宏图》、《创新赢未来》等一批海事形象宣传片。播出了长江海事首部微电影《校船》，创作了《平安长江》等一批行业歌曲。每年出版一册《聚焦长江海事》新闻作品，编辑出版《长江海事》杂志。《为了母亲河更清洁》荣获2013年“杜邦杯”环境好新闻奖。长江海事宗旨、使命、精神、作风、目标、战略等理念深入人心。

天津海事

藍海

BLUE OCEAN
SAFER & CLEANER

中华人民共和国天津海事局

中华人民共和国天津海事局（简称天津海事局）是全国海事系统中具有航政、船检、航标、测绘、通信等5项管理职能的三大海区局之一。主要负责天津市沿海及部分内河（海河二道闸以下）约15000平方公里水域（153公里岸线）的水上安全监督管理、污染防治、水上搜救组织等工作。负责北京、天津、河南、陕西、河北（甲类）等5省（市)6万余名船员的管理工作。承担渤海9个海上油田、25个采油平台、3个FPSO设施和相关船舶的监督管理。履行天津港口建设费的征管工作职责。负责对华北、西北地区8个省（市、自治区）及下属20个船舶检验机构的监督管理工作。并受交通运输部委托管理北海航海保障中心，负责辖区的航标管理、测绘管理、通信管理等工作。

核心价值理念体系表述及诠释

1. 核心价值观：忠于国家、热爱海事、坚守使命、奉献社会

阐明了天津海事局发展的根本任务和核心价值追求，是制定天津海事发展战略的基本遵循，是天津海事政治属性、社会属性和职业属性的本质要求，是天津海事核心价值体系的核心，解决的是天津海事的基本属性和根本宗旨问题。“忠于国家”，就是要坚定中国特色社会主义理想信念，自觉将海事事业发展融入中国特色社会主义建设事业全局，明确的是海事事业与国家的关系准则，是天津海事局核心价值观的“魂”。“热爱海事”，就是要忠实践行在海事、爱海事、为海事的基本宗旨，

始终将海事事业作为海事人实现个人价值的永恒追求，明确的是海事职工与海事职业的关系准则，是天津海事局核心价值观的“根”。“坚守使命”，就是要全面履行海事职责，时刻牢记国家赋予的新世纪新阶段海事人的历史使命，明确的是海事职工与海事责任使命的关系准则，是天津海事局核心价值观的“内在要求”。“奉献社会”，就是要自觉投身于服务社会、服务人民的生动实践，将奉献社会作为海事人职业生涯的出发点和归宿，在奉献中实现自我价值，明确的是海事职工与社会、公众的关系准则，是天津海事局核心价值观的“主题”。

2. 使命：保障水上安全、保护水域环境、保护船员权益、维护国家主权、融入地方发展

天津海事局使命是天津海事局核心价值体系的统领，解决的是工作方向和肩负责任的问题，集中反映了天津海事局工作的主要任务和根本要求。保障水上安全是指天津海事局在本辖区通过行使国家赋予的水上安全监督管理、船舶检验管理、航海保障等职能，掌握水上安全监管规律，确保水上交通安全。保护水域环境是指天津海事局在本辖区通过行使国家赋予的防治船舶污染职能，完善船舶污染事故应急反应体系，防止船舶污染辖区水域，确保水域环境清洁。保护船员权益是指天津海事局在本辖区通过行使国家赋予的船员管理职能，依据国际公约和国内法律法规，为船员提供优质服务，保护船员合法权益。维护国家主权是指天津海事局在本辖区根据有关法律法规，对外代表国家行使水上巡航执法、防治船舶污染、审批外国籍船舶进入我国水域、发布航行通（警）告、港口国监督检查、海员证书认可和保护海员权益、航标测绘和港口航道图出版、海上搜救及事故调查等水上安全监督管理职权，依法维护国家主权。融入地方发展是指天津海事局积极践行“三个服务”的要求，通过实施有效监管、提供优质服务，主动融入以滨海新区为龙头的环渤海区域发展战略，主动融入地方经济社会发展全局，为地方经济社会发展干实事、做贡献。

3. 愿景：建成滨海新区开发开放的国际化服务窗口、建成北方航运经济发展的综合性保障中心、建成中国海事科学发展的示范性试验基地

天津海事局的愿景是对天津海事发展的憧憬，是天津海事人努力追求的理想和抱负，是天津海事局核心价值体系的主题，解决的是价值取向和奋斗目标的问题。

建成滨海新区开发开放的国际化服务窗口，就是要牢牢把握历史机遇，主动融

入地方发展，创新监管服务理念，完善监管服务手段，瞄准国际一流海事管理水平，展示新区国门形象，为新区发展提供最优质高效的海事服务，成为新区开放文明的品牌窗口。

建成北方航运经济发展的综合性保障中心，就是要充分利用地处渤海湾中心的区位优势和管理职责齐备的职能优势，整合各类航海保障资源，健全区域联动机制，发挥区域龙头作用，形成“区域保障一盘棋”，为整个北方海区航运经济发展提供综合性的航海安全保障服务。

建成中国海事科学发展的示范性试验基地，就是要充分利用毗邻北京的区位优势和滨海新区先行先试的政策优势，在实现海事科学发展的历史进程中，勇于担当，敢于开拓，甘于奉献，率先落实交通运输部海事局决策部署，率先应用海事前沿科技，率先示范海事改革政策。

4. 精神：包容、坚毅、务实、卓越

天津海事精神是天津海事局干部职工所具有的共同内心态度、意志状态、精神状态、思想境界与作风，是天津海事核心价值体系的精髓，解决的是精神动力和精神风貌的问题。

包容是天津海事人的思想境界，体现在天津海事局干群之间、职工之间相互理解、尊重、学习和支持；不同业务之间相互融合、借鉴、促进、协调；依法行政、严格管理、优质服务与管理相对人遵纪守法、服从管理、支持配合的和谐统一；与兄弟单位、地方政府之间相互学习借鉴，相互理解扶持，取长补短，共同发展。

坚毅是天津海事人的性格特征，体现在天津海事人保持事在人为的信念、坚韧不拔的志气、攻坚克难的勇气，敢于拼搏，勇于进取，坚定而有毅力地去实践追求。

务实是天津海事人的态度反映，体现在天津海事人实事求是、真抓实干、埋头苦干、讲求实效的工作、学习和生活态度。

卓越是天津海事人的价值导向，体现在天津海事人保持勇于创新、争创一流的信念，先行先试，大胆探索，站在高起点，抢占制高点，达到高水平，用实力说话，用成绩见证，不断追求卓越品质。

5. 职业道德：恪尽职守、清正廉洁、服务人民、真诚奉献

天津海事局职业道德是天津海事局核心价值体系的基础，解决的是天津海事局职工行为规范和职业操守的问题，是与职工的工作实践紧密联系的符合天津海事职

业特点所要求的道德准则、道德情操与道德品质的总和，是对天津海事人在职业活动中行为的要求，也是天津海事人对社会所负的道德责任与义务。“恪尽职守”是天津海事局职业道德的内在要求；“清正廉洁”是天津海事局职业道德的基本准则；“服务人民”是天津海事局职业道德的高尚情操；“真诚奉献”是天津海事局职业道德的最高境界。

文化体系践行方法

1. 加强组织保障

一是建立健全的组织体系，成立了局党组书记担任组长的文化建设工作领导小组；二是协同推进文化建设和精神文明建设，部署和落实相关工作计划和方案的执行，分层级、分年度进行跟踪评估；三是资源保障，有一支稳定的文化建设骨干队伍，活动经费纳入年度财务预算。

2. 深化文化主题实践活动

一是在全局范围内开展核心价值体系的学习宣讲活动；二是紧紧围绕海事监管和航海保障的中心工作，开展“文明执法示范窗口”、“安全畅通文明航区”、“五型机关”等系列创建活动；三是推动文化主题活动常态化，每年4月设为核心价值体系学习活动月；四是充分利用展板、网站、内部报纸杂志等传统媒体和新型媒体，构成丰富、立体传播体系；五是编辑出版的各种图书、画册、文化手册，创作表现天津海事生活的诗歌、散文、小说、报告文学、书画作品、歌曲和舞台作品，拍摄展示天津海事局风采、表现工作主体的纪录片、宣传片，反映海事人、海事事的“微电影”，激发职工参与热情。

3. 培养树立先进典型

一是多种渠道选树典型，先后树立了全国劳动模范王炳交、完成海军护航任务的船长刘健勇、圆满完成“7·16”溢油清污任务的轮船长李秉泉等具有示范作用的先进典型；二是多种方式表彰典型，利用交通运输部海事局“直属海事系统优秀青年”、“直属海事系统十大青年标兵”的表彰方式推荐先进典型和模范人物；三是多种形式宣传典型，总结宣传了全国五一劳动奖章获得者崔永发的五种“小崔精神”、交管中心的“八环教育培训法”、“青蓝工程”、“大塔文化”等，以道德讲堂、宣讲团等形式，宣传先进典型事迹，加强榜样示范引领，不断汇聚道德力量。

4. 深化文明创建活动

一是深入开展文明执法示范窗口创建活动，多个单位获得了全国海事系统文明执法示范窗口和全国海事系统文明执法示范窗口标兵称号；二是结合天津海事局监管辖区格局分布的实际情况，创建“安全畅通文明”航区工程，获得交通运输部海事部局授予的创建“安全畅通文明”航区活动先进单位称号；三是开展“创建星级文明灯塔”主题活动，评选产生了青岛团岛灯塔等3个五星级文明灯塔和烟台成山头灯塔等4个四星级文明灯塔，在传承航标文化，提升知名度和影响力方面取得了明显成效。

文化品牌

“蓝海”文化

文化品牌诠释

“蓝海”首先让人联想到湛蓝的大海，体味到“蓝”志向高远的境界和追求卓越的品质，感受到“海”宽广博大的情怀和海纳百川的气概。天津海事人在保障航行安全、维护海洋清洁的工作实践中，浸润了蓝色海洋的情愫，与蓝海有着不解之缘。

蓝：素有高贵、优雅、纯洁、清澈、唯美等鲜明之个性品质。古往今来，蓝色一直被赋予了诸多的象征意义，蕴含忠诚、安详、理智、尊严、勇气、希望、创新、卓越之意。“蓝”用在“海”中寓指天津海事人砥砺奋进、恪尽职守、清正廉洁、勇于创新、追求卓越的高贵品质。

海：素有包容、博大、宽广、辽阔、大气、厚重、深邃、和谐之精神品格。海，即水，水为善之最高境界，有“上善若水”之说。“海”与“蓝”组合寓指天津海事人博大包容、真诚奉献的思想境界。体现在内部人与人之间为相互理解、尊重、学习、支持，体现在不同业务之间为相互融合、借鉴、促进、协调，体现在与管理相对人之间为有效监管与优质服务的和谐统一，体现在与地方关系之间为主动融入地方经济社会发展，心系民生、力践于行。

“蓝海”是天津海事人秉承“忠于国家、热爱海事、坚守使命、奉献社会”的价值追求，砥砺奋进，在发展中不断挑战自我、不断超越自我的品格象征。他们用生命和智慧筑牢海上安全屏障，诠释“保障水上安全、保护水域环境、保护船员权益、维护国家主权、融入地方发展”的神圣使命，描绘出“航行更安全、海洋更清洁”的美好图景，努力实现天津海事人的“蓝海”之梦。

畅航津海

中华人民共和国天津海事局船舶交通管理中心

中华人民共和国天津海事局船舶交通管理中心（VTS）坐落在天津港东突堤，是感知船舶和行政相对人的“第一扇窗口”，服务区域是以天津海事局船舶交通管理中心地理坐标为中心，以 20 海里为半径所覆盖的水域。作为天津港水域交通安全监管部门，天津海事局船舶交通管理中心肩负着保障水上交通安全、提高船舶交通效率、保护海洋环境的重要职责。近年来，天津海事局船舶交通管理中心忠诚履职，深入推进窗口品牌建设，持续加强运行管理，主动适应港口发展给辖区通航环境带来的新变化，不断创新监管手段、拓宽服务领域、提高人员素质，形成了在系统内外有一定影响力的品牌和举措，受到港航企业和地方政府的广泛认可。

核心价值理念体系表述及诠释

1. 核心价值观：忠于国家，热爱海事，坚守使命，奉献社会

忠于国家：是天津海事人最基本的价值观判断，它表明了海事事业与国家利益的关系准则。海事人肩负着维护国家主权的重任，就是要坚定中国特色社会主义理想信念，自觉将海事事业发展融入中国特色社会主义事业全局，“忠于国家”是天津海事核心价值观的“魂”。

热爱海事：海事因“海”而产生“事”，早已是一种固定的职能，选择从事海

事职业的人，就是要忠实履职，热爱海事，始终将海事事业作为实现海事人个人价值的舞台。“热爱海事”是天津海事的基本宗旨，明确的是海事职工与海事职业的关系准则，是天津海事核心价值观的“根”。

坚守使命：就是让每一个海事人都能全面履行海事职责，牢记国家赋予的新世纪新阶段海事人的目标任务。坚守使命就是守护海事生命，是天津海事核心价值观的“内在要求”。

奉献社会：海事人的工作职能虽然比较特殊，但是，他们同样要履行社会公民的责任。自觉投身于服务社会、服务人民的行动实践中，就能够在奉献中实现自我价值。奉献社会，也是天津海事事业的出发点和归宿，是天津海事核心价值观永恒的“主题”。

2. 使命：航行有序，航路畅通，便捷高效

秉承中国海事光荣使命，通过持续提升的科技水平和服务能力，为业务相对人提供优质服务，维护水上交通秩序，做好船舶进出港交通组织工作，实施船舶航行动态智能监控，努力实现“畅航津海”目标。

3. 愿景：社会认可，港航满意，员工愉悦

奋发有为，努力提升管理水平和服务质量，在服务区域内成为品牌形象鲜明的公共服务机构，在行业内成为改革发展的排头兵，在社会公众中有较高的知名度和名誉度，为港航企业等相对人提供持续改善的优质服务，为员工创造有尊严感、有成长期待、心情愉悦的工作环境。

4. 精神：勤勉奉献，团结协作，务实为民

在契约与制度体系之上，天津海事局船舶交通管理中心（倡导职工勤奋工作、努力钻研；在工作中有良好的奉献精神，心胸开阔，不斤斤计较；对于勤奋工作、乐于奉献的员工，将给予更多的成长机会。本着为相对人提供优质服务的统一目标，首先以严格的制度和规范划清工作边界与岗位职责，在此基础上，倡导中心各工作岗位、各层面员工加强协作与协同，有强烈的集体荣誉感和补台意识。

所有工作都从务实出发，一是行业法律规范之“实”，所有工作都从相关法律法规出发；二是相对人需求之“实”，倡导在符合法律法规前提下，为相对人提供更便捷、更富人情味儿的服务；三是工作持续创新发展之“实”，中心的所有工作必须有创新思维和创新行为，任何故步自封、得过且过的行为都是天津海事局船舶交通管理中心反对的；四是员工成长发展之“实”，在优质地完成工作任务的同时，

促进员工全面发展是工作的重要内容。

文化体系践行方法

2009年3月，天津海事局船舶交通管理中心开展文化建设启动“海事交管文化建设项目”。

1. 构建两种服务模式——船舶交通组织“定制化”服务模式、船舶信息公共服务模式

（1）船舶交通组织定制化服务模式。天津海事局船舶交通管理中心（VTS）在做好安全监管与优质服务的同时，兼顾港口生产与建设，为相对人量身定制特殊通道“定制化”、特殊天气海况“定制化”、特定船舶监管“定制化”、涉水工程监控“定制化”、服务民生举措“定制化”等服务模式。在服务人民群众便捷出行方面，天津海事局船舶交通管理中心以“提前协调计划、重点动态监控、优先组织交通、及时信息服务”的4项服务举措，全力保障国际邮轮、客轮安全。

（2）船舶信息公共服务模式。天津海事局船舶交通管理中心除充分利用甚高频（VHF）发布船舶交通管制信息、水文气象信息、助航等信息服务之外，在深入了解相对人需求的基础上，相继开通飞信、微博、微信等平台，为相对人提供政务公开及信息服务，实现与相对人之间的实时互动。另外，天津海事局船舶交通管理中心正在探索建立专用互通网络，和主要港航单位实现网络互联，和代理等单位实现网络互访，以科技手段完善船舶交通信息公共服务模式。

2. 建设3个船舶交通服务（VTS）——专业VTS、智能VTS、和谐VTS

（1）专业船舶交通服务（VTS）。开展体系化的培训，加快船舶交通服务（VTS）专业人才队伍建设。开展知识更新培训、随引航员学习等工作，使“八环教育培训法”不断完善，同时深入开展“青蓝工程”项目；开展覆盖各岗位的全员岗位大练兵活动，进一步提高了全员理论知识水平和业务能力；跟踪船舶交通服务（VTS）国际发展动态，承担了部局交办的《IALAVTS手册》的翻译；修订完善《天津VTS值班标准指南》，全面提升船舶交通服务（VTS）运行标准化、规范化水平。

适应港口水域通航环境的新变化，开辟船舶交通监管新模式。一是保障复式航道开通运行。二是实施天津海事局船舶交通管理中心（VTS）分区分频管理，缓解单

一通信频道下的通信拥堵、干扰，为船舶之间通信提供更好的通信资源，进一步促进天津港口水域船舶交通管理更加规范化、科学化。三是建立天津海事局船舶交通管理中心监视与现场巡航联动机制。天津海事局船舶交通管理中心（VTS）和海巡执法支队充分发挥各自资源信息、技术装备等优势建立联动机制，将两种监控和执法模式结合，有利于更好地履行海事监管职能。

（2）智能船舶交通服务（VTS）。强化科技应用创新，提升技术装备水平，加强信息资源应用，建设智能船舶交通服务（VTS）。开展船舶交通服务（VTS）关键技术国产化课题研究。开展航行计划编排的优先权重研究、船舶交通3D智能显示系统研究，实现船舶数据显示和处理的智能化；另外实现船舶数据统计查询、航行计划网上申请、值班管理、港口设施等综合显示和查询功能，从而减少船舶交通服务（VTS）值班员的劳动强度，提高数据的准确性。

（3）和谐船舶交通服务（VTS）。强化内部精细化管理，深入推进服务质量体系建设、不断规范内部管理水平，增进岗位配合。关注职工成长，提供职工展示才能和职业发展的平台。发挥党支部建在一线值班班组的优势，结合工会、共青团工作，切实开展好党建工作。建立职工与领导之间、职工与职工之间的交流机制，强化职工关爱，实现“员工愉悦”的内部管理目标。

继续推进并完善诚信船舶机制，鼓励船舶及港航企业加强自我管理。逐步建立并实施与港口船舶交通参与方的沟通协调机制。继续完善服务相对人联络工作机制，建立并不断完善面向管理相对人的外部评价体系，实现“港航满意”的外部服务目标。

建立中小学生海事教育实践基地，参与和赞助社会公益活动，提高社会影响力，努力实现“社会认可”的公共服务目标。

文化品牌

畅航津海

文化品牌诠释

“畅航”体现了天津海事局船舶交通管理中心（VTS）的愿景“通过用心工作使船舶能够顺畅航行，让船舶及港航企业感到满意”。“津海”代表着天津海事局船舶交通管理中心（VTS）的地理位置和服务区域。

交通运输部烟台打捞局

交通运输部烟台打捞局的前身是交通部烟台海上救助打捞局，成立于1974年9月12日，是交通运输部所属自收自支的事业单位，承担着中国北方海域的非人命救助、沉船沉物及遇险航空器打捞、难船溢油清除等国家公益性职责，是中国北方最大的海上救捞和海洋工程公司。建局以来，已成为中国北方海区安全保障系统和海洋工程领域的中坚力量。在生产经营方面，交通运输部烟台打捞局已经形成了以应急抢险打捞为主业，以海洋工程、大件运输及吊装、港口经济、船舶修造为支柱，以房地产开发、海员职业培训为增长空间的产业模式。

核心价值理念体系表述及诠释

1. 核心价值观：团结和谐，务实创新，持续发展，奉献社会

团结和谐是事业发展的前提。打捞历史佐证，团结是事业发展的基石。团结既有职工之间的互助友爱，又有干群之间的彼此信赖和相互支持；既有不同群体之间的相互协作与合理竞争，又有管理团队之间的相互沟通和积极配合；既有组织中的

信息共享，更有基本价值取向的高度认同。职工队伍因团结而稳定，管理团队因团结而协调，上下同欲，共创和谐烟台打捞。

务实创新是事业发展的关键。立足烟台打捞局和实际情况，正确对待机遇与挑战，力促业务与经济效益的发展。注重引导并塑造适宜发展的环境，用文化的力量务履行职责之实，务经济发展之实，务职工思想观念转变之实。离开创新，就远离发展的方向。立足岗位是创新的基础，勤于学习是实现创新的途径，持续发展是创新的目的。观念创新是先导。创新观念就是适应市场竞争要求，改善原有心智模式，树立以人为本、竞争激励、业绩效益和优质服务的理念。管理制度创新是关键。管理制度必须起到保护创新、激励创新的作用，没有制度保障，创新就不可能发展。技术创新是手段。不断适应打捞行业的发展的需求，强化自主创新能力，提高打捞技术含量，保障打捞作业安全，提高打捞工作效率和效果。生产、经营、服务创新是目标。在生产上，不断改进生产作业技术、生产组织方式，延伸生产发展空间，提高工作效率；在经营上，不仅向海洋总包工程经营方向发展，拓展利润空间，而且不断寻求新的经济增长点；在服务上，以满足用户需求为宗旨，不断完善服务手段，提高服务水平和服务质量，用优质服务创品牌、树形象，赢得客户信赖与支持。务实是创新的基础，创新是对务实的深化与发展。

持续发展是事业追求的目标。发展是硬道理，一切工作都要有利于烟台打捞局的发展。靠强化管理措施，合理开发利用和有效配置生产资源，走内涵式扩大生产之路；拓展海上生产经营规模，压缩非生产单位规模，调整打捞经济结构，形成核心竞争优势。优质文化基因是持续发展的源泉，“创建学习型组织，加强打捞文化建设”就是塑造持续发展的基因密码，打造发展的发动机。职工收入增长与发展积累的协调性也会保障发展的持续性。

奉献社会是事业发展的要求。烟台打捞局作为国家海上应急保障体系的一个组成部分，必须具有强烈的社会责任感和历史使命感，严格履行国家赋予的神圣职责，义无反顾地做好应急抢险打捞、港口航道清障以及海上污油清除等工作，为保障海运畅通和海洋环境服务。不仅要讲回报，更要讲奉献，在奉献中实现个人价值、集体价值和社会价值的统一。

2. 宗旨：让海运通畅，让海洋清洁，让事业兴盛，让职工富足

让海运通畅是完成所辖海域内应急抢险打捞和港口、航道清障的职责要求，是海上交通、海洋资源开发事业发展的需要，更是为国尽责意识的体现。

让海洋清洁是完成所辖海域内“沉船存油和难船溢油的应急清除，防止海洋环境污染”的职责要求，是海洋环境保护事业发展的需要，更是社会责任意识的自觉体现。

让事业兴盛是适应国家海洋经济和环境发展要求，做大做强打捞经济，为应急抢险、救助打捞提供坚实的物质保障和技术支持，出色完成国家赋予的神圣使命，促进打捞事业持续健康发展。

让职工富足是使职工物质生活富裕，收入稳步提升，逐步满足职工物质文化生活增长的需要；使职工精神生活充实，能够勤于学习、乐于工作、快乐生活，实现自我发展，活出生命的意义。

3. 愿景：抢险打捞先锋，和谐快乐家园

打捞愿景是烟台打捞局为之奋斗的未来蓝图，是全体烟台打捞人的远大理想，是一切工作的目标追求。

应急抢险打捞是国家海上安全保障体系的重要部分。作为国家专业打捞队伍，烟台打捞局以应急抢险救捞为主要工作职责，以科技创新为动力，通过持之以恒的开拓创新，通过不懈努力，不断提升打捞业务的核心竞争能力，努力成为中国打捞行业中的重要力量。

坚持以人为本，努力构建和谐打捞。关注职工事业发展，实现职工自我价值，使广大职工随着烟台打捞局事业的发展而不断成长，使每位职工都拥有归属感、安全感和荣誉感，将烟台打捞局建设成职工和谐快乐的家园，努力实现个人发展、事业发展与社会发展之间的和谐统一。

4. 精神：雷厉风行，团结协作；吃苦耐劳，不畏艰险

“雷厉风行，团结协作”就是心往一处想，劲往一处使，上下同欲，做事干净利落、追求高效。对于管理者而言，意味着决策及时、部署果断，要系统思考、增强沟通协调能力、具备整体意识和大局观念。对于职工而言，意味着工作主动、快速敏捷，要互帮互学、要顾及前后工序、要相互协作与支持。

“吃苦耐劳，不畏艰险”就是肯吃苦、能吃苦，不怕危险和困难，敢打硬仗、能打硬仗，关键时刻能够发挥关键作用。对于管理者而言，就是勇于面对困难，敢于接受挑战，具有强烈的履责意识，关键时刻能够冲锋在前起到示范作用。对于职工而言，就是不怕脏、累、苦、险，不计个人得失，圆满完成工作任务。

5. 职工工作准则：忠心事业，专心工作，诚心合作，热心服务

忠心事业：认同烟台打捞局价值理念，自觉规范和约束自身言行；视打捞事业为自身发展平台，努力做好本职工作；遵守烟台打捞局各项规章制度，不做违规违纪之事；珍惜“烟台打捞”形象，不做有损打捞形象之事。

专心工作：勤于学习，熟练掌握岗位工作技能，力求把所做的任何事情做到最好，力争成为本职工作的行家里手。

诚心合作：与同事合作要源自内心，出自善意，言必行，行必果，这是形成内部工作团队的前提；与客户合作要讲诚信，善于换位思考，坚持“义利共生，和谐共赢”，这是形成外部形象的基础。

热心服务：服务要有热情，竭力满足客户要求，并尽可能超越客户期望。管理人员对基层单位要超前思考、及时满足生产需求，对往来客户要热诚、以礼相待，对职工要真诚、不推卸责任；服务人员热心对待旅客、诚心对待业主，竭尽全力提供方便；生产人员要急客户之所急、想客户之所想，优质、高效、安全作业，满足客户需求，赢得客户信赖。

文化体系践行方法

1. 构建核心价值体系，统一打捞干部职工思想

2005 年 9 月，结合《企业文化修炼》学习，形成了独具烟台打捞局特点的文化理念体系。2010 年上半年，深入开展了共同愿景大讨论活动，2011 年形成了具有鲜明个性和先进内涵的全局共同愿景目标。2013 年，根据《烟台打捞局 2010–2012 年“创建学习型组织，加强打捞文化建设”工作规划》，邀请中国交通企业管理协会的专家对局文化理念体系进行了全面深刻的斟酌研究，并提出修订完善意见。

2. 完善行为规范体系，推动打捞文化理念落地

2010 年 2 月制定出台《烟台打捞局 2010–2012 年“创建学习型组织，加强打捞文化建设”工作规划》，打造打捞文化的四大文化层面，即：精神文化、制度文化、行为文化、物质文化。

依托“救捞专业化建设”、“救捞能力建设”等活动载体，建立起独具烟台打

捞局特色的行为识别系统，并在全局范围内统一工作着装，规范岗位职责与工作标准，展现了烟台打捞人良好的精神风貌和服务形象。

3. 规范视觉识别系统，提升烟台打捞品牌形象

根据交通运输部救助打捞局的要求，在办公楼、厂房、船舶等大型设备设施上统一标志色彩与装饰，重大船舶设备形成了“烟救”、“德”两个命名序列。统一使用救捞徽章、救捞旗帜、救捞歌曲等系列文化产品。在全局范围内在设计制作了统一视觉产品。通过《中国救助与打捞》、《救捞党务信息》、《烟台打捞》等内部媒体积极宣传全局组织的各项创建活动；在局办公网络系统坚持办好《创建专栏》，创办了《交通运输部烟台打捞局创建学习型组织，加强打捞文化建设工作简报》；每年编发《形势任务学习手册》。

4. 制定考核评价办法，保证文化建设落到实处

为确保创建工作扎实有效、稳步推进，烟台打捞局结合实际，制定实施了《关于创建学习型组织加强打捞文化建设的决定》，建立起创建工作完备的工作制度、学习制度、考核监督制度和奖惩机制，切实保证了“创建学习型组织，加强打捞文化建设”工作落到实处。

5. 健全组织保障体系，夯实文化建设工作基础

2005年7月，成立了“创建学习型组织，加强打捞文化建设”工作组织领导机构。2007年4月份，成立了创建工作常设组织机构创建工作办公室。认真抓好员工图书室、阅览室、学习室建设。每年，局教育培训经费达到或超过职工工资总额的1.5%以上，并优先保证一线职工的培训经费使用。

6. 创建学习型组织，积极打造特色打捞文化

一是丰富创建学习形式；二是重视干部培训工作；三是重视专业技术人员培训工作；四是重视职工学习工作。通过学习与培训，全局干部职工的整体素质得到了较大提高，学习力迅速转化为烟台打捞事业发展的助推力。

天津港（集团）有限公司

天津港处于京津城市带和环渤海经济圈的交汇点上，是首都北京的海上门户、我国第二大外贸口岸、连通海上和陆上两个“丝绸之路”的重要节点，是连接东北亚与中西亚的纽带，是世界等级最高的人工深水港。2013 年天津港复式航道试通航，使航道通航能力在双向通航基础上实现了再次升级，是中国北方最大的综合性港口。2013 年，天津港货物吞吐量突破 5 亿吨，世界排名第四位；集装箱吞吐量突破 1300 万标准箱，世界排名第十一位。连续 12 年入选中国 500 强企业，2013 年居第 399 位。

天津港同世界上 180 多个国家和地区的 500 多个港口有贸易往来，服务功能完善、区域辐射带动能力强，是我国唯一拥有 3 条亚欧大陆桥过境通道的港口；已经建成的天津国际贸易与航运服务中心是全国目前最大的一站式航运服务中心之一；内陆腹地设立的 5 个区域营销中心、23 个“无水港”和物流园区，进一步完善了覆盖内陆腹地的物流网络体系。

核心价值理念体系表述及诠释

1. 核心价值观：发展港口，成就个人

发展港口，成就个人：是天津港集团秉持的核心价值。发展港口是成就个人的前提和支撑，成就个人是发展港口的源泉和动力。

发展港口：天津港集团坚持规模化、现代化、国际化的发展战略，日益融入经济全球化发展格局；积极参与国际资源配置，提升物流网络运营能力，实现多元化产业高度发展，使天津港集团成为北方经济中心和国际生态港城的动力引擎。

成就个人：天津港集团为员工搭建施展才华、实现自身价值的广阔舞台，充分发挥员工的积极性和创造性；为客户、股东和合作伙伴提供优质服务和收益回报，助力成就每个利益相关方的价值与梦想。

2. 使命：承载社会期盼，集散中外文明

天津港集团作为勇担社会责任的典范企业，努力成为中外贸易、人文、信息的交汇中心，始终肩负“以港兴市、港城共荣”的历史使命。

承载社会期盼：对政府，天津港集团作为滨海新区建设中国北方国际航运中心和国际物流中心的核心运作单位，以功能开发带动区域经济发展；对客户，坚持市场导向，以提升服务品质创造客户价值；对合作伙伴，坚持多元协作实现价值共赢；对投资者，坚持以持续发展回报股东利益；对员工，认可员工劳动价值，促进员工幸福成长。

集散中外文明：天津港集团作为中外贸易往来与文化交流的桥梁，汇聚并弘扬着中外的先进文化和社会风尚；作为国际综合物流服务商，通过科学技术的进步、人文信息的交汇、社会财富的积聚、生活方式的转变，实现中外文明的和谐统一。

3. 愿景：世界一流企业，员工快乐之家

天津港集团致力成为具有较强国际竞争力和品牌影响力的跨国企业集团，致力成为一个让员工充满归属感的大家庭、一个员工乐于为之奉献的组织。

世界一流企业：天津港集团按照建设世界一流企业的总体战略规划要求，正在努力成为国际资源配置能力强、商业创新能力强、国际运营能力强、风险管控能力强、人才队伍素质强，产业结构优、经营业绩优、体制机制优、企业文化优、社会形象优的世界一流企业。

员工快乐之家：天津港集团要建设成为一个兴旺和谐的大家庭，员工为工作价值获得认可而快乐，为职业发展获得机会而快乐，为享有和谐的工作环境而快乐，为生活获得关怀而快乐。每一位员工都乐于为这个大家庭的发展贡献才智，并以其中一员的身份而倍感自豪。

4. 精神：爱港，包容，务实，创新

“爱港、包容、务实、创新”是全体员工的意志追求和精神风貌。爱港是天津

港人的基准，包容是天津港人的品格，务实是天津港人的作风，创新是天津港人的特征。

爱港是基准，是天津港人秉持的基本信念，也是天津港人敬业奉献、拼搏进取的根本动力。天津港人为港口和城市的可持续发展贡献才智，是一支能吃苦、能战斗、能超越的人才队伍。

包容是品格，体现出天津港人兼收并蓄外来先进文化的胸怀。天津港人在个体需求和观念上营造开放包容、百花齐放、和谐共进的良好文化氛围。天津港人屹立潮头，以海纳百川的胸襟迎接挑战，开创未来。

务实是作风，是天津港人干事创业的态度。天津港人崇尚务实、崇尚实干，干实事、重实效，始终以求真务实的态度，雷厉风行的作风做事做人。天津港人脚踏实地，坚持高标准、严要求，以稳健的步伐超越自我，实现愿景。

创新是特征，是天津港集团成为世界一流企业的实现途径。天津港人突破思维定式，通过观念创新、机制创新、制度创新、管理创新、技术创新等系列举措，推动企业变革发展，焕发出天津港集团更加旺盛的生命力和创造力。

文化体系践行方法

天津港集团的文化建设经历了 1952–1978 年的创业期文化，1978–2001 年的成长期文化，以及 2002 年至今创新发展期文化。

2002 年下半年，天津港集团把“抓港口规划建设、抓企业文化建设、抓体制机制建设”作为加快港口发展的战略之举，拉开了全面系统开展企业文化建设的序幕。

1. 第一阶段是 2002 年到 2004 年的体系初建

提出了独具特色、为广大员工所普遍接受的企业核心价值观。建立健全了领导体制和工作机制，成立了天津港集团企业文化建设领导小组，颁发了《关于加强企业文化建设的意见》。发布了以“发展港口，成就个人”为核心的企业文化理念识别系统，形成了以《职业道德规范》《文明礼仪守则》等文件为指导的行为识别系统，基本确立了以“三大目标”、“十大理念”为基本内容的天津港集团企业文化构架体系。

2. 第二阶段是 2005 年到 2007 年的培育宣贯

紧密围绕“一个家庭、一支军队、一所学校”的企业文化建设三大目标，不断完善“发展港口、成就个人”核心价值观的内涵与外延，全面构建起具有天津港集团特色的“中华鼎”企业文化体系。编印下发《天津港企业文化手册》，修订编发《员工手册》，全面开展培训，使天津港的企业文化在全体员工心中扎根。出版了《奔跑者的追求》等一批企业文化专著。集团公司领导应邀到北京大学演讲，研讨并传播天津港集团的经营哲学、制胜之道。天津港集团企业文化案例入选《中国品牌实践案例》，被收录到《北京大学案例库》。天津港集团成为全国港口行业第一家“全国企业文化示范基地”，并先后获得诸多奖项与荣誉，树立了以全国劳动模范孔祥瑞为代表的先进典型，使天津港集团的知名度和美誉度进一步提升。

3. 第三阶段是 2008 年到 2012 年的文化传播

通过免费工间餐、免费健康体检、带薪年休假、爱心传递工程、退休员工发放纪念品等制度的实施，营造心齐气顺的工作环境。同时，“发展港口、成就个人”这一核心价值理念得到员工和社会的广泛认同，集团领导同志和先进个人屡获国家级和省部级荣誉。建立了“北京大学研究生实习基地”。调研报告《创企业特色文化·建世界一流大港》荣获 2012 年中国政研会课题研究成果一等奖，并刊载在中国政研会《调查与研究》刊物上。出版了《天津港企业文化案例集》、《缔造优势》、《走向深蓝》等一批企业文化专著书籍。集团组建的天津港博览馆成为国内规模最大的港口博览馆，吸引了行业内外的多家企业到天津港集团考察交流。

4. 第四阶段是 2012 年以后的文化改造提升

随着近几年集团的持续快速发展，发展战略相应地作了一些调整。作为企业发展战略的重要组成部分，企业文化建设必须随着企业发展战略的调整而适时进行提升，以保持与企业战略的一致性。基于集团发展实际，为了更好地支撑世界一流企业战略发展，天津港集团对原有企业文化进行了系统梳理，并在广泛调研的基础上，对比世界知名企业，主动对企业文化进行了系统改造提升，并于 2013 年 5 月正式颁布新版企业文化理念体系。

文化表征物

中华鼎。

鼎，三足两耳，和五味之宝器。中华鼎，自古就是国家统一、海晏河清、繁荣昌盛、祈福纳祥的美好象征。

天津港集团以“中华鼎”作为企业文化表征物，蕴含三层寓意：一言九鼎，信守承诺；革故鼎新，开放进取；鼎盛发达，铸就愿景。

中华鼎具有“三足两耳”的器型特征：“三足”表征企业文化建设目标，即家庭、军队、学校；“两耳”表征核心理念，即发展港口、成就个人。

天津港集团“中华鼎”文化具有广泛的知名度和美誉度，成为天津港集团品牌传播的友好桥梁。

烟台港集团有限公司

烟台港地处山东半岛东端，扼渤海入口，靠近国际主航道，处东北亚国际经济圈的核心地带，与日本、韩国隔海相望，是中国大陆沿海主枢纽港之一，现辖芝罘湾港区、龙口港区、蓬莱港区和西港区四大港区。烟台港集团有限公司是分工明确、优势互补、功能完善的港口集团。拥有各类泊位95个，其中万吨级以上深水泊位56个，最大水深－20米，码头岸线总长1.8万余米。2006年，烟台港集装箱吞吐量突破100万标准箱；2007年，货物吞吐量一举突破亿吨，成为全国沿海第十一个亿吨大港；2012年，货物吞吐量达到2.03亿吨，集装箱达到185万标准箱，跨入2亿吨港口俱乐部，2013年完成货物吞吐量2.2亿吨，集装箱215万标准箱，化肥出口、铝矾土进口、石油焦、朝鲜煤、中非贸易等5项指标位居全国首位。

核心价值理念体系表述及诠释

1. 核心价值观：秉诚兴港，求是立业

秉：坚持、保持。表达烟台港人对诚的价值理念执着、坚定的追求和发扬。

诚：忠诚。忠诚于港口，忠诚于事业。忠诚不再是简单的奉献，而是要将自己的事业，自己人生价值的实现与企业使命统一起来。诚：诚信。对待工作诚信，坚持尽职尽责、尽心尽力；对待员工诚信，崇尚德能勤绩，以业成才；对待客户诚信，追求卓越服务、成就客户；对待安全诚信，严格遵守制度、执行规范。全面诚信的实现，

是兴港的关键。

兴港：是烟台港人发自内心的愿望，是对烟台港集团企业愿景的承接。

求是：首先为求真，即解决问题要掌握客观规律，运用科学的方法，遵守商业规则；其次为求实，即脚踏实地、不浮躁、不盲目、不断追求更高的目标。“求是”讲求一切从实际出发，科学规范地执行工作任务，体现了烟台港人对科学方法和既定目标的执着与严谨，以及坚持求真务实、锐意进取的工作态度。

立业：成就事业，建树功勋。立业包括企业和个人两个层面，一方面烟台港集团要肩负"建设基地港口、推动城市经济"的使命，成就烟台港的丰功伟业；另一方面，烟台港集团的员工、客户和合作伙伴也将依托烟台港的发展来完成个人使命。立业是指两个层面使命的共同实现。

2. 使命：建设基地港口，推动城市经济

“建设基地港口”是要以港埠业为依托建设3种临港基地：临港工业基地、临港物流基地、临港贸易基地。

“基地”的内涵应具有“临港”性质，“基地港口”着重强调了港口的服务和保障功能。

“建设基地港口”是实现企业愿景的阶段性目标；是要以企业愿景中的“枢纽港”为导向，适度超前进行规划和建设；是要不断完善“开放的”所要求具有的软硬件功能，发展以港埠业为支撑的综合服务体系。

“推动城市经济”强调了与城市的和谐发展关系，需要推动城市以下3个层面的发展：

港口与城市经济和谐发展。港口发展要成为城市经济的“发动机”，城市也要为港口发展提供有力支持。

港口与城市文化和谐发展。港口文化对城市文化产生积极影响，城市也要以港口文化为基础开发相应城市文化产业。

港口与城市生态和谐发展。建设绿色港口，花园式港口，美化城市生态环境，使港口成为城市最亮丽的风景。

3. 愿景：开放的枢纽港，自豪的大家园

“枢纽港”的内涵：拓展集装箱干线港功能；建设国际客滚运输中心；构筑大宗散货物流结点；搭建国际贸易服务平台。

“开放的枢纽港”意味着靠港船舶可以自由进出烟台港，全部或者绝大部分国

外商品进出港口可以豁免关税，进出口商品可以享受最优惠的口岸政策，并且允许在港内开展货物自由储存、展览、拆拼、改装、包装、分拣、增值加工等业务活动。意味着烟台港集团将拓展集装箱干线港功能，建设国际客滚运输中心，构筑大宗散货物流结点，搭建国际贸易服务平台。

“自豪的大家园”抒发了每一位员工和与港口发展相关的有识之士呕心沥血、励精图治、同舟共济的创业激情，表达了烟台港集团实力强大、生态和谐、文化繁荣的发展愿景。集团的兴旺发达既是广大员工的心愿，也是港口所有合作伙伴及客户的共同期盼。经过不懈的努力，繁荣的烟台港必将以丰厚的物质与精神财富回馈广大员工和社会各界，必将使烟台港集团成为所有职工引以为豪的港口企业。

4. 精神：开拓创新，干则必成

“开拓”是奋发有为、积极进取、锐意图强的意识，是不惧怕困难阻力而奋进的勇气，是不满足现状而要缔造辉煌的魄力，是烟台港人骨子里的一股劲儿。

“创新”是不拘泥于已有经验和成果、不断实现自我超越的一种追求。“创新”的原则是要在目标实现的过程中不断探索新思维、新方法，创造新机制。

没有“创新”的“开拓”结果将是事倍功半，或者偏离目标；没有“开拓”的“创新”则很容易原地踏步或步履蹒跚。开拓与创新相互依赖，相辅相成，在开拓中创新，在创新中开拓，从而推动港口快速和谐发展。

“干则必成”体现了烟台港人必胜的信念和面对困难勇往直前、敢于战胜的决心，体现了烟台港人追求卓越的工作激情。干则必成不是不顾客观规律的盲目冒进，而是在求是的基础上对成功的执着追求。要实现干则必成必须具备以下行为风格：首先，对企业正确决策要坚决执行；其次，每一项工作的最终目标只有一个，那就是成功；第三，每一个人都会充分发挥自己的潜在能量。

文化体系践行方法

1. 把企业文化建设纳入企业发展规划，组建两级企业文化建设领导体系

烟台港集团成立了以集团总裁为主任，分管理领导为副主任的企业文化建设工作委员会，做到规划到位、措施到位、责任到位，资金到位，为企业文化建设提供

了坚实的物质保障。坚持每年组织部分骨干人员走出去参加全国交通系统及省、市主管单位组织的企业文化工作培训。同时，经连续举办5届企业文化论坛，围绕加强集团母文化指导下的基层子文化建设、制度建设、完善基础工作、改进和优化服务流程、成本文化建设、职工思想道德建设、工作创新等方面进行了有益的理论探讨和实践。

2. 着力打造统一性与多样性和谐一致的港口文化体系

1987年烟台港集团就总结提炼了“开拓创新、干则必成”的企业精神，设计制定包括港旗、港徽和港歌等一系列企业标识，同时提炼出在经营、管理、安全等方面的文化理念。通过有计划、有步骤、有重点地对集团企业文化进行分析、研究和策划，系统地提炼总结了烟台港集团企业文化十大理念，完成了烟台港集团视觉识别系统（VI系统）的设计。在此基础上，建立了体现理念要求的制度文化体系，编印下发《烟台港集团员工基本行为规范》，广泛开展“学行为规范，做文明员工，建文明港口”道德规范教育活动，举办了“诚信在我心、礼仪伴我行”职工风采大赛。编发《烟台港企业文化手册》，在职工中开展“烟台港企业文化理念诠释和典型案例征集”活动，发动职工用身边的人和事将十大文化理念具体化、生动化，将理念的理性化表述用日常通俗的语言进行诠释，将活动的过程转变成企业文化理念丰富内涵的再挖掘。并将活动中征集的职工对理念的精辟认识和优秀案例编印成《烟台港企业文化理念员工论坛》。还充分利用《烟台海港报》和集团内部网，通过开辟专栏、交流经验、影音培训等多种形式，引导职工进行企业文化的讨论和学习，把企业文化的理念落实到具体的工作中。2009年制定下发了《烟台港集团企业文化建设实施纲要》，2011年制定下发了《烟台港企业文化建设“十二五”规划》，使企业文化建设步入了更加系统规范的发展轨道。

3. 以社会主义核心价值体系为引领和主导，营造企业文化建设的思想环境

坚持用邓小平理论和“三个代表”重要思想对干部职工进行教育，在职工中积极培育道德意识、服务意识、责任意识、科学意识、廉洁意识。充分发挥先进典型的激励作用，在开展学习同行业先进模范人物的同时，注重挖掘港口内部的先进典型。通过举办“烟台港风采人物”评选活动、企业文化建设示范基地和示范点评选活动、企业文化建设示范点文化成果展示活动，大张旗鼓地表彰近几年在港口快速发展的

过程中各条战线上涌现出的诸如山东省道德模范孙园娜等一批先进个人和集体。在经济效益不断提高的情况下，烟台港集团职工自觉承担社会责任，积极奉献社会。自从2003年烟台市开展爱心捐助活动以来，企业和全体职工累计捐款近千万元，在烟台市企业捐助中名列前茅，受到社会各界一致好评。

4. 坚持文化创新，为企业文化建设不断赋予新的内涵

2009年，面对金融危机对港口的严重冲击，烟台港集团创造性地提出将文化引入到成本管理工作中的观点，培育建立人人当家理财，人人参与管理的成本控制体系，制定了详细的实施方案，形成了一套独具烟台港集团特色的成本文化管理经验，并在集团范围内推广；根据港口安全生产形势的需要，制定了烟台港集团安全文化建设的总体方案，编制下发了安全文化手册8000余册，并开展安全警示教育、百日安全活动、安全知识培训、安全警句、安全漫画的群众性创作、征集活动，运用企业集中教育培训和群众自我教育的方式，提高了全体职工的安全意识和规范行为，充分体现了烟台港集团“以人为本，安全至上”的安全文化理念。

5. 将文化融入港口品牌建设，实现文化优势与市场竞争优势的和谐一致

烟台港集团以文化为先导，积极实施“品牌、形象”战略，短短几年，烟台港一跃成为中国尿素出口第一大港。“烟台港精装化肥”品牌，更是响彻大江南北。为了满足旅客不同层次和日益增长的需求，集团始终围绕诚信、亲情、满意、安全来打造品牌形象，坚持亲情服务，满意服务的质量方针和“以旅客为中心”的服务理念，已培育了4个国家级品牌，14个省级名牌，被评为“全国5A级物流企业”；其中“烟台港客运”、“烟台港精装化肥”和“精心理材、服务到根”3个质量品牌在国家商标局成功注册。蓬莱港被评为“中国十强进口木材港口”。烟台港集团先后获得省、市思想政治工作十佳企业、优秀企业、山东省文明单位、山东省第二批企业文化建设示范单位、2007、2008、2009、2010年度全国交通企业文化建设优秀单位、2011、2012年度全国交通企业文化建设卓越单位、山东省企业信誉评价最高等级AAA级企业、中国诚信企业等荣誉，连续6年进入中国服务业500强企业名单。

单位标识诠释

白色的“Y”形图案形似海燕，象征着烟台港人致力于将烟台港建设成为“开放的枢纽港、自豪的大家园”。棱角分明的海燕象征着烟台港人坚毅执着的品质，彰显了“干则必成”的坚定信念。英姿飒爽的海燕飞翔在蓝天碧海间，傲视波涛汹涌的大海，体现了烟台港人在激烈竞争中“领先制胜”的豪迈气魄。

红色的“T”形图案形似于码头泊位的系缆桩，反映港口的固有特征，是港口行业的浓缩体现，象征着烟台港集团肩负着“建设基地港口、推动城市经济”的使命。厚重的外形，反映了烟台港人踏实、稳重、值得信赖的特质，以及对诚信的执着坚持与发扬。传达了烟台港集团的专业、专注、专心，体现了集团“成就客户、发展自我”的理念。浓烈的红色展现了烟台港人奔放的性格和对港口如火一般热烈的感情。

黄色的“G”形图案，构成了一个圆形，圆是放射性最强的图形，代表了烟台港集团是一个最开放的系统，表达了烟台港集团力争使烟台港成为辐射面广、影响程度深、开放发达、兼容并蓄的枢纽港口的宏大的志向。“G”的平台代表泊位码头，象征着港口有着稳定的依托，平台也表示了烟台港人致力于将港口建设成为以临港工业基地、临港贸易基地、临港物流基地为特征的基地型港口的使命。同时，稳定的平台象征着烟台港集团持续、和谐的发展理念，不盲目跃进，不违背正确的发展规律。

背景的蓝色是广阔大海和蓝天的象征，“G”的平台将大海与天空区分，象征着烟台港集团扎根港口，目标远大。颜色未加区分的大海与天空，象征着集团给员工提供的施展才华、创造价值的舞台是广阔的，机会是无穷的。

整个标识线条简洁明快，含义清晰、图形形象直观，传递着烟台港人行为处事的干练、果断、豁达与简明。中规中矩的圆形图案，传递了烟台港人诚信、求是、务实的风格。

脉通南北

江苏省邵伯船闸管理所

江苏省邵伯船闸管理所地处扬州市江都邵伯镇，是京杭运河过长江向北的第二个过船梯级船闸，常年有 10 多个省市的船舶通过。船闸具有 1600 多年的悠久历史，最早起源于晋代谢安筑埭，是船闸及水运发展的缩影。

核心价值理念体系表述及诠释

1. 核心价值观：畅享运河，温馨家园

“畅”，含有水路通畅和心情舒畅两层含义。“享”，即享受，寓意邵伯船闸所坚持以人为本，注重船民体验，一切以船民“享受”为着力点和出发点。

畅享运河：京杭大运河是中华文化的缩影，让过往船民畅游运河，感受大运河带给他们的无限魅力是邵闸人不懈的追求。

温馨家园：主要包含两层含义，一是邵伯船闸所非常注重组织内部温馨氛围的营造，职工深切感受到大家庭的温暖；二是注重过往船民的温馨体验。

2. 使命：承载运河文明，畅通黄金水道，服务社会发展

承载运河文明：京杭大运河，肇始于春秋，形成于隋代，发展于唐宋，经千年发展凝聚了中国政治、经济、文化、社会等诸多领域的庞大信息。

畅通黄金水道：苏北运河，这段古老又年轻的黄金水道，在航运、防洪、灌溉、南水北调、生产生活用水等方面发挥着重要作用。

服务社会发展：邵闸人艰苦奋斗，默默奉献，服务好水运企业和广大船民，为

水运事业的发展增光添彩，给当地经济、社会的发展做出贡献。

3. 愿景：成为全国交通运输行业卓越品牌

邵伯船闸所将不断推进邵闸人文和现代化建设，优化管理水平，美化闸区自然环境，提升创新发展成果，发挥示范作用，打造交通运输行业卓越品牌。

4. 精神：和谐、奉献、创新、超越

和谐：邵伯船闸所重视内部大家庭和谐环境的营造，以及人与自然的和谐。

奉献：邵闸人在各自平凡的岗位上充分施展着尽有的激情和才华，贡献自己的力量，工作尽责尽忠，服务至情至臻。

创新：邵闸人注重管理服务过程与科技创新相结合，不断创新工作方法、内容、举措和成果。

超越：邵闸人励精图治，不断加强自身能力建设。

5. 职业道德：热爱运河，奉献社会

邵闸人热爱航道事业，他们围绕运河安全畅通、服务水运和船员，创新工作成果，恪尽职守，积极奉献，并让建设及发展成果与服务对象和社会共享。

文化体系践行方法

邵伯船闸所大力实施“文化铸闸”战略，制定《文化建设实施纲要》、《文化建设实施方案》。在2012年相继编制《安全之策》、《廉洁之基》、《船民之家》、《探索之路》4本文化手册的基础上，2013年5月又出台《脉通南北——邵伯船闸文化手册》，形成集船闸建设、管理、服务、规范及文化为一体的“脉通南北”文化体系，创造了邵伯船闸文化建设新的亮点品牌。

1. 坚持以精神文化凝聚品牌成长力量

组织编制《脉通南北》等文化手册以及《奉献之歌》纪实电视专题片，丰富了邵伯船闸所精神文化的内容。开展了邵伯船闸千年闸史的编纂工作，建设文化景观墙反映邵伯船闸千年发展历史。建立了新的文化学习室、百部爱国影片教育室、邵

闸发展史教育室等。经常开展各种座谈、歌咏比赛、文体活动等，弘扬主旋律，促进了职工精神文化生活。

2. 坚持用安全文化筑牢品牌保障防线

提出“责任为大、安全为天”的大安全理念，积极构建安全文化宣教网络，建立以学习培训、放映安全警示片、安全法制文化等系列活动为载体的安全知识传播网；以创建安全先进单位、党员安全示范区、安全合格班组为目标的安全创建网。组织开展职工安全警句征集活动，用职工警句的形式建成安全文化长廊，让安全生产成为职工的一种文化习惯。在每年组织的安康杯、6月安全月等竞赛中，深入开展我为安全献一策、安全家书征集、安全知识竞赛等专项活动，切实做到了用文化管人、文化凝聚人，为船闸安全生产保驾护航。

3. 坚持用廉政文化展示品牌窗口形象

坚持每年组织电教月、廉政文化宣传月活动，每月定期公布反腐倡廉好人好事，并制作《职工反腐倡廉警言辑录》，建立了廉政文化教育室，在职工中弘扬清廉之风。开展有奖廉政猜谜、举办廉政漫画展和反腐倡廉演讲，促进了职工廉政意识的铸造。发起开展党员干部骨干领先示范工程，开展了廉政文化进单位、进班组、进工程、进家庭、进船头活动和职工点评领导、一线点评机关、船员点评船闸的季度“三点评”活动，实施廉政风险防控、过往船员电话回访机制，堵塞风险漏洞，收集并反馈船员意见建议。聘请新闻媒体、航运企业等有关人员担任行风监督员，通过各项监督措施的落实促进了船闸廉政行风建设。

4. 坚持用创建文化推动品牌特色发展

始终坚持创建推动发展，成果实现共享的理念，推出了全国文明单位服务卡，开展百部爱国主义优秀影片任您点等60多项便民服务项目。大力倡导“至情至臻，服务永远”的新理念，设立爱心基金、爱心诊所、爱心救护车队，对过往船员实施困难帮助和解决船员看病难的问题，建设了“船民之家”信息服务平台、船员援助站、流动船员书屋等，为船员提供无线上网、GPS免费维修以及看书学习等服务。坚持办好道德讲堂，并向过闸船员中延伸，打造特色讲堂。注重载体驱动，开展安全、服务、敬业、邵闸好人的评选活动。开展“实践党的群众路线，实现‘五优一满意’，争创文明单位四连冠”活动和推进“精神文明建设文化基地”建设，促进创建文化大发展。

5. 坚持用和谐文化创造品牌精神家园

坚持以人为本，把和谐文化融入职工工作和生活中，积极倡导和培育人文精神和人文品格，深入开展社会主义荣辱观的教育和社会公德、职业道德、家庭美德教育以及民族文化传统、心理健康等人文素质教育活动。通过学习教育、专题讲座、征文、演讲等多种形式，不断引导职工树立正确的世界观、人生观、价值观。建立了领导干部帮扶班组及职工联系点，落实为职工“送温暖、送眼界、送轻松、送礼仪、送健康、送文化”。借助三线船闸建设，积极做好闸区美化、绿化、亮化、文化，为居民提供晨练、休闲、娱乐的好场所；践行环境保护意识，组织开展保护大运河志愿行动及水上垃圾回收等活动，让人与环境更和谐。坚持用公益活动来担负起单位的社会责任，积极组织开展助老、助残、助学、助困、爱心献血以及灾区捐款等公益活动，达到了人与社会的和谐。

文化品牌

脉通南北

文化品牌诠释

“脉”，即脉络，纹理。一方面指贯通南北的运河航道。千年古老的滔滔运河，悠远绵长，正如南北延伸的水上大动脉，贯通神州；另一方面指船闸事业发展的途径、规律。邵伯船闸所大力实施科技兴闸战略，推行服务流程和方式创新，强科学管理之本，走服务强闸之路。

“通”，即通达、畅通。寓意邵伯船闸所以保安全畅通为第一要务，一切以提高船民过闸效率为着力点和出发点。实现船只便捷、高效通航，是邵伯船闸所的根本职责和对社会的郑重承诺，也是过往船民对邵伯船闸所高效管理、精诚服务的独特感受。

“南北”，指出了过往邵伯船闸船只具体的方位流向，勾勒出了大运河贯通江河，千里通波，船只南来北往繁忙地穿梭于闸区的壮观景象。

“脉通南北”，邵伯船闸婉如一颗明珠，镶嵌在灵动飞舞的运河玉带之上，千舟万舸争上竞下，泄高增低，尽在吞吐之间，一派欣欣向荣的景象。“脉通南北”是行业发展的形象引领和行动指南，是邵伯船闸所“畅享运河、温馨家园”核心价值观和“创新、和谐、奉献、超越”精神的集中体现和高度凝练，更是邵伯船闸所大力实施“队伍兴闸、科技强闸、文化铸闸、平安立闸”战略的根本要求。

中港疏浚有限公司
CHEC Dredging co.,Ltd

中港疏浚有限公司

中港疏浚有限公司始建于1972年5月，现为世界500强中国交通建设股份有限公司下属中交上航局有限公司全资子公司。拥有4500立方米以上舱容的大型耙吸挖泥船17艘，年疏浚能力超过1亿立方米。拥有港口与航道施工总承包壹级资质以及对外承包工程经营资格。2011年获上海市高新技术企业资格。

核心价值理念体系表述及诠释

1. 核心价值观：重质守信、义利并举、合作共赢

重质守信，以工程质量为根本，把诚信理念与整个生产经营活动融为一体。义利并举，在追求企业效益的同时勇于承担社会责任。合作共赢，就是通过合作，达到互利互惠、最终实现双赢和多赢。

2. 使命：振兴民族疏浚产业

中港疏浚有限公司作为我国疏浚行业的国家队，理应承担起振兴民族疏浚产业的重任，为实现中华民族从疏浚大国到疏浚强国的宏图伟业做出贡献。

3. 愿景：建设国际一流疏浚企业

建设国际一流疏浚企业，是中港疏浚有限公司长期追求并为之奋斗的目标。企业要做大，尤其要做强，必须向世界四大疏浚公司学习，努力跻身于国际先进疏浚企业之列。

4. 精神：产业报国、奋发有为、团结协作、学习创新、追求卓越

企业在报效祖国上要有远大的志向，在创业上要有奋发有为的精神，在合上要团结协作，在学习上要敢于创新，在生产、安全、管理等方面要追求卓越。

5. 职业道德：爱国爱企、遵纪守法、明礼诚信、恪尽职守

有国才有企，对于企业员工来讲，热爱企业就是热爱祖国的具体体现。任何企业的员工都同时是社会公民，遵守企业纪律，遵守国家法律，成为一个讲诚信，懂礼仪的高素质员工，并且在工作中勇于奉献，尽职尽责，是每个员工最基本的职业操守，也是企业发展的力量根基。

文化体系践行方法

1. 强化理念宣贯

中港疏浚有限公司核心价值理念主要是贯彻落实、传承融合中国交建和中交上航局核心价值理念的基本精神，并进行积极的倡导和传播。通过组织开展不同层次的培训以及案例解析广泛传播理念；通过公司党建网、企业报、基层船报船刊等手段大力宣传灌输理念；通过制定《企业文化手册》等方法导入理念、诠释理念，规范员工的行为；通过学习型组织创建、演讲比赛、劳动竞赛、争先创优、岗位练兵活动等多种形式，使广大员工在参与活动中自觉接受理念、认同理念、信奉理念，进而在工作实践中具体践行理念。

2. 落实制度保障

在强化理念宣贯的基础上，中港疏浚有限公司积极推进理念制度保障工作。重点是把理念转化为各项具体制度措施，贯穿在整个生产、经营、管理中，落实到管理制度、行为准则、操作程序上。比如在经营活动中既要考虑企业自身利益，更要强调合作共赢、互利互惠；又比如在工程施工中严格履行合同、重质守信，全力满足业主对工程质量、工期、安全等方面的要求；再比如在船员管理中，针对船舶流动分散、船员生活枯燥等实际，制定权益保障机制，畅通利益诉求渠道，丰富职工精神文化生活。通过制度的强化作用，让理念扎根于心、落实于行、体现于效。

3. 典型经验推广

建设企业核心价值体系，必须注重典型经验的推广，这样才能使价值理念从无形变成有形，从无声变为有声，从而持续焕发出勃勃生机。这其中，践行理念的典型工程有：长江南京以下深水航道一期疏浚工程，承担该项施工任务的新海马轮，面对极为复杂的航行区域和施工环境，克服时间紧、任务重等各种困难。想业主所想，急业主所急，攻坚克难、精心施工，终于按时间节点圆满完成了该项任务，受到了交通运输部领导的夸奖。践行理念的先进事迹有：航浚 4008 轮创造的“五学法”模式，是理念与实践结合的典范，他们的经验被全国交通行业授予“实践创新奖”。践行理念的典型人物有：劳务派遣工张东军，刻苦钻研业务技术，以优异成绩荣获上海市优秀劳务工称号，他用自己的实际行动践行了新一代农民工的人生价值。这些典型经验的推广和介绍，使企业价值理念得到了形象化、具体化、人格化的升华。

4. 创新载体内容

中港疏浚有限公司的施工装备主要以大型耙吸式挖泥为主。为强化船舶“三基建设”（即：基层、基础、基本功），公司独创了“三管一貌”（即：施工管理、安全管理、设备管理、船风船貌）管理载体。经过 12 年的运行实践，有效地夯实了船舶的基础工作，促进了船舶管理能力的提升。在践行企业核心价值体系建设中，公司又赋予了这个载体新的内涵，增加了文化管理和人本管理两大部分内容。比如在文化管理上突出了理念的引导作用、突出了制度的约束作用、突出了行为的规范作用。重点考核价值理念的知晓率、文明道德规范情况、相关制度的执行情况等等，并且对这些指标进行具体细化，确定考核分值，每年组织两次现场考核。考核结果与目标责任制和分配挂钩，有效地推动了文化管理和价值体系建设。

5. 注重实践积累

中港疏浚有限公司自成立以来，先后在国内承接了多项国家重点工程，积累了丰富的实践经验，也得到了业主和同行的广泛认同。在新的历史时期，公司坚持诚信经营、专注核心业务、追求高效施工、全力打造让用户满意和放心的优质工程。实践证明，核心价值理念只有落实在主营业务上，并能得到真正的践行，才能产生不同凡响的效果，才能使企业保持基业长青。公司承接的长江口深水航道一期、二期工程同时荣获中国土木工程詹天佑大奖和国家优质工程金质奖；洋山深水港工程荣获国家优质工程奖；长江口整治成套技术获得国家科技进步一等奖；公司多次被评为全国优秀施工企业。这些成绩的取得是核心价值理念践行效果的最好验证。

6. 增进文化融合

自20世纪80年代开始，中港疏浚有限公司积极拓展国际疏浚市场，参与海外工程建设，施工足迹遍布南美、非洲、东南亚等地，海外业务目前已成为新的经济增长引擎。面对不同国家的文化和价值冲突，公司着力抓好“五个环节”的工作：一是加强员工教育，规定员工行为规范，尊重各国的法律法规和风土人情；二是讲求诚信经营，严格按合同履约，无条件满足业主对考核质量的要求；三是履行社会责任，造福当地社会和民众，树立中国企业负责任、可信赖的形象；四是高度重视安全和环保，确保区域环境内不因施工而遭到任何毁坏；五是文化融合，在与外方人员交往中，秉承和谐相处的理念，既尊重当地的文化、信仰和生活习惯，又通过交流增进外方人员对中资企业的了解，最大程度地降低彼此之间的价值观冲突，同时又使中国企业的文化价值观得到了传播和延伸。

7. 体现以人为本

企业核心价值理念反映了员工的共同信念和价值取向，集中体现了中港疏浚有限公司的主流意识和主流文化。正是这种理念体系的倡导、引领和影响，促进了企业健康持续发展。具体表现在：一是企业整体实力得到提升。经济效益增长明显，装备结构进一步优化。尤其值得一提的是，公司出色地完成了新中国成立以来最大的水运基础设施项目——长江口深水航道疏浚工程；二是企业创新能力不断得到提高。多年坚持创建学习型企业，带动了企业学习氛围的形成，迸发了创新的活力和源泉。公司现拥有总计24项专利，在业内和国家级工法的话语权与日俱增；三是企业凝聚力得到增强。公司重视员工的成长发展，关心员工的生活，建立了较为成熟而又切实可行的激励机制、晋升机制和暖心机制，有效地增强了企业的凝聚力。涌现出全国模范职工之家、全国交通文明示范窗口、全国安康杯五连冠、中国交建优秀科技专家、上海市“五一劳动奖章”以及一大批建设功臣等先进集体和个人。践行核心价值观提振了员工的精气神，不断汇聚着企业的正能量。

人民交通出版社

China Communications Press

人民交通出版社

人民交通出版社成立于1952年，隶属于交通运输部，是国家一级出版社、教育部教材出版基地，被国家新闻出版广电总局评为“全国百佳图书出版单位”“讲信誉、重服务”出版社、国家数字出版转型示范单位、数字出版创新企业。具有图书、音像制品、电子出版物和互联网出版、发行资质，地图编制甲级测绘资质和互联网地图服务甲级资质，通过地图编制ISO9001质量管理体系认证。主营图书、电子音像出版发行、广告经营业务等，兼营印刷、旅店业务，并积极向数字出版、影视、期刊、道路运输咨询与培训、电子商务业务领域延伸。

核心价值理念体系表述及诠释

1. 核心价值观：为读者创造价值

满足读者需求，为读者创造价值，是出版工作的根本出发点与归宿。坚持以人为本，社会效益第一，社会效益与经济效益并重是出版工作必须遵循的基本原则。只有坚持为读者创造价值，出版产品才具生命力，才能为读者认可，从而赢得客户，赢得市场。

2. 使命：立足交通　服务交通　服务社会

作为交通运输部直属出版企业，为交通运输事业的发展提供了科学技术文献的支持与服务，是义不容辞的责任。通过介绍新知、推广技术、传播资讯、传承文化，对交通运输业发展乃至整个社会进步做出应有的贡献。

3. 愿景：打造国内一流　国际知名　全媒体出版集团

巩固作为国内交通类专业图书、教材出版领先者地位，保持国家一级出版社、全国百佳图书出版单位称号；与国外同行建立起长期稳定的合作与交流机制，成为国外经典交通图书的引进者和国内原创性交通图书的输出者；建设成特色鲜明、具有很强核心竞争力的纸质图书、报纸期刊、数字出版、影视音像等多元化发展的全媒体出版集团。

4. 精神：求实　创新　追求卓越

求实：企业与员工具有实事求是的科学态度，扎扎实实的工作作风。办事情、想问题、作决策立足客观，从实际出发。遵循客观规律；制定工作目标客观实在；考核工作绩效公平公正。

创新：企业与员工有随时欢迎与接受新事物的精神，有在传承基础上创新与变革的勇气，通过不断创新，获得新的发展动力和空间。要永不满足，不断对自己提出新的要求，不断地学习进取，用于面对新的挑战；要以如履薄冰、如临深渊的心态，积极研究解决存在的问题；要鼓励和敢于尝试，容忍在前进中犯错；要在不断创新、变革、挑战新目标的过程中，持续提高企业与员工的组织管理水平、专业水平，有效加强企业的核心竞争力。

追求卓越：企业与员工具有追求卓越的襟怀。以事事追求卓越的精神开展工作，持续不断地向更高的目标努力，激发出无限的创意，充分发挥潜能，创造出一流的业绩。

文化体系践行方法

1. 健全组织机构，开展专题调研，夯实文化基础

由社领导主持召开文化建设领导小组及办公室的工作启动会，将企业文化建设

提高到促进社可持续发展的战略高度。领导小组办公室在工作中采取社内小组与外聘专家相结合、骨干引领性与文化大众性相结合、内部访谈评估与认同落地相结合的原则，使我社“交通出版”文化品牌建设有思路、有创新，成就显著。领导小组下设办公室，办公室下设编写组、宣传组、保障组，职责分明、工作落实到位。为更好地开展企业文化专项建设工作，由社领导带队分别调研多家企业文化建设优秀单位，学习兄弟单位交通、出版企业先进文化建设经验；坚持问计于民、问需于民的工作思路，通过邮件、公告栏、会议等形式，广泛征求员工对企业文化建设意见和建议。修订完善纲领性文件并组织落实；通过社讯、社网站、微博、微信等分层次、分步骤地对全社员工开展形式多样的学习和宣传教育活动；梳理完善我社现有的规章管理制度。

2. 全社合力完善企业文化体系，全媒立体宣传，共进相溶文化

基于对企业文化建设是统领企业发展思路、推动企业内在发展、提升企业竞争能力、塑造企业社会形象、营造企业文化氛围的认识，人民交通出版社采取自上而下、自下而上的方式，深入挖掘、提炼、整合、升华企业文化建设理念，在总结人民交通出版社多年形成的“交通出版”文化的基础上，着力挖掘文化积淀，基本建成了“交通出版”特色的企业文化体系，为改革、发展、稳定提供强有力的文化支撑。各级领导在企业文化专项建设中身体力行，率先垂范，规范行为，做好表率。员工思想上重视，行动上落实，不断提高“与出版社同呼吸、共命运、求发展”的认识，通过多种途径积极主动献计献策。在创建活动中，始终将文化建设工作与思想政治工作、精神文明建设工作有机结合，协同发展。以文化建设为抓手，不断改进和创新思想政治工作的方式方法，提高思想政治工作的针对性、实效性和时代感，增强思想政治工作的说服力和感召力，促进思想政治工作与企业生产经营管理的有机结合；以文化建设为载体，把文化建设与精神文明建设有机结合起来，用社会主义的意识形态和价值取向牢固占领出版社企业文化主阵地，通过良好的文化养成，引导员工恪守社会公德、职业道德和家庭美德，不断提升员工的整体素质。宣传上，在中央电视台、中央人民广播电台、新华网、人民网、中国交通报、中国水运报、中国图书商报等20余家中央、地方、行业、大众媒体上播放、刊发新闻宣传报道百余篇，实现了覆盖电视、广播、网络和平面媒体的全媒体宣传报道格局。

3. 多层次、多媒体、多渠道宣传，动态维护、常态管理文化体系

人民交通出版社在初步构建完成企业文化建设体系后，采取多种宣传手段，开

展职工常态化教育，通过多种形式增强广大职工认知、认同和接受人民交通出版社企业文化价值理念，养成良好的自律意识和习惯。在社外，通过多形式、全方位、全媒体宣传交通出版社企业文化建设成果，重点对交通出版社企业核心价值理念、精神、愿景、使命等文化进行宣传，提升交通出版社的知名度、信誉度和美誉度。人民交通出版社不断丰富和完善文化建设内容和形式，创新手段和方式，及时收集和反馈文化建设信息，分析和整理有益的意见和建议，动态维护文化建设内容。人民交通出版社将企业文化建设列入社“十二五规划”，从战略高度明确了文化建设脉络；成立社企业文化建设领导小组及办公室，明确职能要求，完善工作机制，保障建设经费，积极推进企业文化建设。

文化品牌

立足交通　服务交通　服务社会

文化品牌诠释

60 多年来，人民交通出版社作为交通运输部直属出版企业，为交通运输事业的发展提供科学技术文献的支持与服务是义不容辞的责任；同时，交通运输事业的蓬勃发展为企业经营发展提供了广阔的空间。因此，立足交通、服务交通、服务社会是企业的必然选择，也是进一步发展的基本保证。通过介绍新知、推广技术、传播资讯、传承文化，对交通运输业发展乃至整个社会进步做出应有的贡献。

精心绘通天下

湖南省交通规划勘察设计院

湖南省交通规划勘察设计院成立于1960年，是具有对外经济合作经营资格的国家甲级综合大型勘察设计企业，同时是湖南省高新技术企业。持有国家工程勘察综合类、公路全行业、水运全行业、市政公用行业（含道路工程、桥梁工程、城市隧道工程、公共交通工程）和建筑行业（建筑工程）等5大类甲级勘察设计资质，还具有国家工程咨询、工程测量、试验检测、地质灾害防治等4大类甲级资质。

核心价值理念体系表述及诠释

1. 核心价值观：为社会做贡献，为企业求发展，为客户创价值，为员工谋利益

能否促进社会的进步、企业的发展、客户利益的最优化和全体员工生活水平的不断提高是衡量企业工作是否富有成效的评判标准。

社会、企业、客户、员工，休戚相关，荣辱与共。为社会做贡献，服务于建设中国特色社会主义的伟大事业，是企业一切工作的终极目标；为企业求发展，是每一位员工的立身之本；为客户创价值，是谋求企业生存与发展的必由之路；为员工谋利益，以人为本，是增强企业凝聚力和竞争力的动力之源。

2. 使命：让世界更畅通，让我们更优秀

以一流的勘察设计作品服务于交通事业的繁荣发展，以一流的事业平台服务于

全体员工人生价值的实现。

勘察设计是交通工程的灵魂，担负着交通建设的先锋使命。作为一家勘察设计企业，使命就是以最大的努力为交通建设提供最安全、舒适、环保和节约的勘察设计作品，促成各类交通工程的顺利建成，促成交通事业的蓬勃发展。

帮助员工实现自身价值，促成其不断进步和成长也是一个企业的使命所在。因此，有责任让每一位勘察设计人在这个平台里找到自己合适的位置，并能通过这个平台不断展示自己的才华，提高自己的能力，完善自己的人格，实现自己充满成就感与自豪感的人生价值。

3. 愿景：成为一流的国际咨询公司

一流的国际咨询公司，是设计院必须为之不懈奋斗的前进方向。

在科技进步超速化，经贸活动全球化，技术信息产权化，行业规则国际化的时代大潮下，必须以国际化的视野和标准积极参与国内外市场的竞争，最大程度地输出设计院的勘察设计作品、理念、管理和服务，将企业逐步发展成为一流的国际咨询公司，并以专业能力、科学研发、人才培养、综合效益等方面的标杆效应，带动和促进国内外相关产业及企业的共同发展。

4. 精神：务实、严谨、创新、谦恭

勘察设计工作的特质，要求设计院每一位员工必须在勘察设计、科研管理和为人处世、接人待物中时刻坚持务实、严谨、创新和谦恭的精神。

以务实为基础，一切从实际出发，实事求是，办实事，求实效；以严谨的作风，事无巨细，严肃认真，谨小慎微；以创新为灵魂，学习新知识，开发新思路，创造新作品，开拓新领域；以谦恭的态度，戒除骄傲自满之心，向前看齐、向上看齐，不断进取，成就卓越。设计院企业精神虽然只有寥寥8字，但每个字都透露出“精心绘通天下”文化品牌中“精心绘”的深意。

5. 职业道德：明礼、诚信，团结、协作，严格、严谨，创新、务实，敬业、自勉，进取、超越

明礼·诚信——礼貌待人，诚实做人，诚信做事，言必行，行必果，严格履行合同，恪守职业信誉，服务至善，守信至诚，竭诚为业主提供优质高效的服务。

团结·协作——团结同事，积极合作，集思广益，取长补短，在同行间寻求主

动配合。

严格·严谨——树立“千年大计，国运所系”的质量观念和高度的责任感，精心勘察，精心设计，精心管理，高标准，严要求，一丝不苟，精益求精，努力追求一流质量，争创品牌。

创新·务实——解放思想，紧跟时代步伐，树立管理、制度、文化、技术和服务等全方位的创新意识；注重学习，积极推广新技术、新方法、新工艺，保证勘察设计成果的合理性和先进性；工作踏实，注重实际，讲求实效，追求效率，不拖沓，不空谈。

敬业·自勉——把勘察设计视为终身为之奋斗的事业，不断塑造专业精神，勤于钻研，勇于探索，追求在同行中的领先地位；严格要求自己，树立正确的人生观、价值观，艰苦奋斗，知难而进，廉洁执业，维护行业和单位的名誉。

进取·超越——在工作中积极上进，不断完善自我，超越自我，升华自我，在努力创造社会效益和经济效益的过程中实现自我价值。

文化体系践行方法

2000年，回眸几十年的发展历程，把“精心设计”作为质量方针的主要组成部分和质量目标的重要内容，围绕“精心”这一元素，设计院从中引申出了“责任”、“价值”内涵，并以此为本质特征，构建了包括核心价值理念体系和应用理念体系在内的企业文化的基本理念框架，凝练出“精心绘通天下”文化品牌的深刻内涵，并在实际工作中践行。

1. 以文化品牌目标为根本，建立健全机构机制

设计院成立了由党委书记任组长，院长和分管领导任副组长的“精心绘通天下”文化品牌建设领导小组。形成了部署考核有序、员工积极参与、持续完善提升的机制。将文化品牌建设纳入重要工作范畴，在《建设与发展“十五”、“十一五”、“十二五”规划》中，明确了文化品牌建设的主要工作。

2. 以持续发展为依托，为文化品牌建设提供物质支撑

近年，在新建办公楼、试验楼、综合服务楼的机遇上，设计院对办公和居住小区进行了绿化、美化、亮化工程，使设计院成为“湖南省直优秀物业管理小区”和“长沙市花园式单位”，办公楼成为“全国物业管理示范大厦”。同时，开辟了文体健

身房和阅览室等。设计院是湖南第一家为员工办理企业年金的单位，还通过为员工办理补充医疗保险、实行免费午餐制度、建设员工宿舍、开展丰富多彩的文体活动，改善职工吃、住、行、玩条件等措施提高职工的生活质量和幸福指数。同时，设计了直观反映设计院文化特色的VI标识系统、院歌、院旗和文化品牌形象标识，在全院范围内推广应用。

3. 关注人才素质提高，制定人才队伍培育激励制度

设计院为员工提供了专业成长和管理晋升两条成长通道。在专业成才方面，实施《员工教育培训规定》、《专业技术职称评聘、考核办法》、《专业技术人员须具备相应的注册执业资格暂行规定》等制度；在职务晋升与管理方面，实施《员工招聘与解聘办法》、《劳动合同管理办法》、《员工奖惩办法》及《中层管理人员聘用、考核管理办法》、《学术带头人评聘、考核办法》、《科技进步与技术创新奖励办法》等制度。一系列人才制度的完善与实施，为设计院人才建设带来了明显的效果。

通过开展职业生涯设计、演讲、征文比赛等活动，在全员中形成诚实守信、尽职守责、敢于负责的风气，使职工队伍成为一支敢于负责、敢打硬仗的优秀团队，使设计院行为文化建设步入到一个崭新的境界，为“精心绘通天下”文化品牌增添了光彩。

文化品牌

精心绘通天下

文化品牌诠释

“精心绘通天下”与勘察设计院的工作性质、工作特点紧密相关，个性非常明显；文字简练，内涵丰富，不仅朗朗上口，文化意境佳，而且企业使命、企业愿景、企业精神和企业核心价值观等融为一体。“精心”是精细精致、精确精巧、精益求精的意思，它表述的是勘察设计工作应具备的工作态度和工作作风，同时也包含了对设计院员工的从业要求。“精心”既是对“绘”的要求，也是实现“通天下”的保障。

“绘”是用线条、色彩把实在的或想象中的物体形象地描绘出来的意思，它表述的是交通规划、勘察、设计、科研、咨询的工作性质与特点，这些工作都是用绘出的图纸作为产品的。“绘”是勘察设计工作的内容、性质所具有的特点，也是“通天下”的工具和手段。“通天下”是通达中国和世界的意思，它表述了勘察设计院的工作成果和发展愿景。“通天下”是“绘”的目标，也是“精心”的源动力。

单位标识

湖南省交通规划勘察设计院
HUNAN PROVINCIAL COMMUNICATIONS PLANNING,SURVEY & DESIGN INSTITUTE

北京速通科技有限公司

北京速通科技有限公司（以下简称速通科技）是一家主营高速公路电子收费及智能交通系统的设计、集成、安装、调试、管理、维护、清分结算等技术服务的高新技术企业，目前正以不停车电子收费系统速通卡的应用为核心，积极拓展多车道自由流、智能停车等应用，立志成为卓越的智能交通服务商。成立7年来，速通科技公司抓住行业大发展的机遇，始终注重企业文化对企业发展的引领和对精英团队的凝聚作用，创造了一流的业绩，成为不停车电子收费系统运营领军企业。

核心价值理念体系表述及诠释

1. 核心价值观：以人为本，坚持创新

以人为本：员工成长是企业发展的基础，客户成功是企业成功的根本。以员工为本，营造尊重、关爱的企业氛围，让想干事的有机会，能干事的有平台，干成事的有发展。以客户为本，坚持客户导向，持续改进服务质量，切实满足客户需求，不断创造客户的新需求。

坚持创新：创新是速通科技公司的灵魂。营造勇于创新、宽容失败的氛围，把创新基因注入到每一个员工的内心，鼓励员工在工作中学习，在学习中创新。把创新的思想贯通于企业经营管理的方方面面，加快企业科技创新、管理创新、服务创新的步伐，增强企业创新力和竞争力。

2. 使命：引领绿色出行，服务人车生活

立足不停车电子收费系统（ETC）通行，充分发挥速通科技在不停车电子收费系统（ETC）行业的影响力，推广高效、便捷的不停车电子收费系统（ETC）通行服务和及时、精准的出行信息服务，为低碳发展贡献力量，引领绿色出行风尚。

依托于车，服务于人，以市场为导向、以项目为驱动拓展应用，加强商业合作，将服务拓展到与汽车出行、消费相关的关键领域，提供个性化的、超值的拓展服务，创造畅意人车生活。

3. 愿景：成为卓越的智能交通服务商

速通科技公司立足于智能识别和电子支付相结合的技术，进一步巩固不停车电子收费系统（ETC）运营管理的领先优势，向与车相关的领域拓展，向与支付相关的领域延伸，做强延伸链条，矢志成为卓越的智能交通服务商。

速通科技公司高境界谋划、高标准运作、高起点发展，从人才队伍、技术研发、运营管理、营销服务 4 方面突破，即优化机制、提供人才发展平台，塑造一流的创新型工作团队；面向市场，紧跟国际前沿，加强智能交通技术的研发与应用；夯实管理，促进管理的科学化、精细化、自动化；拓展服务内容，提升服务品质，让智能交通更好地服务于人、服务于社会。

4. 精神：谦逊，精诚，争先

成绩面前不自满，专业面前不自负，敢于正视危机与不足，保持谦逊之心。突破垄断思维与自我局限，以更为开放包容的心态，探寻合作共赢的模式，走向更广阔的天地。

不漠视客户需求，不容忍低质低效，以客户需求为导向，积极提高技术水平和服务品质。关注市场，关注体验，追求技术的精益求精；满足需求，引导需求，追求服务的至诚至善。

不畏惧发展中的困难，不害怕探索中的试错，敢走自己的路子，敢尝试新的体验。强化核心技术，善于借智借力，追求技术创新能力的领先；强基固本，加速转型，追求综合竞争实力的领先。

5. 职业道德：牢记责任，达己达人

牢记责任，敢于担当。对员工负责，与员工共谋发展、共同成长；对客户负责，

促进产品质量的改善，提升优质服务水平；对股东负责，激活企业创新活力，谋求更高平台上的发展；对社会负责，助推行业标准的统一，积极参与智能城市的建设。

善于合作，达己达人。与供应商协同，搭建平台，为消费者提供更好的产品和服务；与兄弟单位协同，统一认识，加强协调，共同推进全国联网的步伐；与互联网企业协同，开展深度合作，共同推进智能交通产品的落地。

文化体系践行方法

创建以来，速通科技公司走出了一条攻坚克难的创业创新之路，伴随着公司员工队伍、用户规模、营业网点的壮大，伴随着优质服务、技术研发、应用拓展的深化，公司企业文化建设也是一路凝练，不断升华，与企业发展同步。

1. 快速发展，文化沉淀，体系初成

2007–2013 年，速通科技公司创业起步、快速发展。从参与 ETC 国标和地标制定、新建营业网点，到速通卡发行量迅猛增长、技术不断提升、系统不断完善、管理更加规范、服务更加高效，在快节奏的发展步伐中，公司以一往无前的态势书写了不停车电子收费系统（ETC）行业的北京奇迹，成为中国不停车电子收费系统（ETC）运营领军企业，引领着行业技术的革新。这一时期，公司文化从自发沉淀逐步转向自觉升华，文化总体呈现开拓创新、务实奉献、规范严谨、服务至上等突出特点。

这一阶段，速通科技公司形成了以“创新引领，绿色发展”为方针的文化主线。在企业文化的引导和支撑下，在全体员工团结奋进、上下一心的拼搏中，公司业务发展取得了突出的成绩，2011 年北京的发行量是全国其他省市发行量的总和，2013 年 6 月 21 日，不停车电子收费系统（ETC）用户数突破百万，为实现低碳发展、建设绿色首都做出巨大的贡献。

2. 转型升级，文化梳理，完善体系

2014 年，在国企深化改革的大背景下，在首发集团打造“百年首发”的目标引领下，在云星宇公司筹划上市的推动下，结合公司发展所积累的用户规模、技术、服务优势，公司领导班子提出转型发展的思路，明确了公司要从不停车电子收费系统（ETC）运营服务商转向智能交通服务商转型。

在此战略构想的指导下，速通科技公司对企业文化进行一次全面、系统的梳理，

对文化现状、品牌现状、管理现状等方面进行诊断，结合未来挑战和员工诉求，提出了企业文化建设的方向，明确了“以人为本、坚持创新”的核心价值观，系统架构了以核心价值观为原点的企业文化体系。

3. 文化建设践行总结

近年来，在文化自发萌芽和体系初步形成的过程中，速通科技公司也在主动践行文化，主要是从 3 个方面着手推进。

（1）四大工程践行核心价值理念。为推动企业核心价值理念落地，围绕公司“人本、创新、服务、高效”4 个重要的价值观，速通科技公司重点展开 4 大落地工程，以主题活动为主要载体，与日常工作相结合，与管理实践相结合，进行核心价值理念宣贯，促进理念的深植。

实施“人本工程”，从关怀、关爱员工入手，培育简单、和谐的工作氛围，将速通科技公司打造成一个幸福的大家庭；实施“创新工程”，以加强管理创新、技术创新、服务创新为目标，为公司发展提供源源不断的助力；实施“服务工程”，关注服务体验，深化服务意识，培育服务品牌，全方位提升服务品质，凸显安全便捷的服务价值；实施“高效工程”，以制度持续改进为抓手，以执行力提升为补充，实现公司运转顺畅、协同有序、执行有力。

（2）推进核心价值体系宣贯。公司大力加强核心价值体系教育，对干部员工的创新精神、理想信念进行培养，积极倡导并努力实践以“爱岗敬业、诚实守信、服务群众、奉献社会”为主要内容的交通运输行业职业道德，先后开展了八荣八耻专题教育、讲文明树新风劳动竞赛、服务礼仪展示、反腐倡廉主题教育等活动。通过这些不定期、接地气的活动，员工对企业文化的认同感、参与度、满意度有了质的提升，公司的凝聚力显著增强。

（3）推进学习氛围营造。面对智能交通行业快速发展带来的挑战，面对消费者对服务品质越来越高的要求，速通科技公司将学习当作提升竞争、服务的有力武器。公司持续推进员工教育培训，请专家传授智能交通、通信技术、低碳经济等方面的前沿知识，并引导员工自发学习，把学习当作一种责任、一种境界、一种乐趣和一种生活。此外，公司还在物质上鼓励员工学习，员工考取与工作相关的证书，公司报销费用。

单位标识诠释

标识融合了曲、直、弧等元素，整体设计动感十足、寓意丰富。

标识中“C”代表了速通科技公司地处于首都（Capital）的中心地位，以及交通行业在我国工业中基础、骨干的地位，也寓意着速通科技公司的服务核心价值在于便捷（Convenient），而“C”也是速通卡（Card）的首字母。“H”则是高速公路（High way）的首字母，是速通科技公司的立身之本。

标识整体以红、绿为主，“红色”寓意希望与热情，如初升的朝阳；“绿色”体现了“绿色出行、低碳发展”的理念，彰显了科技企业的活力，两种颜色的组合，具有强烈的视觉冲击力，给人以深刻的印象。

首都养路人

北京公联洁达公路养护工程有限公司

北京公联洁达公路养护工程有限公司公联成立于2000年7月18日，是服务于首都道路养护事业的国有企业，承担着北京市区三环路、四环路、联络线等共计72条高等级道路以及877座桥梁、过街天桥、地下通道的养护管理、抢险防汛、路产维护、运行保障，以及德贤路、110国道等公路的养护管理工作。

核心价值理念体系表述及诠释

1. 核心价值观：国家、人民的利益高于一切

“国家、人民的利益高于一切”的核心价值观来源于中国共产党始终如一的核心执政理念以及公联养护公司全资国有的企业性质和对国有资产保值增值的最基本要求。国有企业在追求企业经济利益的同时，要时刻想到自己代表着国家和人民的利益，要把社会责任放到第一位。

2. 宗旨：保障首都，服务人民

保障首都——城市道路是城市交通系统、通信设施系统、能源供应系统、给排水系统、城市环境系统和城市防灾系统等城市基础设施的重要载体，是北京展示给世界的第一印象，在很大程度上影响着首都的形象、中国的形象。做好道路养护，保证道路的完好、安全、舒适、顺畅，就是为北京缓解日益紧张的交通压力提供基础保障。这是公联养护公司一切养护、维修、抢险等工作的出发点。出发点正，则立身正；出发点明确，则行事清。

服务人民——是公联养护公司一切养护、维修、抢险等工作的落脚点，只有扎根于人民群众中间，把人民群众的利益放在心上，才能使企业有着广阔的发展空间。

3. 愿景：做首都公路守护神

公联养护公司在道路养护工作中，时刻践行中央对首都做好四个服务的工作要求，以高度的责任感和使命感，脚踏实地，兢兢业业，用深植内心的服务意识和敬业精神诠释着“首都养路人”的理念和内涵，当好首都公路的守护神。

4. 精神：求实、创新、协作、敬业

“求实、创新、协作、敬业”是公联养护公司的母公司——北京市公联公路联络线有限责任公司在长期的发展实践中形成的企业核心文化，是各子公司共同遵循和发扬的优秀文化传统。

求实——不为名，不为利，不杜撰虚幻的目标、口号，不受形式束缚，一切从实际出发，怎么办合适就怎么办，把调子放得低低的。这是公司考虑一切问题的出发点和行为准则。

创新——只要对发展生产力有利，别人没有的公联养护敢有，别人有的可以不要;要力求有点前瞻性；要勇于突破旧的思维定式，打破旧的常规定律，根据实际需要创造新方法、新思想。

协作——对内，公联养护要团结如一人；对外，公联养护把每个合作者都视为朋友，善待他们，尊重他们。

敬业——公联团队中的每一个人，没有一个例外，人人兢兢业业，事事认认真真，天天风风火火，公联这壶水无论何时都在沸腾着。

5. 职业道德：特别能吃苦、特别能奋战、特别能奉献；及时高效、优质舒适

特别能吃苦、特别能奋战、特别能奉献——自公联养护公司成立之初，就一直是全体员工顽强坚守的工作精神，正是这种精神，在一个个难题、一次次险情面前为养护公司博得了“敢打硬仗、能打硬仗”的美誉。

及时高效——是对企业养护工作的要求，既包括了业务开始时的及时反应，也包括业务执行过程中的高效率，还包括业务结果的高效益。

优质舒适——是指作业结果要达到检验标准的优良质量，而舒适则是对道路质量的最高要求，优质的道路自然会给使用者带来视觉上的舒适和感觉上的舒适。

文化体系践行方法

公联养护公司采取灵活多变的组织形式，针对不同的文化内容，由公司领导和不同部门、不同专业、不同特长的员工共同研讨、制定出以“首都养路人”为文化品牌的文化体系建设实施方案，文化体系建设与业务工作同步共进，充分调动人民群众的主人翁意识和积极性，用集体的智慧对企业的发展战略、文化体系建设、思想教育等课题进行深入、细致、系统的研讨，做到发展课题从实践中来、解决方案从群众中来、实施践行到群众中去，形成个性鲜明、积极灵动的企业文化氛围和体系建设环境。

1. 凝练文化体系理念，构建文化建设规划

公联养护公司在长期的生产、经营、建设、发展过程中逐步形成了一套完整的经营思想、管理模式、运营理论、群体意识以及与之相适应的思维方式和行为规范，它渗透于养护公司的各个领域，在工作中逐步树立起独具特色的企业形象和行业口碑。公司顺应发展趋势，适时做出了建设以“首都养路人”为文化品牌的文化体系的战略部署。2010 年，公司明确了企业文化体系的构建方针，并开始进行前期调研、分析总结和规划设计。2011 年，以推出《公联养护之歌》为标志，正式拉开以“首都养路人”为文化品牌的文化体系建设帷幕，随后推出的《岗前歌》、《我们》、《相聚》等一系列企业歌曲，把对首都养路人的敬意和对首都道路养护事业的热爱挥洒得淋漓尽致，尽情绽放着首都养路人无私无畏的风采、深厚朴实的深深大爱和沉沉责任。

2. 注重普及推广，引导理念深化

为使上级领导、业界同仁、友好人士以及广大员工深入了解公联养护公司，了解“首都养路人”文化品牌的内涵，公司制作了不同时长、不同形式、不同内容的多媒体资料，针对不同的场合播放适宜的影视片或幻灯片，使公司的文化体系不断得到巩固和加强。

2011 年 1 月，公联养护公司创办了内部交流刊物《公联养护报》，作为企业文化发展的传播媒体，塑造“首都养路人”的品牌形象。《公联养护报》使“首都养路人”逐步融入了公联养护人的日常生产、生活和思想意识之中。

3. 加强日常培训，以文化带动发展

公联养护公司建立了全面推广“首都养路人”文化品牌内涵的重要工作机制，一课制，包括“岗前岗后一课制”和“周课制”，提出“增识长智、管用实用”的培训方针，以“忙时干活、闲时培训、见空加课、生产学习两不误”为原则。开展多种形式的学习培训，实际工作中缺什么就学什么，需要什么就培训什么，在全公司内形成了良好的学习风气。公司和职工就在日积月累的学习中发生着变化，其精神境界和实践品质不断升华。同时，公司还编写通俗易懂的培训教材，开展多种特色教育，如被北京交通大学土木工程学院选为实习教材的《道桥养护三字经》、交通安全导行作业上岗培训教材、直观明了的《防汛抢险安全手册》等。2010 年，公联养护公司受交通委委托，组织编写北京市首个道桥养护作业规程《北京市道路养护作业规程》和《北京市城市桥梁养护作业规程》，成为公司卓越品质的标志。

4. 激励创新，展示“首都养路人”精神

在灵活实用的学习机制和培训教育中，公联养护公司千方百计激励全体员工要善于发现问题，积极动脑改进作业方式，减轻劳动强度，提高劳动效率，不仅能干肯干，更加会干巧干，员工解决实际问题的意识和能力得到极大提高，每年春季的“养护作业技能竞赛”、“能工杯、巧匠星”评选都会涌现出一大批发明创新成果。公联养护公司在各项抢险任务中，以“敢打硬仗、能打硬仗”的工作作风，大胆采用多种新工艺、新技术，反应迅速、措施果断、恢复及时，多次受到了上级领导的赞扬，并在一系列的重大事件中展示出了不一样的奋战精神。7·21 特大暴雨的防汛抢险、11·4 延庆暴雪的抗灾救险、承办“北京市交通路政行业城市道路有限空间规范作业演示宣传活动”、承办“城建系统党委书记 20 周年联谊活动”等，集中体现出公联养护公司不屈不挠、顽强拼搏的精神内涵。

5. 积极开展文体活动，增强员工精神凝聚力

公联养护公司一年四季里丰富多彩的活动更为员工的业余生活增添了快乐，增强了团队协作意识，加深了员工之间的包容、理解和支持。如美丽家园评比、春季运动会、五四青年拓展活动、美食文化节、登山比赛、亲情之旅等。其中多项大型艺术活动得到了上级领导的好评和赞扬。如 2012 年 1 月 14 日，公联养护人把 2011 年里开展的主要工作和成绩浓缩、提炼、升华成了一场“爱在公联”文艺演出，饱

含着诚挚的真情和深沉的感恩，在八一剧场用“责任在公联”、“欢乐在公联”和“感动在公联”3个篇章向各级主管部门汇报，新颖的外在形式包含的依旧是传统的总结内涵，带给公联养护人的是另一种激情和动力。2013年初，真真切切地展示2012年的工作、生活，让领导、朋友和家人一起来经历公联养护的风霜雪雨，一起来体会公联养护酸甜苦辣的纪录电影《我们》隆重推出；公联养护公司工人合唱队首次亮相，就凭借一首《在希望的田野上》在市交通委举办的“庆祝建党九十周年红歌合唱比赛”中，获得了合唱三等奖和创意表演三等奖；《公联养护之歌》则荣获了北京市交通行业第三届文化艺术节歌曲类金奖第一名和最佳创作奖两项大奖……

公联养护公司在全体员工的共同努力下，已经逐渐形成了具有鲜明特色的“首都养路人”企业文化品牌其深厚的精神内涵、卓越的创新意识、独特的管理制度、沉稳的行为规范、新颖的活动形式，极大地促进了企业的各项工作，将与公联养护公司一起迈上新的征程。

单位标识

（东升太阳）

（铁锹头）

（首都养路人）

中交第三航务工程勘察设计院有限公司

中交第三航务工程勘察设计院有限公司（简称三航院）是隶属中国交通建设股份有限公司的一家集工程咨询、勘察、设计、总承包和监理等为一体的上海市高新技术企业，具有国家颁发的工程设计综合甲级资质，是我国最大的交通、港口工程勘察设计骨干企业之一，是上海市高新技术企业。具有国家颁发的工程设计综合资质甲级、工程勘察综合类甲级资质，工程咨询、总承包、工程造价等甲级资质和对外承包工程经营权。

核心价值理念体系表述及诠释

1. 核心价值观：诚信服务、优质回报

“诚信服务”：“诚”乃为人第一要义，“信”乃为事第一准则。员工对业主和社会服务态度的好坏，服务水平的高低，服务质量的优劣，都直接影响着企业的信誉，直接决定着企业的市场份额和利润来源。

“优质回报”：即回报出资者、社会和企业员工，是企业经营目标的重要内容，而其实现的前提条件是“诚信服务”，二者相辅相成，相互促进。“诚信服务，优质回报”要成为三航院和全体员工在生产经营、目标追求以及自身行为中所共同遵循的基本思想和信念，是企业一切行为的出发点和落脚点。

2. 使命：业主信赖、员工满意

三航院是一家具有独立法人地位的以交通水运工程为主的大型综合性国家甲级勘察设计院，是自主经营、自负盈亏的市场竞争主体。企业要以效益为中心、以诚信为纽带建立和谐的生产关系和经营环境，进而促进企业生产力的不断发展，以确

保各方根本利益的实现。

3. 愿景："国内一流、国际知名"国际化工程咨询公司

要以现有的核心业务为基础，强化在国内的领先地位。以资本营运为突破，适时涉入多元化经营领域，不断提高赢利水平。以建立有利于人才引进、培养和使用的激励机制为途径，努力建设一支德才兼备的技术和管理骨干队伍。以科技创新、科技开发为引领，尽快实现参与国际竞争的经营战略，成为世界知名企业。

4. 精神：敬业奉献、开拓创新

敬业：要求职工具有强烈的事业心和责任感，自觉遵守职业道德，做到爱事业、爱三航院、爱岗位，立足本职、踏实工作；

奉献：坚持国家利益、人民利益高于一切，个人利益服从集体利益，发扬团队精神，不计名利、勇挑重担、任劳任怨、无私奉献；

开拓：树立社会主义市场经济新观念，坚持以勘察设计为主，积极开拓业务新领域，努力提高劳动生产率和服务质量，不断扩大市场占有率，提升企业竞争力；

创新：树立符合时代要求的创新意识和创新精神，在思想观念、科学技术、业务管理等领域不断创新，努力提高自身素质，早日把院建成"国内一流，国际知名"的国际工程咨询设计公司。

5. 职业道德：诚实守信、团结协作

诚信是立企之本。在激烈的市场竞争中，企业要以诚信求信誉，坚持讲团结，讲协作。要从强化内部管理入手，严守契约和合同，不断提高服务质量和水平。同时，要加强对员工企业忠诚度的培育和提高，从而形成职业道德约束力，以保证三航院的各项制度和经营战略的有效实行。

文化体系践行方法

多年来，三航院结合交通运输行业和国有科技型企业特点，以推动社会主义核心价值观建设为目标，坚持"四性三化"（即针对性、开创性、操作性、有效性和系统化、制度化、规范化）的思想政治工作思路，在职工队伍中持之以恒地开展正面教育，引导广大职工树立社会主义核心价值观，做了大量富有成效的工作。

1. 以党建工作促进文化建设

近年来，三航院党委始终将加强和改进企业党建工作列入重要议事日程。坚持以理想信念和价值观教育为核心，以保持党员先进性为主题，每年在全体党员中开展“系列主题教育活动”，切实加强了对党员的经常性教育，促使广大党员在新形势下更好地履行了政治责任、工作责任、服务责任和社会责任，收到明显成效。2014 年 2 月以来又连续 14 年组织开展了“为打造五商中交转型升级献计出力”党内主题教育活动。近年来，院党委制定下发了 5 轮次《党建和企业文化建设三年规划》，2013 年又印发了《三航院 2013~2015 年党建和企业文化建设规划》。每年制定下发《党建和企业文化建设年度实施计划（实事项目）》，明确和落实年度 20 项重点工作和实事项目。坚持每 3 年开展基层党组织换届选举工作、每 2 年考评一次基层党组织工作、每年开展一次专题调研。本着整体规划、系统设计、不断完善的精神，2012 年 9 月，院党委结合创先争优的新实践新经验，修订、颁发了 2012 年版即第四版《三航院党委工作制度集》，共汇入 7 大长效机制 37 项制度。新制度集的颁发施行，标志院党建长效机制建设取得新进展。

2. 以廉政建设推进文化建设

院党委积极倡导“广开言路，畅所欲言、献计献策、共图发展”，坚持实施“四套民主评议监督机制”。一是每年党员对公司两级党组织工作的民主评议监督机制。二是每年职代会职工代表对公司党政班子及成员的民主评议监督机制。三是 3 年一次职工代表对基层单位党政班子和中层领导干部的民主评议监督机制。四是每年职工群众对党员的民主评议监督机制。四套民主评议监督机制的建立和持续实施，切合企业实际，以发展党内民主促进了企业民主和权力制衡机制建设，促进了企业党风廉政建设，使企业民主评议和监督渠道不断拓宽，党务公开和院务公开不断深化，工作满意度逐年提升。在党员“五个一流”考评中，12 年持续呈现群众测评分高于党员互评分，党员互评分又高于党员自评分的可喜现象。党员、干部尤其是党员领导干部接受党组织和群众监督的自觉性明显提高，各级领导班子的战斗力明显增强，整个企业呈现风正气顺、宽松和谐、政通人和的良好局面。

3. 以思想政治工作促进文化建设

自 2001 年开始连续 14 年举办党员和中层干部理论培训班，13 年举办政工干部、入党积极分子培训班。院党委书记沈明达坚持 14 年为党员和中层干部上党课和作形势报告。使广大党员尤其领导干部思想理论水平和辩证思维能力不断提高。为征询广大党员干部对 12 年来开展党员和中层干部理论培训班的评价和意见建议，院党委在 2012 年培训班期间组织了无记名书面意见征询活动，共有 108 位同志参加了本次征询活动。统计结果表明，举办培训班的必要性、参加培训班的收获和坚持办班的意愿得到了广大党员干部的一致认同和充分肯定。其中：很有必要、较有必要、有一定必要的认可度分别为 61.1%,27.8%,11.1%。没有必要的为零。近年来，院党委注重用科学发展观武装党员干部头脑，坚持两级中心组学习制度，定期举办形势任务等讲座。结合纪念建党 90 周年开展学党史和“党在我心中”主题征文活动，共收到征文 115 篇。

4. 以弘扬先进带动文化建设

院党委坚持贴近实际、贴近生活、贴近群众原则，切实加强思想政治工作和舆论宣传工作。近年来，利用局域网、大屏幕电视、宣传橱窗、《院讯》和先进事迹汇编等载体，不断丰富内容，积极宣传先进典型，大力弘扬正气。2013 年局域网共播发报道 490 余条，点击率 7.9 万人次，表明员工对宣传工作的关注度、宣传工作对员工的影响力不断提高。近年来，院党委注重将眼光紧盯一线，将镜头对准一线员工，把促进企业发展、大力弘扬先进作为宣传重点。2011 年 8 月起，院党委开辟《每周一星》和《闪光集系列报道》两个栏目，分别集中展示三航院优秀个人和先进集体的事迹。至 2014 年 6 月中旬的近 3 年时间里，《每周一星》和《闪光集系列报道》分别播发 122 期和 84 期，有效地发挥了正面激励员工的积极作用，受到干部职工的欢迎和好评。

三航院党委将继续认真学习贯彻习近平总书记系列重要讲话精神，认真落实党的群众路线教育实践活动整改方案，坚持思想领先、理论武装，深入贯彻落实党的十八大和十八届三中全会精神，在企业中大力培育和践行社会主义核心价值观，努力为全面建成上海国际航运中心，为实现伟大“中国梦”做出积极贡献。

中交烟台环保疏浚有限公司

Cccc-TDC Yantai Environmental Protection Dredging Co., Ltd

中交烟台环保疏浚有限公司

中交烟台环保疏浚有限公司（简称烟台公司）成立于1975年，原为交通部天津航道局第二工程处，2006年6月更名为中交烟台环保疏浚有限公司。公司具有港口与航道工程施工总承包一级、土石方和地基处理总承包二级、市政工程、水利水电以及河湖整治工程施工总承包三级资质，并具有境外工程承揽资格，能够从事航务工程、吹填造地、河湖疏浚、滩涂整治、市政工程及相关工程任务的设计和施工。

核心价值理念体系表述及诠释

1. 核心价值观：诚信服务，追求卓越，共赢共担，共创和谐

诚信服务，追求卓越：信守承诺，诚实为本，取信市场、取信于人、依法办事，推动烟台公司基业长青、不断超越。顽强拼搏，奋发向上，以锲而不舍的奋斗精神、永不服输的卓越品质、不断超越的创新思想，使企业焕发勃勃生机。

共赢共担，共创和谐：合作共赢，企业与职工风险共担、效益共创、利益共享，增强共渡难关，实现烟台公司不断进步。坚持走和谐发展之路，倾力打造和谐员工之家，打造构建和谐社会的重要力量。

2. 使命：浚海坦途，履方致远

烟台公司致力于为社会经济发展构筑坚固的沟通渠道，为人类往来挖深航道，修畅大道，坚守法规，追求和谐，成为世界优秀企业之林的一流企业。

3. 愿景：让交通更便捷

烟台公司以疏浚吹填等交通基础设施建设为主业，追求领先发展，成为技术领先、

管理领先、效益领先的企业。“让交通更便捷”，企业也将更便捷地走向世界。

4. 精神：战风斗浪，开拓向前，同舟共济，勇于争先

在30多年发展征程中，烟台公司局形成了“战风斗浪，开拓向前，同舟共济，勇于争先”的企业精神，具体含义为：不畏艰险、吃苦耐劳、顽强拼搏、敢打硬仗；善于抓住机遇、一往无前，开辟新领域，拓展新市场；同呼吸、共命运，企荣我荣、企衰我耻；与时俱进、自主创新、争创一流，不断超越。

5. 职业道德

爱岗敬业，技术求精；服务用户，履约守信；

吃苦耐劳，乐于奉献；遵章守纪，团结协作。

从烟台公司业务特征，使命及愿景对干部职工整体素质的需求做了规定，从个人素质到团队合作，从技术层面到精神层面，从对内需求到对外服务，职业道德的形成是公司成败的基础，也是公司可持续发展的根本。

文化体系践行方法

1. 凝练确立文化体系和启动文化建设

（1）确立企业文化体系目标

烟台公司自1975年成立后，就始终坚持生产建设和企业文化建设齐抓共进，从多个方面对打造优秀的企业文化进行了积极探索。根据《关于对职工进行社会主义企业精神教育的通知》要求，梳理、总结了公司职工的好传统、好风尚，并在天津航道局的领导下，培育树立了当时的企业精神：战风斗浪，开拓向前，优质高效，信誉第一。同时，在广泛征求意见的基础上，制定出台了企业职业道德规范：“用户至上，优质服务；爱船爱岗，团结互助；遵纪守法，文明礼貌；安全生产，提高效益”。

进入新世纪以来，烟台公司积极开辟企业文化建设的各类有效载体：2004、2005年分别举办了专门的企业文化知识培训班等；2006年编印完成了《烟台公司员工手册》，全面宣贯企业奋斗目标、企业宗旨、企业价值观、企业精神等文化体

系的核心内容。

烟台公司启动了项目文化和船舶文化建设，先后起草下发了《关于加强项目文化建设的意见》和《关于加强船舶文化建设的意见》，同时积极推进《企业形象识别系统——国内施工现场执行手册》的贯彻落实，深入开展“建样板工作、创最佳效益、出一批人才、交一方朋友”的管理理念教育。在认真组织好施工现场工作的过程中，规范了“五牌二图”和刀旗的制作、悬挂，以充分展示企业形象，为项目文化打下坚实基础。贯彻《国内施工船舶执行手册》，规范施工船舶标识制作工作，所有新造挖泥船、辅助船执行统一规范的企业形象识别系统，使企业文化建设形成了一个相对完整的体系。2008 年新一届领导班子上任以来，确立了发展新的理念：以“让交通更便捷”为企业文化建设的基础；以“追求领先发展，打造强势烟台公司”为行动纲领；提出了“把烟台公司建设成为具备国际生产经营能力、以疏浚吹填为基础，以航务工程、市政建设、路桥建设、水利水电、轨道交通业务为延伸的综合大型建筑施工企业”的战略目标，大力宣传“做人讲诚信、爱学习、相互尊重；做事讲创新、规范、争取卓越”和“诚信、效益、实力、平安、和谐”等先进文化理念。为新时期文化建设提供目标导向。

（2）启动企业文化的全面建设

2008 年，烟台公司网站正式开通，2012 年，根据公司发展实际，创新改版完善了公司网站，不断扩大公司对外影响和宣传力度。公司先后出台了《文化发展纲要》和《文化建设规划》两个文件，对公司传统文化理念、文化建设的目的意义，用力方向和文化建设要点，主要目标，主要任务，保障措施等进行了梳理和规划。同时，开展了详细有效的宣贯计划，确保《纲要》、《规划》进项目、进船舶、进班组；同时组织职工学习、理解《纲要》和《规划》，开展扎实有效的文化建设活动，促进文化建设与企业生产、经营、管理各项工作相融相促。

为全面启动系统文化建设，烟台公司完善了文化建设指导框架，形成了以企业形象建设指南、项目文化建设指南、船舶文化建设指南、班组文化建设指南、安全文化建设指南、廉洁文化建设指南、创新文化建设指南、诚信文化建设指南、执行文化建设指南、自主文化建设指南等十项为主题的框架体系。

（3）大力推进烟台公司品牌战略

为了不断促进品牌战略的实施，烟台公司制定了《品牌创建活动实施方案》，提出了创建品牌企业、品牌工程、品牌项目部、品牌船舶、品牌班组、品牌员工六大目标以及创建标准、创建步骤。通过文明工地创建和星级船舶管理等活动载体，涌现了一批品牌工程、品牌项目部、品牌船舶、品牌班组、品牌员工。

在烟台公司形象的规范上，公司先后下发《中交烟台环保疏浚有限公司视觉识别规范手册（试行）》，《形象建设规范指南》等，结合《中国交通建设股份有限公司视觉识别规范手册》对各单位办公场所、设备及办公用品，所有施工现场设施、用品，所有船舶及船舶用品等的标识更新工作进行了规范，有力地促进了公司品牌形象的提升。

2. 文化体系践行途径

（1）加强组织领导，认真领会文化体系内涵

烟台公司高度重视文化体系的学习、建设、贯彻落实，把建设企业文化体系工作摆上突出位置，通过与各级党组织签订《文明创建党建目标责任书》的形式，对践行文化体系各项工作进行明确规定，强化责任分工，确保工作扎实推进。

（2）周密策划部署，做好文化体系贯彻落实

烟台公司出台了《践行企业文化体系工作实施意见》，制定了切实可行的措施，完善了相关制度流程，力争在践行载体和方式方法方面实现创新和突破，全力抓好组织和推动，做到有布置、有措施、有落实，努力营造践行企业文化体系的良好局面。

（3）拓展践行载体，开展文化体系教育活动

烟台公司积极开展专题讲座、主题演讲等，努力使广大干部职工不断增强学习企业文化体系的自觉性，加深理解企业文化体系的丰富内涵和精神实质，逐步掌握企业文化体系建设的基本要求和途径；通过网上党校、内部报刊等平台，介绍和宣传烟台公司企业文化体系主要内涵，扩大体系的影响范围；组织开展党员工程、三型党支部建设、创先争优等主线活动，切实把烟台公司文化体系的要求融入各项活动的全过程，积极倡导现代管理、现代文明、现代服务新理念，努力增强行业文明创建活动的广泛性和深入性。

山西省交通规划勘察设计院

山西省交通规划勘察设计院是省交通运输厅直属的以公路勘察设计、咨询和工程监理为主业，兼营建筑设计、市政设计和相关服务的勘察设计单位。荣获“国家级高新技术企业”认证，被山西省人民政府评为“高速公路建设模范集体”，是全省交通运输行业唯一的AAA级诚信勘察设计单位。

核心价值理念体系表述及诠释

1. 核心价值观：企业兴旺，我之责任

职工是组成企业的重要细胞。每个细胞决定着肌体的健康。因此，不断提高自身的学习力、创造力，高标准、高质量、自觉主动地做好每一个细节，是社会、市场对每一个职工提出的要求，也是每一个职工应该时刻铭记并规范言行的价值取向。

2. 使命：为社会创造精品设计，为客户提供优质服务，为企业争取最大利润，为职工获取最大的经济回报

追求利润最大化，是企业追求的根本目标，但是，只有牢牢树立精品意识，充分兼顾社会、客户、企业和个人利益，提供优质服务，才是企业得以持续发展的重要条件。

3. 愿景：立足山西，面向全国，走向世界

追求发展壮大和可持续发展是企业的永久目标，适应社会发展，科学发展的需要，

山西省交通规划勘察设计院积极加强品牌建设，不断扩大影响力，在立足山西的基础上，在全国范围内增加竞争力，努力使设计院成为具有国际水平的规划勘察设计院。

4. 精神：敬业创新，追求卓越

创新是企业保持活力的基础，卓越是企业树立品牌的保证。敬业创新，追求卓越体现的是山西交通测设人对职业、对社会高度的责任感、使命感；体现的是每个职工在自觉、精心做好个人职业生涯设计的基础上，立足本职，勇于创新，以无往而不胜的精神气概，努力为企业发展、社会进步做贡献的宽阔胸襟。

5. 职业道德：忠诚、团结、协作、文明

忠诚，即忠于国家、忠于企业、忠于职守；团结，即团结协作、齐心、和谐；文明，即文明礼貌、举止端庄。

文化体系践行方法

山西省交通规划勘察设计院院党委始终把企业文化建设作为一项重要的强基固本工程，坚持重在建设，坚持与时俱进，坚持全员参与，着力在企业文化的培育、提炼、提升上下功夫，在增强企业凝聚力和向心力、激发职工主观能动性和创造性、有效推动企业科学发展上见成效。2000 年初至 2002 年末，初步形成了《院企业文化（框架）》，提出了企业精神、服务理念、质量理念和经营宗旨等企业文化建设内容。2003 年初，在院第六届四次职代会上，对《院企业文化》（框架）进行了审议并获得通过。2007 年，院党委分别 3 次组织全院干部职工进行讨论，形成了具有特色的各岗位行为规范。2008 年，在广泛征集职工格言警句的基础上，提炼出了“倾心构建和谐，用心设计未来”、“让学习成为习惯，让知识照亮人生”、“细节决定成败，小事彰显文明”、“责任源于内心，成就始于主动”等 50 余条与企业文化相吻合的格言警句，并制作成牌匾悬挂在楼道、楼梯墙壁上，较好地发挥了文化的引导、激励和约束作用。2010 年，以“在科学组织、精心设计上下功夫，在安全环保、优质服务中求实效”为主题扎实开展了创先争优活动，树立了五星党员，即“敬业之星”石秋侠、“创新之星”许志刚、“服务之星”李德贵、“勤奋之星”桑明泰及“拼搏之星”吴志俊。2013 年，在党的群众路线教育实践活动中，坚持将学习教育、整风精神、注重实效贯穿始终，按照“二上二下”的原则广泛征求职工、服务对象、

相关单位的意见建议，制定了15项切实可行的整改措施，修改完善了14项与新形势、新任务、新要求不相适应的制度，重新建立制度2项，并对全院各部门廉政风险点进行了全面排查，确保活动不虚、不偏、不空，取得实效。

在企业文化建设中，院党委坚持将学习教育贯穿始终，组织职工学习了十八大及十八届三中全会精神、习近平一系列重要讲话精神、《群众路线教育》系列读本、人民日报评论员文章，重温了中国特色社会主义理论体系和党章等内容，集中2次聆听了省委党校教授专题讲座，观看了警示教育片，开展了知识问答和专题讨论。学习了《致加西亚的信》、《谁动了我的奶酪》、《毛泽东箴言》、《恰同学少年》、《勇敢去工作》等励志书籍，用真实的故事启迪职工转变思想观念，激发勇敢行为，发挥自身潜能，做更好的自己。学习了各岗位行为规范，多方面、广角度地教育引导职工用发展的眼光认识世界，用健康的心态对待人生，用正确的准则规范行为，做热爱祖国、爱岗敬业，创新求实、奋发向上的文明公民和模范职工。多种形式开展了“七一”创先争优、迎新春文艺晚会、“三八”女工游览、“六一”儿童书画展、优秀学子表彰、爱心捐助、文化体育等精神文明创建活动。

1. 以诚实守信为本，经济效益稳步发展

多年来，山西省交通规划勘察设计院上下坚持以服从厅党组中心工作为大局，以服务重点公路工程建设为己任，科学组织生产工作，全力保障省重点公路工程项目的设计。近3年来，完成生产任务338项，其中，省内323项，省外15项。完成项目折合里程1651公里，其中，高速公路1320公里，其他等级公路331公里。始终把后续服务作为生产经营工作的重点和落脚点，每年派驻设计代表约15名，院领导带队的现场技术服务近600人次/年，对在建的高速公路进行及时的技术服务，严把勘察设计技术质量关，因设计原因造成的设计变更全部控制在工程建安费的2%以内。

2. 着眼转型跨越发展，市场竞争力不断增强

在拓展业务方面，山西省交通规划勘察设计院在拥有工程勘察综合类“甲级”资质和公路行业全专业甲级资质的基础上，近年来新增了市政、建筑、电力、地灾等4个行业7项资质，升级2项资质；新增了市政工程道路、桥梁设计乙级资质，房建工程乙级资质，电力行业送电、变电工程丙级资质。新增了工程项目（全过程）管理资格等，市场范围逐步扩大。成功取得了山西省繁峙至大营高速公路BOT项目投资人资格，并最大限度地为项目争取到28年经营收费期，迈出了由单一发展模式

向建设、管理、投资一体化多元发展模式转变的关键性一步。

3. 培育核心技术，科技创新能力显著提升

山西省交通规划勘察设计院主编完成了《采空区公路设计与施工技术细则》（JTG/TD31-03-2011），填补了我国公路建设地质病害处治领域一项空白。科研项目《公路采空区成套技术研究》荣获中国公路行业科学技术一等奖，平阳高速公路获得“全国优秀工程咨询成果”二等奖，忻阜高速公路获交通部优秀勘察和优秀设计两项一等奖，离军高速公路获交通部优秀设计二等奖。《高速公路联网运营交通决策支持系统研究》获中国公路学会科技进步一等奖，独自研发的“公路采空区处治检测方法”、“一种动态数据驱动的高速公路出口流量预测方法”获得国家知识产权局授权的技术发明专利，“混凝土收缩率监测装置”等8个研究项目获得国家知识产权局授权的实用新型专利，实现了建院50年来零的突破。成功获批国家级高新技术企业认证，享有减免40%企业所得税的优惠政策，具备了申报入驻山西科技创新城的必要条件。目前入驻山西科技创新城申报工作已经通过专家会议、部门联合审查会议、主任会议等初选工作。

单位标识诠释

（1）徽记“S”、“J”既是“山西”和“交通”的首音字母，同时也是“设计”的首音字母，用来象征“山西交通规划勘察设计院”。

（2）字母“S”用圆形设计表示完美，同时也可以看作太阳，比喻为希望；字母“J”用“JJJ”变形，表示高速公路。徽记“SJ”喻义山西交通规划勘察设计院以“敬业创新、追求卓越”的精神，不断开拓市场，走向可持续发展的快车道。

（3）徽记色泽的含义：院徽通常有蓝色和红色两种。蓝色表示蓝天，红色表示希望。两种颜色均表示山西交通规划勘察设计院的测设事业不断走向辉煌！

江苏苏通大桥有限责任公司

江苏苏通大桥有限责任公司（简称苏通公司）是经江苏省政府批准成立的大型国有企业，主要负责苏通长江公路大桥及其交通基础设施的建设和经营管理。苏通大桥位于江苏省东部的南通市和苏州市之间，是国家沿海交通大通道G15 沈海高速公路跨越长江的重要枢纽。苏通大桥由跨江大桥和南北岸接线组成，全长 32.4 公里，跨江大桥总长 8.2 公里，创造了最深群桩基础、最高索塔、最大跨径、最长斜拉索等 4 项斜拉桥世界纪录。

核心价值理念体系表述及诠释

1. 核心价值观：和畅至善，卓越至

和畅：既是一种管理方式，也是一种管理目标。对外人和桥畅，对内心和气畅。苏通公司通过营造企业和谐、团队和睦、环境和美的和谐氛围，达到员工舒畅、管理顺畅、路桥安畅的完美境界，助力发展企业，成就职工，奉献社会目标的实现。

卓越：既是一种超越自我的思想境界，也是一种持续改进的价值取向。苏通公司以卓越的工程品质为基，以卓越的运营管理为重，以卓越的安全保障为责，努力将工程品牌向运营管理品牌转化，实现公司健康持续发展。

2. 使命：以我为桥，渡南北车辆；用心护桥，助两岸发展

以我为桥，渡南北车辆：反映了苏通公司的行业特征和工作特性，展示了苏通人勇于担当、甘于奉献的忘我精神。苏通人愿化为一座温馨服务之桥，竭力为广大驾乘人

员营造安全温馨的通行环境，帮助他们顺利到达长江彼岸，完美打造驾乘体验之旅。

用心护桥，助两岸发展：体现了苏通大桥重要的社会价值，表达了苏通人强烈的责任意识和使命意识。苏通人视大桥为生命，积极探索大桥管理模式，通过全力保障大桥的水域安全、结构安全和道路安全，从而更好地服务于两岸经济社会发展。

3. 愿景：成为特大跨径桥梁运营管理的行业标杆

成为特大跨径桥梁运营管理的行业标杆：是苏通人的理想追求，来源于责任感和使命感的内在驱动。苏通公司将秉承“励志践行、敢为人先”的企业精神，通过开展苏通大桥灾害天气及紧急事件下营运管理关键技术研究、大桥全寿命周期养护研究、跨江大桥危化品运输车辆通行安全管理办法的研究，积极探索特大跨径桥梁的运营管理模式，以创新引领路桥运营的未来发展，成为路桥运营的典范。

4. 精神：励志践行，敢为人先

激情承载使命，行动践行责任，超越成就卓越。苏通大桥创造了 4 项世界第一，践行着我国由桥梁大国向桥梁强国转变的努力方向。苏通人将在运营管理工作中，以励精图治、脚踏实地的作风，以勇于超越、敢于攀登的气概，争创一流佳绩，展示苏通风采。

5. 职业道德：爱岗敬业、真诚服务、精益求精、乐于奉献

以爱岗敬业成就自我。苏通人在各自的岗位上忠于职守、兢兢业业，把职业当作事业来对待，对所从事的职业充满理想和热爱，在工作岗位上充分发挥各自聪明才智，在为公司的发展贡献自己力量的同时实现自我价值的提升。

以真诚服务赢得感动。苏通人持续改进服务质量，做到管理科学高效、道路安全畅通、环境整洁优美、服务热情周到，全力打造和谐温馨桥，从而以真诚的服务赢得驾乘人员的理解与感动。

文化体系践行方法

1. 准确定位，充分体现苏通企业文化特色

一是把握交通行业特点。苏通公司作为交通运输路桥服务企业，坚持以交通行

业文化建设总体目标和基本原则为行动方向，不断丰富完善符合交通运输行业和路桥企业特征的企业文化内涵和外延，促进交通系统共性文化与苏通公司个性文化的有机融合，构建与交通运输跨越发展相适应的苏通核心价值理念和文化体系。

二是传承建设时期特点。苏通公司始终坚持把建设时期的工程文化作为企业文化建设的一部分，全力推进“工程品牌文化”向“管理品牌文化”转化。苏通大桥建设期间，创造了四项世界之最，实现了中国由桥梁大国向桥梁强国的历史性跨越，具有一流的工程品牌文化。

三是突出企业自身特点。苏通公司坚持以实现“双保”为一切工作出发点，以提高企业核心竞争力为关键点，以提升队伍素质和服务质量为根本点、以拓展相关子文化建设为渗透点，打造具有苏通公司个性特征的企业文化体系。

2. 精心策划，全力推进苏通企业文化建设

一是健全组织，形成合力。建立了企业文化建设领导小组和工作小组；企业文化建设管理工作纳入目标管理体系，实行一票否决。

二是文化诊断，准确把脉。组织开展了企业文化问卷调查；对公司高层领导和职能部门负责人进行访谈；组织召开各级别先进模范人物及各层次员工代表座谈会；深入了解基层班组文化建设状况；在调研的基础上形成《苏通公司企业文化调研报告》。

三是宣传培训，多管齐下。召开企业文化建设动员大会；特邀享受国务院津贴的交通企业文化专家作专题讲座；组织公司管理人员以及文化建设工作骨干赴宝钢、振华重工、法尔胜等企业文化建设优秀单位考察；开辟“苏通企业文化论坛”，统一公司各类标识，VI 视觉识别手册的全面应用等。

四是整体推进，初显成果。制定《关于推进“文化建设年”活动的实施意见》、《企业文化建设实施纲要》、《企业文化手册》、《苏通公司员工行为规范》以及《VI 视觉识别手册》，设计创作了司歌、司旗。

3. 坚持以理念宣贯为先导，推动企业文化落地

在初步形成文化建设框架体系的基础上，将苏通公司文化融入中心工作，融入管理，融入制度，融入行为，使苏通公司文化真正成为公司发展的精神动力和力量之源。为做好文化落地的前期工作，特邀享受国务院特殊津贴专家来公司作企业文化理念传播与落地专题培训讲座，采取理论讲解与案例分析相结合的方式，深入浅出阐述了企业文化落地的重要性、企业文化落地过程、企业文化的传播渠道、企业

文化的传播与应用、模范的作用等内容，并就公司员工关心的企业制度文化建设等方面问题进行细致深入的讲解，取得了良好的效果。

4. 坚持以文化融入为平台，推动企业科学发展

一是以文化建设引领文明创建。开展以“五个一流”（一流队伍、一流服务、一流业绩、一流环境、一流品牌）为主要内容的文明创建工作，仅短短的4年时间公司就荣获9项省部级荣誉。二是以文化建设提升窗口形象。开展“六比六看”活动以及“四心”、“三声”、“三承诺”活动，提升服务水平；开展窗口服务评议活动，定期不定期召开现场交流会、投诉案例座谈会和行风监督员会议，对反映出来的问题和意见逐条梳理，确保个个有结果，事事有回音。三是以文化建设带动制度建设。编制了《苏通大桥公司员工行为规范手册》、《企业规章制度汇编》、《营运管理制度》和《安全管理制度》等多本制度汇编，全面建立起“权责一致、分工合理、决策科学、执行顺畅、监管有力”的科学管理体制和机制。四是以文化建设推动机制创新。坚持把企业文化渗透到公司经营管理的各个领域，大力强化机制创新。创新运营管理机制；创新员工考核评估新机制；创新公司多元化发展机制，加快企业转型升级步伐。五是以文化建设促进民主管理。以加强文化建设为抓手，积极推行党务公开和企务公开制度，对公司党的建设和生产经营管理重大决策、领导干部廉洁从业等实行公示；进一步健全完善公司职代会、工代会制度，对职工代表的提案做到件件有落实、事事有交代等。提升了企业管理的透明度，维护了员工的知情权、参与权、表达权、建议权和监督权。

5. 坚持以文化建设为载体，推动学习型苏通公司建设

一是大力提升员工的职业素养。有计划组织优秀员工、职工代表到其他路桥企业考察学习，开阔视野；组织优秀员工及班长以上人员开展户外拓展训练并撰写培训心得；认真组织并组队参加控股系统各项技能竞赛，均取得了较好成绩。二是大力提升服务水平。强化窗口单位文明服务规范化要求，积极组织开展各类业务技能培训和竞赛，建立文明服务评比考核机制、两级督查和委托服务暗访机制，实行督查和暗访结果直接与绩效挂钩，有力地促进了服务质量的提升。三是大力组织开展群众喜闻乐见的文体活动。在全体员工中先后组织开展了“读书、思考”为主题的读书活动、“弘扬苏通精神，铸造苏通品牌”主题征文活动、“立足岗位学雷锋，美化环境创文明”主题月、首届“五四杯”职工趣味运动会、单身青年联谊等活动，有效增强了员工队伍的活力和企业的凝聚力。

情满旅途®

交运集团（青岛）

交运集团（青岛）是交通运输部重点联系的国有大型综合交通产业集团，辖有30个全资公司、1个医疗事业单位和6个控（参）股公司。经营业务以大客运、大物流、大旅游为核心，向汽车服务、财产保险、地产开发、信息科技、电子商务、新能源应用、医疗卫生等多元领域延伸。拥有客、货运一级经营资质。

核心价值理念体系表述及诠释

1. 核心价值观：以人为本，以诚为基，以情为魂，以变为法

在"人本"思想的指导下，诚心交朋友，真情送温馨，创新求突破，驱动交运集团"向前推进、向上提升"。

以人为本：是交运集团基本价值追求和指导准则。着眼于员工全面发展，推动企业发展与员工个人发展同向同步，让广大员工幸福地生活、快乐地工作，实现个人价值企业化；着眼于比顾客的需求做得更好，推行品牌服务、优质服务，真正做到"社会需要交运，交运奉献社会"，实现企业价值社会化。

以诚为基：是交运集团的价值取向和道德基石。把诚信作为企业生存和发展的基础，领导对员工诚信，员工对顾客诚信，企业对社会诚信，形成连接各方的诚信纽带，树立诚信交运形象。

以情为魂：是交运集团价值的评判标准。情感是交运集团文化的灵魂，体现服务的本质与特征，企业对员工倾注深情，员工对顾客满怀亲情，对社会奉献真情，形成贯穿企业发展始终的情感价值链。

以变为法：是交运集团价值的实现途径。变革创新是交运集团发展的永恒主题，通过思维创新、观念创新、方法创新，变革体制机制和经营管理模式，永立市场经

济潮头，抢占发展制高点。

2. 使命：致力于持续提升便捷，舒适的生活品质

高品质的生活是现代人的追求，也是人民群众最现实的“中国梦”。交运集团紧抓交通产业的自身特质，通过企业的良性发展和创新变革，不断提高为人民群众创造美好生活的能力。这既包含发展的公益性，又有发展的持续性，是交运集团对推进城镇化发展的贡献。

“便捷、舒适”是整个交通产业发展的核心要求。交运集团始终以推动和引领整个交通产业创新发展为目标，用更领先的理念、更先进的技术，致力改变国内交通产业粗放的发展方式，是交运集团对交通产业发展的贡献。

“便捷、舒适的生活品质”的定位涵盖了改善人民生活、推动城市发展、引领产业提升的内涵，同时也拓展了企业的生存发展空间，交运集团将为此持续努力。

3. 愿景：释放品牌能量，聚焦平台建设，以网络智能和运营模式创新为动力，建设具有核心竞争力的综合交通产业集团

品牌运营战略贯穿交运集团发展的始终，并体现出巨大的价值。在未来发展中，交运集团将更好地利用交运品牌已经形成的优势，不断扩张、拓展、提升，充分释放“交运品牌集群”的能量，这是交运集团发展的基石。

借助交运集团已有的网络资源优势，进一步布局完善以城市（城镇）为中心的场站、园（港）区等建设，拓展服务的深度和广度，延长服务的链条，推进综合交通方式的零距离衔接，这是交运集团发展的关键。

交运集团将科学把握交通行业发展的规律，加快现代信息技术在交通产业的成果转化，把网络智能应用和运营模式创新作为推进智慧交通、绿色交通和平安交通发展的核心能力与时代主题，这是交运集团发展的内生动力。

通过以上各项工作的统筹协调发展，最终形成具有核心竞争力的、国内领先的综合交通产业集团。

4. 精神：励精图治，锲而不舍

励精图治是交运精神的立足点。只有具备昂扬向上的进取精神，才能产生源源不断的前进动力。交运集团以实现发展愿景为目标，始终站在行业发展的前列，以饱满的热情、创新的精神，激情创业，艰苦奋斗，打造交运的崛起。

锲而不舍是交运精神的发展途径。企业的基业长青，源自于持之以恒的坚守精神。从运营中国最早的汽车站到形成现代综合交通产业链，锲而不舍的精神已经融入百年交运的血脉，推进企业沿着“新交运、富交运、大交运”的交运梦阔步前行。

5. 职业道德：重诺守责，真情奉献

重诺守信是立足社会、赢得信赖的道德素养。交运人在工作中恪尽职守、敢于担当，做到诚实守信、一诺千金，树立交运集团的诚信形象。

真情奉献是服务顾客、回馈社会的基本要求。交运人认真遵循情感文化价值，积极践行“情满家庭、情满企业、情满社会”的三情理念，做到真情服务、奉献社会。

文化体系践行方法

1. 交运文化体系构建与升级

（1）形成交运文化情感定位：“情满旅途”

1995 年，交运集团发起影响全国的“情满旅途联手大行动”，拉开了“创服务名牌，树青岛形象”的序幕；1996 年，交通部把情感服务推向全国交通窗口单位。2001 年，新华社在青岛举办“情满旅途”品牌现象高级论坛，把“情满旅途”推定为中国交通运输第一品牌。2009 年“情满旅途”被认定为交通行业首例中国驰名商标。2014 年，交通运输部等 4 部委在交运集团启动全国春运“情满旅途”活动，再次将“情满旅途”推向全国。

（2）延伸交运文化的情感内涵：“温馨巴士”

2000 年，交运集团在公交车内提供零币兑换、纸巾帕、爱心伞、报纸袋、医药箱、无线网络等便民服务，着力为顾客打造温馨的乘车环境，成功打造了“温馨巴士”服务品牌，并于 2012 年被认定为城市公交首例中国驰名商标。“温馨巴士”品牌的“家”文化是对交运情感文化体系的延伸。

（3）丰富交运文化的多种元素：品牌集群

在“情满旅途”与“温馨巴士”的基础上，又催生了“温馨校车”“温馨的士”“温馨之旅”“交运物流”“交运速递”“亲情家园”“汽车医院”“交运地产”等众多知名品牌，形成了品牌集群发展模式。在中宣部举办的第七届中国企业文化论坛、交通运输部举办的改进提升道路运输服务工作会议上，交运集团的品牌创建经验得

到推介。交运品牌也以 71.86 亿元跻身亚洲品牌 500 强，高居交通行业榜首。

2. 交运文化践行方法

（1）真情关爱员工，让文化成为自觉行动

从文化建设出发，交运集团着力打造员工幸福工程。实施并完成了工资 3 年倍增计划，完善多元化薪酬标准，出台老员工工资保障制度并按工龄分类发放月份全勤奖；实行每周 4 天工作制，实施一线女驾乘人员生理期特殊休假制度，推行全员健康查体；全面改进办公、就餐、休闲环境，为单身员工发放“爱心便当”，凝聚起发展合力。

（2）打造服务特色，用文化提升出行品质

交运集团倡导并践行“有心，有爱，有真情；做精，做细，做完美”的服务理念，以赢得顾客满意。把体验服务作为创新点，在汽车站为旅客提供女士专属化妆室、邮寄儿童等贴心服务。把安全服务作为基准线，建立安全生产指挥中心，配套营运客车“七个一”安全工程，开发“交运蓝狐”智慧交通管理系统，实现对车辆、场站和作业人员的实时监管。把文化服务作为体验面，实施文化进车厢，将车厢打造成为传播精神文明的流动窗口和道德讲堂。

（3）践行社会责任，靠文化赢得社会认同

交运集团创建“交运之情”公益品牌，设立爱心基金，资助特需旅客回家；建立“爱心驿站”，为环卫工人提供免费早餐，为出租车驾驶员提供休息场所；组织爱心义捐、发起爱心支教，助力希望工程；推出爱心送考，免费接送高考中考学生；设置爱心陪护，温情服务空巢老人，免费为老人提供送票和接驳服务；开放爱心公厕，缓解城市如厕难；建立爱心招领，为寻找遗失物品搭建畅通的免费平台；开辟爱心岗位，两年创造近 6000 岗位，用真情诠释了大爱交运。

3. 利用宣教平台，推进文化建设落地

交运集团通过建设完善的宣教平台，形成了以一报（交运崛起）、一书（交运文化发展工程）、一片（交运之情文化片）、一网（交运网站）、一馆（交运文化馆）、一室（文化活动室）、一屋（员工书屋）等为主要载体的文化宣教平台。创建娱乐、健身、竞技共融的交运文体模式，对内，每两年一届的职工体育运动会和职工文化艺术节轮流举办，足球、篮球、田径、羽毛球、乒乓球、游泳、舞蹈等形式多样的文体活动，贯穿于全年不同的时段和工作空间；对外，积极冠名和参加国家、

省、市级各项文体赛事，既让员工享受到了文化生活所带来的健康体魄和快乐心情，为企业发展注入了新的活力和恒久能量。

文化品牌

情满旅途

文化品牌诠释

“情”是核心，使员工对企业倾注深情、对顾客满怀亲情、对社会奉献真情；“满”是标准，以顾客和员工满意度为评价标准，不断提高员工对岗位的忠诚度和顾客对企业的忠诚度；“旅途”是过程，做到全方位、全过程的优质服务，在奉献的过程中实现员工的人生价值和企业报效社会的职责。

单位标识

交运集团

山东交运 SDCT

山东省交通运输集团有限公司

山东省交通运输集团有限公司（简称山东交运集团）作为国有大型专业运输集团，近年来，积极转方式、调结构、促发展、惠民生，企业规模不断扩大，经济效益稳步提升，成为中国交通百强企业、中国物流百强企业和中国服务业500强企业，是交通运输部重点联系企业、国家发改委、省经信委发展物流重点扶持企业。目前有两大主营业务：交通运输业、旅游服务业，经营范围涉及公路客货运输、客货场站经营、危化品运输、大型货物起重运输、物流仓储、城市客货出租运输、国际国内旅游、汽车维修、销售、海河运输、浮桥港口经营、油气站等。

核心价值理念体系表述及诠释

1. 核心价值观：用卓越服务创造美好生活

"服务"是企业的行业特色，"卓越"是服务要努力达到的标准。"用卓越服务创造美好生活"高度概括了山东交运集团以及交运人存在的价值。

2. 使命：引领行业，服务大众，熔铸品牌，富裕员工

"引领行业"就是立足当前不断超越，成为全省公路运输企业的"排头兵"，全国同行业中的典范。"服务大众"是为广大群众、客户提供良好的运输服务，是集团的神圣使命。"熔铸品牌"就是要通过优质服务和科学管理，精心打造和培育企业品牌，将企业做大做强。"富裕员工"就是要满足职工不断增长的物质文化和精神文化需求，使员工与企业共同成长，体现山东交运集团"以人为本，和谐为上"的企业追求。

3. 愿景：区域当排头，全国成一流

植根于济南，立足于山东，实现区域排头位置，为区域发展做出企业应有的贡献。同时，不断自我加压，放眼全国，以更高、更快、更强的速度和品质引领行业潮头。

4. 精神：团结，奉献，创新，发展

团结是战胜各类困难的法宝，团结出战斗力，出生产力；奉献是中华民族的传统美德，企业内部要形成比奉献、比干劲的良好氛围；创新是企业发展的动力源，是企业搞好经营加快发展的催化剂；企业的目标是发展，是不断做大做强。发展是硬道理，是第一要务

5. 职业道德：忠诚，明理，敬业，合作

忠诚、明理、敬业、合作是中华民族的传统美德，也是企业员工的道德和行为标准。以此作为山东交运集团员工的行为标准，规范言行，提高修养，逐步塑造"山东交运人"的整体形象，走以素质求发展的强企之路，共创山东交运集团美好的未来。

文化体系践行方法

1. 领导者重视，全员参与

企业文化首先是企业领导者的文化。在"十二五"重大战略调整的关键时期，山东交运集团各级领导十分重视文化建设，从自身做起，认真学习领会和贯彻落实科学发展观，认真学习领会和贯彻落实集团确定的企业文化理念体系，做企业文化创新的先行者，成为企业文化的忠诚"传教士"和坚定推行者。

在企业文化建设中，山东交运集团坚持以人为本，努力培养和造就"四有"职工队伍，引导全体职工树立正确的理想、信念、人生观和价值观。对全体员工进行企业文化理念教育，形成全员认知、认同并自觉实践的企业文化理念体系，将企业战略转化为员工的共同愿景，转化为大家的自觉行动，依靠企业文化来激活和整合内外部资源，实现文化制企、文化塑企和文化强企的目标。

2. 结合岗位工作，践行文化理念

在企业文化建设中，山东交运集团形成了“创建学习型组织，争做知识型员工”的良好氛围，各单位的干部职工立足自身岗位，出现了许多经典的服务案例。集团所属济南长途汽车总站通过开展班组自主化管理，提炼出“和谐、奋进、忠诚、优质、高效、卓越”的文化理念、“把理由让给旅客”的服务格言和“为了企业也为了自己和家人而努力工作”、“幸福、快乐与奉献同在”的员工信念。科室文化建设搞得有声有色，如售票处推出的“十项正激励”、“温馨小提示”、“服务格言展示”等；检票处员工广泛接受的“砍树杈”理念，同时，各科室分别结合工作实际提出了各具特色、源自实践的服务信念，如“幸福、快乐与奉献同在”、“飞越激情，适当归零”、“把麻烦留给自己，把方便带给旅客”、“用我甜美声音，传递完美服务”等。汽车总站南区将全体员工在科室文化的熏陶下，涌现出许多先进人物和创新管理模式，“王涛工作法”、“小铁人精神”等在集团得到了推广，促进了车站与人的和谐发展。作为山东高速客运排头兵的济宇高速公司，在服务模式上实现了由航空式服务向全新服务模式的转变，该公司金牌乘务员推出了“六个一”家庭式特色服务，即：见到老、弱、病、残扶一扶，见到餐板上有污渍擦一擦，见到旅客看书把阅读灯开一开，见到有特殊旅客主动问一问，见到旅客睡着时用毛毯盖一盖，见到地上有污物捡一捡，受到了乘车旅客的好评。山东交运物流公司提出了“以顾客为本，物畅其流”的工作理念，强调特别能吃苦，特别能战斗，特别能奉献、特别能创新、特别能进取的5种工作精神，赢得了“山东铁军”的称号。

山东交运集团所属客运场站以旅客满意为标准，以打造“微笑车站”为目标，创新服务形式。济南汽车长途总站设立了女士购票窗口，英语、哑语服务岗。在情人节、母亲节、老人节等到来之际，推出鲜花免费速递服务项目。针对孩子单独乘车问题，推出“千里一卡系，亲情伴您行”儿童专送等服务。济宇高速公司从旅客的需求着眼，使全“心”服务，有了全“新”感受，让广大旅客的旅程只有家庭的温馨，没有旅途的烦闷。交运物流按照现代物流产业发展的要求，凭借雄厚的运输实力和全方位的无缝隙服务，先后与日本东芝、韩国LG、北京电力等国内外大型企业建立长期稳定的合作关系，多次为国家西气东输、西电东送、南水北调、抗震救灾等重点项目和重大行动提供运输保障服务。旅游集团以特色的“运游结合”旅游模式，创新推出的“巴士旅程”和“好运游”产品成为全国旅游行业一张独特的名片。

3. 培树典型，用文化增强企业凝聚力

山东交运集团坚持用与时俱进的先进文化打造“山东交运”服务品牌，注重发挥先进人物的榜样示范和典型引领作用。公司党委坚持“选一名先锋，树一面旗帜，立一个标杆，带动一个群体”的不同产业、不同岗位推出“叫得响、立得正、树得稳”的先进作标准，提出了争做各岗位创新经营先锋、创新服务先锋、创新管理先锋、创新节能先锋和安全生产先锋活动，先后成功培养选树了全国劳动模范郭丕华，十八大党代表、山东省优秀共产党员李文，山东省道德模范、最美司机宋洋，山东省劳动模范贾湘鸣等多位引领行业风尚，具有社会影响力的先进模范人物。先后出版了《先锋之歌》、《李文的故事》和《颂扬满天下》等企业文化系列丛书，从不同侧面反映先锋模范的成长道路和感人事迹，形成了典型带全员的良好企业文化氛围。

4. 担当社会责任，提升企业文化品牌影响力

山东交运集团始终以服务人民，奉献社会为宗旨，开展爱心回报活动，如：汽车总站员工与济南市社会福利院孤残儿童结成帮扶对子，连续 15 年通过各种形式开展爱心捐助活动；总站南区大力开展“泉城义工关爱号”活动，形成了独特的义工文化；各单位还分别开展了扶贫济困送温暖、关注农民工子女等公益服务活动，推出了五大直通车、党员示范岗、雷锋服务岗、为民车队、党员快修点等便民举措和特色服务活动，赢得了社会各界的广泛赞誉和上级部门的充分肯定，进一步彰显了勇于担当社会责任的良好企业形象，并形成了良好的社会品牌。目前，在“山东交运”旗下拥有中华第一站、济宇高速、山东交运物流、兔兔快运等诸多子品牌，形成了集团主品牌下，众星捧月、互动生辉的品牌格局。

新国线济南运输有限公司

新国线济南运输有限公司（原济南市第三运输公司，简称公司）始建于1956年，是以客货运输为主导，站场经营为基础，车辆维修为依托，运输服务为延续的综合性山东省骨干专业运输企业。公司拥有济南公路主枢纽段店、青龙山两个客运站；张庄、段店两个货运场站，具备客、货运运输二级经营资质，一级汽车维修资质，A类联运企业资质，A级汽车综合性能检测站和综合类二级驾驶培训学校，已形成了客、货运输经营、汽车服务等多个品牌经营项目。

核心价值理念体系表述及诠释

1. 核心价值观：团结奋进、开拓求实、安全高效、拼搏自强

团结奋进：就是公司全体干部职工团结一致，为实现企业创新发展这一共同目标努力奋斗。

开拓求实：就是以不断开拓的意识，务真求实，与时俱进，实现企业由小到大，由弱到强的不断发展。

安全高效：安全是交通运输企业的首要任务，在保证安全生产的前提下，追求更高的企业效率。

拼搏自强：寓意公司全体干部职工，在推进企业创新发展中，大力弘扬中华民族的自强不息精神，努力拼搏，永不松懈，实现企业更大发展。

2. 使命：优质的服务，高素质的员工队伍，一流的业绩

优质的服务，它体现了以顾客为关注焦点，满足顾客需求。培养高素质的员工

队伍，是企业的责任，是员工成才的需求，是提高企业竞争力的根本所在。创一流的业绩，体现企业的价值和为之奋斗的方向。

3. 目标：打造顾客满意，员工自豪的一流现代运输企业

企业的发展就是为了实现顾客、员工、企业、社会效益为一体，既要为顾客提供满意的优质服务，又要给企业员工提供一流的工作环境，提供一流的经济和社会效益，并为社会做出积极的贡献，成为现代化的一流企业。

4. 精神：诚信、团结、创新、发展

诚信是中华民族的光荣传统，是经营和做人的根本。团结就是力量，团结，是战胜一切困难险阻的基础和保证。创新，体现了时代要求和开拓精神。发展，是第一要务，美好的未来是靠发展实现。这一企业精神，全面真实地反映了企业鲜明个性和职工的精神风貌，并成为凝聚、激励职工奋发向上，促进企业发展的精神支柱和动力源泉。

5. 职业道德：忠诚、敬业、自律、学习

忠诚，即忠诚于企业，把企业的兴衰与自己的发展联为一体。敬业，就是敬业爱岗，努力提高素质，做好本职工作。自律，就是遵纪守法，模范执行道德规范。学习，就是终生学习、自觉学习、学习工作化、工作化学习化，做学习型员工。公司就是用这种职业道德来规范每位干部职工的行为。

文化体系践行方法

1. 全面启动企业文化建设程序，认真实施活动方案

多年来，公司把企业文化建设作为公司发展的重要动力源泉进行重点工作抓好落实，制定了《关于深化企业文化建设实施方案》，明确了工作目标、内容、工作责任，推行了目标管理，并制定了推进计划，按步骤实施推进，实行目标责任制管理。以目标责任制考核为抓手，形成了包括企业文化、服务质量、安全管理、文明创建等内容的考核管理系统。定期组织进行动态考核，对各部门和各单位的企业文

化、经济业绩、质量目标、顾客满意率、工作成效逐项评价，逐项打分，绩效挂钩，奖惩兑现，促进了考核管理的标准化、规范化。同时制定了《企业文化建设项目实施和考评办法》，对企业文化落地的各项工作进行量化考核。

2. 建立健全公司的各项管理工作标准，规范各项管理

公司高度重视企业“三化”建设，建立健全了《企业管理制度》、《工作管理标准》、《岗位责任制度》三大管理体系，做到了每项管理有规范，每项工作有标准，每个岗位有职责，通过有效的实施，达到了制度化、标准化、规范化的要求。

2003 年 3 月，公司率先在全省交通系统建立并全面实施了 ISO9001–2000 质量管理体系，使公司的各项管理水平管质量有了很大程度的提高。在此基础上，公司借鉴 ISC9001 质量管理标准和模式，公司又先后建立党务管理和职工民主管理等质量管理体系，形成一整套既有高标准又有可操作性的行为管理体系，为企业整体文化建设的不断发展奠定了坚实的标准基础。

3. 学习交通先进企业文化建设经验，规范职工行为

为强化职工岗位行为规范化建设，公司在车站服务、客运导乘、汽车检测、驾驶培训等各窗口服务单位，推行了服务规范精细管理模式，参照 CIS 企业识别系统服装颜色标准要求，为员工量身制定了工作服。明确了员工岗位行为禁忌，推行了岗位常用文明用语，杜绝了各种不文明行为。

4. 加强企业环境建设，打造企业优美环境

近年来，根据济南市委、市政府提出的“加快科学发展、建设美丽泉城”的总体要求，公司投入大量资金，以“高起点、高标准、高效能”的工作思路，努力改善企业的经营环境。为打造城市西部亮点，公司在段店客运站建立起了具有企业形象的标志性建筑，完善了各项基础设施。为改变公司对外窗口单位的形象，公司对检测站、驾培公司等多家窗口服务单位经营环境进行了全面改造，为广大乘客、客户、市民提供了良好的服务环境。在企业经营环境得到不断改善的同时，广大干部职工的环境保护意识也有了不断提高。

5. 丰富载体，使企业文化建设充满生机和活力

在企业文化建设中，不断丰富企业文化建设的组织形式和活动载体，最大限度

的调动和激发广大职工参与企业文化建设的积极性。工作中以5种活动为载体，一是以创建学习型组织为载体，为企业可持续发展储备能量；二是以交通安全文化建设为载体，提高增强职工的安全意识；三是以职工道德教育为载体，不断提升职工道德水平；四是以群众性生产竞赛为载体，激发职工的创业激情；五是以文化娱乐活动为载体，陶冶职工思想情操。

6. 以文化为引领，推进创新发展，实现公司三个文明建设的协调发展

实践证明，企业文化是企业发展的推动器，通过大力加强企业文化建设，进一步增强了企业的向心力、凝聚力和创造力，实现了企业3个文明建设的新成就。

在物质文明建设方面，通过加强企业文化建设，有力地推动了企业各项制度的完善，管理工作进一步加强，安全生产得到了持续稳定发展，企业经济效益、社会效益、职工收入都有了较大幅度的提高，企业实现了持续稳定健康发展，并为交通事业的发展，做出了应有的贡献。

在精神文明建设方面，通过加强企业文化建设，提炼并形成了具有公司特色的企业价值理念，干部职工达成了共识。在企业创新发展进程中，企业的文化素养不断提升，整体素质不断提高；员工队伍精神面貌发生了变化；企业发展环境得到了全面改善；培养造就了一大批开拓创新、努力工作、勇于拼搏、无私奉献的先进集体和个人，形成了蓬勃向上的企业发展环境。

在政治文明建设方面，通过加强企业文化建设，进一步提高了企业党建科学化水平，增强了公司两级领导班子的组织建设、思想建设和作风建设，形成了工作合力，坚定了团结带领全体干部职工实现公司科学发展、创新发展的信心和决心，在思想上与党中央保持高度一致，在公司改革创新发展中，充分发挥企业党组织的政策核心作用，基层党支部的战斗堡垒作用和广大党员的先锋模范作用，团结奋进，为推进企业的健康持续发展而努力。

单位标识诠释

新国线标志由两头飞奔的大象和五颗星组成，“双象”与“双向”谐音，体现了新国线快车是双向对开客车，同时，也喻义企业与乘客公平交易、双向选择。大象吉祥、和善、稳重，喻义新国线快车以乘客为上帝，脚踏实地、快速、安全。五颗星喻义新国线快车的高档品质和服务。

阳光天使

标志左边是天使翅膀变形的图样；右边是太阳的变形。整个标识使天使和太阳巧妙的融合在一起，结合"阳光—天使"的字样，体现了我们既有阳光的温暖又有天使般的贴心和谐的服务。从整体看她又像一只展翅欲飞的火凤凰，象征着我们服务班的姑娘们：温柔、热情、充满朝气。颜色部分更是采用黄和橙两大色系给人温暖、和谐、希望的感觉，与我们的"阳光——天使"相辅相成。

淄博顺和客运经营服务有限公司

淄博顺和客运经营服务有限公司（简称顺和客运公司）是省级一级客运站，经营范围集客运站场、货运、三产经营于一体。车站于1953年成立，1977年10月由原北镇汽车运输公司划归淄博市第一汽车运输公司管辖，原名为张店长途汽车站，1987年6月更名为淄博长途汽车站，2003年10月1日更名为淄博汽车总站。2011年5月19日迁入客运站新址，2013年9月17日，淄博交运集团有限公司、淄博东城汽车客运站有限公司、山东长运企业集团有限公司以股份制的形式参与经营，所辖的淄博汽车总站、东城客运站、大众捷运车站三站合一，成立了淄博顺和客运经营服务有限公司，车站的经营性质不变。公司现有营运线路320余条，营运线路辐射23个省、直辖市，是鲁中地区重要的公路客运交通枢纽站。

核心价值理念体系表述及诠释

1. 核心价值观：阳光心态、责任人生、快乐工作、幸福生活

顺和客运我们的产品是服务，我们的服务对象是旅客，经营性质决定了我们的核心价值取向就是优质服务，旅客满意。其核心是服务质量，服务质量的好坏重心取决于员工的心态和思想行为，因为人是生产力的第一要素，为此，我们把以人为

本的管理作为企业管理的重中之重，提出了“只有员工第一，才能质量第一”的管理思想。在辨证的管理思想的指导下，确立了“阳光心态，责任人生，快乐工作，幸福生活”的核心价值观，精心培养员工的阳光心态；激励员工的责任人生；营造良好的工作氛围快乐工作；创造员工满意的幸福生活。把员工的满意，通过他们的细微服务转化到为旅客的服务中，每天以饱满的精神状态，周到的微笑服务，热情的服务态度，投入到各自的服务工作中，实现安全、方便、快捷、满意的运输目的，顺达四方，和得天下。

2. 使命：全心全意服务旅客，与时俱进和德天下

顺和客运公司的性质决定客运站是交通基础设施，是以站场为依托，为道路客运经营者和旅客提供有关运输服务的场所；公司的产品是为社会公众提供服务。所以，优质服务是公司赖以生存的基础、谋求发展的动力。在服务中求发展，在发展中促和谐，服务是公司的职责，发展是公司的目的，和谐是发展的基础。服务的每一次改进和创新是企业发展的契机，与时俱进，不断满足旅客的服务需求是企业发展的动力，为此，公司的使命：全心全意服务旅客，与时俱进和德天下。

3. 愿景：创行业之先，建“百年老店”

车站1953年组建，已走过60多个春夏秋冬，经营环境已发生了天翻地覆的变化，现已成为鲁中地区重要的公路客运交通枢纽站，淄博市文明窗口单位。

作为一个从事客运经营的老企业和文明窗口单位，如何在激烈的客运市场竞争中立于不败之地，做到创行业之先，打造经久不衰的“百年老店”，任务艰巨，任重而道远，必须引导和教育全体员工树立危机意识，竞争意识，质量意识，创新意识，树立敢为人先，永不言败的精神。明确以服务树形象，以形象铸品牌，以品牌赢效益，勇于拼搏，创新发展。做到服务有自己的特色，有自己的品牌，有同行业领先的管理理念、服务水平，强筋健骨，做到你无我有，你有我优，你优我精，真正成为交通运输行业的佼佼者，客运服务中经久不衰的“百年老店”。

4. 精神：务实、仁爱、忠恕、卓越

务实：“大人不华，君子务实”。顺和客运公司一直崇尚“抓铁有痕，踏石有印”求真务实的精神，要求员工对待每一项工作必须讲实际、重实效，脚踏实地、精益求精，反对假大空的工作言行，以务实的工作态度，立足岗位，扎实工作。

仁爱:“仁者爱人，人恒爱之”。顺和客运公司秉承“只有员工第一，才能质量第一”的管理思想，坚持“以人文本”的管理理念，确立了“阳光心态，责任人生，快乐工作，幸福生活”的核心价值观，把员工的价值取向转化到为旅客服务的每一个环节中，服务旅客，奉献社会。

忠恕：忠，即心无二心，意无二意。恕，即推己及人，如人之心。顺和客运公司每位员工言行要与企业目标相一致，形成一个理念，一个声音、一个步调，同心同德，荣辱与共，忠诚企业。对待每一位服务对象，做到爱人如己、换位思考、相互理解，互帮互助，心中爱满。

卓越：卓越是顺和客运公司精神“务实、仁爱、忠恕、卓越”的重要体现，是公司打造特色服务品牌的目标。每一个顺和人必须树立敢为人先的精神，追求卓越的品质，用行动落实到服务的每一个环节中，打造一流的服务，一流的管理，一流的团队，顺达四方，和德天下。

5. 职业道德

人为本，优服务。讲文明，树新风。懂礼貌，礼为先。献爱心，助他人。爱集体，惜公物。讲卫生，护环境。遵法纪，守规则。扬正气，担道义。爱岗位，尽职守。讲诚信，守信誉。好学习，勤钻研。重质量，保安全。勇拼搏，敢创新。精服务，乐奉献。善协作，求共赢。

文化体系践行方法

文化建设的关键在于让文化理念深入人心，融入日常工作中。顺和客运公司为系统推进文化建设，从精神文化、制度文化、行为文化和物质文化四大层面完善文化体系，自上而下，自下而上，循环渐进开展文化系统建设。

1. 建设精神文化

（1）顺和客运公司注重价值观导向作用，从每一位员工抓起，特别是通过新入职员工培训的方式，将公司文化理念传授给每一位新员工。印发了员工《七彩手册》，让员工可以系统了解公司的文化。

（2）《七彩手册》是新入职员工了解顺和客运公司的一扇窗户，分为《文化理念篇》《安全知识篇》《品牌建设篇》《文明礼仪篇》《绩效激励篇》《业务知识篇》《服务案例篇》7 个篇章，分别用不同的颜色表述内涵。展现给每一位员工。其中《文化理念篇》展示了顺和客运公司近年来的文化理念成长过程，《品牌建设篇》将精心打造的“阳光天使”品牌展示出来。《服务案例篇》中，收集了公司员工在服务工作中所经历的，有借鉴、有启发、有帮助的点点滴滴的服务案例，为新员工在工作中提升服务，避免类似差错起到了良好作用。

（3）顺和客运公司内部信息的窗口《德馨坊》杂志，起到了公司传递最新消息、新闻动态和员工风采、心声的作用。《德馨坊》采用的大部分文章都是由一线员工撰写、投稿，是员工展示自己才华抒发自己理想的一个平台，是公司和员工积极向上的价值观的一个展示。

（4）顺和客运公司紧跟时代的步伐，各处室都建立了自己的博客作为与外界沟通和展示员工风采的平台。开通了自己的微信平台，除了展示顺和文化、班次信息查询和最新动态发布外，还提供了贴心的人工服务。

（5）注意引导员工、传递正能量。建立了道德讲堂，每月一个道德课题，按照流程开展活动；组织员工学习《弟子规》，《弟子规》内容情景展示，并要求员工在工作与生活中践行《弟子规》。积极倡导“孝”文化，组织了“晒孝”文化、感恩文化宣传教育活动，要求员工在节假日多回家看望父母，孝敬父母。利用教师节组织师徒感恩会。候车厅每天播放“文明在哪里”等积极向上的文明歌曲，倡导文明乘车，在公司和车站上下形成了良好的风气。

2. 建设制度文化

顺和客运公司建立了系统的制度用来管理、考核、激励员工，制定了《绩效管理通用标准》、《团队绩效管理考核标准》《末位激励管理办法》、《各岗位安全操作规程》、《合理化建议征集办法》《评先创优奖励办法》、《干部管理及人才培养使用管理办法》《精细化管理办法》等规章制度和办法，并不断完善，提高员工的制度观念，提升员工的积极性和归属感，强化员工的执行力，不断学习和提升自己。

3. 建设行为文化

（1）心系旅客，组织员工与旅客互动，拉近与旅客之间的距离。开展了“元宵节遇上情人节”、“母亲节祝福母亲书写心愿”、“儿童节牵手端午节”等旅客互动活动，组织员工积极参加从而提升凝聚力和向心力，丰富了员工的生活，为旅客提供了一个快乐轻松的旅途。

（2）不定期组织各种活动，将组织活动和活动过程交给员工，提升员工的组织能力，给员工一个展示自我的平台。公司成立以来，开展了《弟子规》演讲比赛、元旦晚会、班组文化建设评比、清明节扫墓、美丽心情迎“三八”活动、女员工素质提升讲座、关爱母亲节等活动，丰富了员工的生活，展现了顺和客运人的风采。

在站场内实施准军事化管理，结对行走时要求两人成行，三人成列。每年对全体员工组织军训、礼仪培训，养成员工良好的行为习惯。

4. 建设物质文化

（1）顺和客运公司为员工提供优美良好的工作环境。实行人性化管理，建立了驾乘公寓、员工之家，不仅在生活中照顾员工，更加帮助困难员工，真正做到亲如一家。

帮助看望困难职工、捐款捐物、开通艺考直通车、帮扶南家村、走进敬老院等公益活动。对旅客热情、周到、细心，为旅客免费提供行李车、打气筒、便民箱、应急药品等服务用品。

（2）制作了宣传栏，服务质量监督栏、安全宣传栏，组建了班组文化活动室，“阳光天使”品牌展室，文化宣传牌等，有效地宣传了公司文化。

文化品牌

阳光天使

单位标识诠释

标识的中心主体采用暖色调黄色和红色，并以渐变效果，由浅至深，像冉冉升起的太阳，朝气蓬勃。太阳用“顺和”两字拼音“S”“H”的大写首字母，经过变形，寓意四通八达、纵横交错、上下贯通的公路网。中心主体象征着鲁中大地上一个新的客运公司诞生。主体上方5颗闪闪发光的金星，象征着车站的五星级服务和五星级管理。主体下方为公司简称“淄博顺和客运”，公司主题明确，字体采用行楷，流畅，富有动感。整个标识象征着顺和客运公司在公路旅客运输的发展史上如冉冉升起的太阳，以全新的五星级管理和服务，创出辉煌的业绩，顺达四方，和德天下。

单位标识

新旅途❤满意

江苏省扬州汽车运输集团公司

江苏省扬州汽车运输集团公司（简称扬汽集团）是国有大中型企业，中国道路旅客运输一级企业，经营领域覆盖道路旅客运输、城市出租、汽车修理、商贸旅游、职业培训等多种产业，为扬州地区规模最大的公路客运龙头企业。集团下辖 17 个分公司、12 个子公司，现有职工 1734 名，资产总值 7 亿多元，各种营运车辆 851 辆，经营公路客运线路 137 条，线路辐射 18 个省和直辖市。2003 年通过国际质量体系认证，2012 年通过职业健康安全体系认证，2013 年 9 月底，公司被认定为第一批“交通运输部交通运输企业安全生产标准化一级达标企业”，成为首家获得 3 项（道路旅客运输、汽车客运站、机动车修理）认定的道路客运企业，为扬州市国资委系统重点监管企业。

核心价值理念体系表述及诠释

1. 核心价值观：满意创造价值

满意创造价值，即通过扬汽集团组织和员工提供的服务，获得公众对集团社会角色的赞誉；通过客户的满意购买和愉悦体验，来兑现和体现服务的价值。

2. 使命：奉献社会，造福员工

奉献社会，就是为促进和推动社会经济和民众生活发展和和睦做出应有的贡献。造福员工，就是致力于为扬汽集团内部员工谋利益。社会和员工是集团管理、发展，创建品牌的出发点和根本点。

3. 愿景：品牌一流，行业领先

品牌一流，行业领先，即在保持现有良好发展态势的基础上，打造以公路客运为主业的一流品牌，并在经济效益、科学管理、文化建设等方面得到显著加强与提高，进而处于客运同行企业的领先位置。

4. 精神：团结，奉献，创新，超越

团结，是扬汽集团所有成员齐心一致、通力合作，在达成一致目标时所表现的共同努力，是力量与目标的聚合。奉献，是为促进和推动社会经济和民众生活发展与和睦做出应有的贡献。奉献是集团使命在企业精神中的延伸。创新，是在原有基础上的改变与改善，或是在空白状态上的创造与创建。超越，是在不断进取的过程中，努力达到的、超出以往的、令人满意的状态与成就。

5. 职业道德：诚信，守法，顺道，重人

诚信，就是诚实，即真诚、诚实和守承诺、讲信用。诚信的基本含义是恪守诺言、践行契约和诚实无欺。守法，就是最受法律和法令。顺道，就是顺乎、顺应事物和社会的普遍规律与道义、道理，即为顺乎大义和顺应大势。重人，就是尊重人的尊严和权益，重视人的能力与价值。

文化体系践行方法

1. 策划阶段（2006—2007 年）

2005 年底扬汽集团全面启动企业文化建设。建立以总经理任组长的企业文化建设领导机构，专设企业文化策划处负责日常策划工作，聘请专业的品牌策划公司进行企业文化理念（MIS）、行为（BIS）、视觉（VIS）三大系统的全面策划，提炼 60 年企业文化精髓，形成完整的企业文化理念系统。编制了企业文化体系的主要载体——《扬汽文化大纲》。《扬汽文化大纲》分成《理念篇》、《行为篇》、《视觉篇》和《管理篇》。

2. 导入阶段（2007—2009 年）

利用《管理篇》、《员工文化手册》、《扬汽之歌》，通过培训和活动导入理念系统。公司注册了字号、司徽、吉祥物 3 项 9 个商标，2012 年又扩展注册了 6 个商标，并

汇编《员工行为规范》。结合文化建设，将视觉系统导入工作中，规范了企业内部及各二级单位的企业标识形象。按“卓越绩效”标准的要求实施6S现场管理，制定了《6S管理实施制度》及各工作现场和办公现场实施评分标准；编写印发了《6S知识手册》和《6S管理实施手册》。共制作了上千块企业文化展示牌，近200企务公开栏、生产看板展示牌。制定《企业文化建设项目实施和考评办法》，对企业文化落地的各项工作进行量化考核。

3.实施阶段（2009—2012年）

（1）围绕核心价值观提出“五个满意”，即员工满意、客户满意、市民满意、政府满意和相关方满意

为使员工满意，扬汽集团积极推行企务公开、民主管理制度，保障职工的各种福利，实行困难职工结对帮扶联系制度等。

为使客户满意，扬汽集团鼓励基层班组不断总结和提炼自己的服务方法、定期开展用户满意优质服务季活动和一系列服务创新的活动。

为使市民满意，扬汽集团增加售票网点，开通网上购票，送票送车到企业、学校，积极投身公益事业。

为使政府满意，扬汽集团每年保质保量完成春运、抗灾等各项保通任务，积极参加各种公益活动。积极响应政府节能减排的号召，使用天然气车辆代替燃油车辆，扬汽集团成为江苏省道路客运行业首家在长途班线运营中使用新能源客车的企业，连续两年被评为“全国交通运输节能减排优秀贡献企业”。2010年9月，在省内同行中首创手机售票系统。

为使相关方满意，扬汽集团举办社区文体活动、与结对村签订扶贫协议，给予资金、项目帮扶。与移动公司班组结对、举办联谊会、商务座谈会等。

（2）打造亚文化

一是开展提升质量文化、确保用户满意的质量文化活动，确立年年活动、年年创新、年年进步的活动目标，扬汽集团连续获得国家、省、市级优秀质量管理小组活动优秀企业称号。2003年至今获13项国家级、29项部省级优秀质量管理小组称号，现有2名国家级QC诊断师、8名省、部级QC诊断师，2名管理者、8个班组、8名个人被评为省市用户满意服务明星。

二是建立运输企业安全文化。构筑起“安全第一、预防为主、综合治理”、“珍惜生命，文明行车”的安全文化体系，深入开展“安康杯”竞赛、安全生产月等活动。

2012 年扬汽集团获得“全国安康杯竞赛优胜单位”和“2011 年度全省交通运输行业安康杯竞赛优胜单位”。建设以人为本的安全生产机制和规章制度体系，分专业、分岗位编制和执行作业指导书，全面提高了现场作业工作安全水平和工作质量，夯实了安全基础。从提高一线职工安全自防自保意识和业务素质入手，广泛开展职工业务技能和安全技能培训，增强了职工按规律办事、按制度办事的自觉性。2012 年获“全国安全文化建设示范企业”。

三是着力打造一流的车厢文化。在每辆班车车厢内醒目位置放置统一制作的警示牌。驾驶员按行为规范的要求统一着装上岗，规范礼貌用语，班车发车前向旅客进行文明喊话和安全提示。在车厢中统一放置装有常用药品、针线、创可贴等的便民盒，免费向旅客提供一次性纸杯、方便袋等便民用品，播放宣传企业形象和宣扬社会主义精神文明的影视节目等。

4. 再策划阶段（2012 至今）

2012 年扬汽集团再次启动了企业文化的梳理与策划工作，分析企业文化建设过程中的不足与薄弱环节，成立 BTS 策划委员会并于 2013 年 11 月 20 日隆重地召开了品牌战略策划成果培训大会暨交接仪式，形成了品牌战略系统。

文化品牌

新旅途，心满意

文化品牌诠释

“新旅途，心满意”，即是从新旅途收获心满意。“新旅途”是扬汽集团启动的全新创新服务计划，力求给顾客带来一种全新的感官冲击及不一样的旅途体验；“心满意”则是扬汽从心出发，全精全力，最终实现各方满意。

（1）传播主题指导思想——接地气、聚平台、顺时势。

接地气：与丰富的扬州文化相结合，心系顾客，拉近与市民的距离，与扬州融为一体。

聚平台：针对未来传播规划形成有针对性的媒体配合。

顺时势：形成对社会时事焦点的相关炒作。

（2）品牌建设战略路径——厚积（完善体系，精确认知）、薄发（全面发力，扩大影响）、致远（树标杆，创名牌）。

（3）打造历程——新体验、新服务、新形象。

新体验：整合顾客对文化品牌的多方体验点，打造“新旅途，心满意”服务平台。推出“爱满旅途”，在一个行动纲领之下建设服务。“爱满旅途”包括爱心服务台、贴心通道、爱心书吧、爱心基金、爱心互动和爱心咨询等服务。

新服务：围绕满意创造价值的核心价值观悉心打造五个满意，即让顾客满意、政府满意、员工满意、社会满意、相关方满意，采用多种手段为顾客提供优质服务。同时在5个满意的基础上提出5个到位：流程到位、保障到位、心意到位、细节到位、技能到位，努力做到智创服务，心系客户。

新形象：塑造品牌的第一印象，通过形象建立自己的品牌认知。

单位标识

龙骧集团
LONGXIANG GROUP

湖南龙骧交通发展集团有限责任公司

湖南龙骧交通发展集团有限责任公司（简称龙骧集团）是一家历史悠久的大型综合性运输企业。集团历史最早可以追溯到1921年成立的龙骧长潭长途运输有限公司。1993年1月经长沙市人民政府批准，原湘运长沙公司组建成长沙汽车客运发展（集团）公司，主要经营公路客运、客货站场、城市公交、出租车等业务。2006年4月公司整体改制成为股份制企业，建立了产权明晰、权责明确、政企分开、管理科学的现代企业制度，揭开了龙骧集团发展的新篇章，为企业的可持续发展奠定了坚实的基础。龙骧集团经营范围涵盖道路客运、客货站场、城市公交、出租服务、物流、汽车修理、机动车检测、成品油供应、驾驶员培训、旅游、房地产开发等多种业务项目。

核心价值理念体系表述及诠释

1. 核心价值观：和谐无价，适者生存

和谐无价具有丰富的内涵：以人为本、内外和谐、诚信友爱、合作共赢、保护环境、奉献社会。

以人为本。企业坚持以人为本的理念，尊重每一个员工，为员工的发展构建平台，注重培训，形成团结、紧张、严肃、活泼的局面。

内外和谐。企业追求统一的内外和谐，坚持合作互补，互惠共赢的方针。内部和谐，意味着龙骧人在道德准则、规章制度基础之上的团结协作，龙骧集团致力于追求观

念上的和谐、团队工作的和谐，达到精神和思想上的汇通。外部的和谐，是指龙骧集团坚持与外部相关利益者的高度和谐关系。

诚信友爱。意味着龙骧集团充满民主法治、公平正义、诚信友爱的精神，公司上下充满活力、安定有序。

合作共赢。集团坚持与合作方平等互利，追求共生共赢的商业精神，包括与客户，与上级单位，与供应商、合作伙伴，与社会的紧密联系，在合作中竞争，在竞争中共赢。

保护环境。龙骧集团追求多元互补的经营之道，资源配置合理有效，在发展中坚持采用能耗低、效率高，低排放的技术和设备，达到保护环境，与自然和谐相处的目的。

奉献社会。当企业利益与国家利益、公众利益、社会利益发生矛盾时，要无条件服从国家利益、公众利益和社会利益。时刻牢记龙骧集团“奉献社会”的使命，服务社会经济、便捷顾客出行的责任，在平凡的工作岗位上为社会做出自己的贡献，活出人生的精彩。

龙骧集团全体员工要上下一条心，在和谐理念的指导下，当局部利益与龙骧集团全局利益发生冲突时，要毫不犹豫地局部服从全局。在资源整合和经营过程中，为达到集团利益的最大化，在局部利益受损的情况下，全体员工要站得更高，看得更远。“无价”体现在通过企业内外的和谐可以创造出巨大的价值，只有在内外和谐的氛围中才能够实现龙骧集团的使命，达成龙骧集团的愿景目标，才能为顾客、为员工、为股东创造价值，为社会做出奉献。正因如此，龙骧集团把“和谐无价”作为核心价值观的第一要义，视为做人、做事最重要的基本准则。

适者生存具有丰富的内涵：顾客导向、团队精神、敬业务实、开拓创新、不断学习、科学发展。

顾客导向是企业生存的基础。为顾客提供满意的服务是龙骧集团存在的价值，以顾客为关注焦点是龙骧集团的工作中心，超越顾客的期望是龙骧集团的崇高使命。

团队精神是企业成功的关键。龙骧集团成功发展的重要经验之一就是充分发挥团队的作用。每一个员工都发扬团结协作精神，使龙骧集团成为一个具有凝聚力、战斗力的整体。

敬业务实是企业和员工的共同责任。企业是在一定的社会和市场环境中生存和发展的，每一个员工又是在一定的企业内部环境中求得生存和发展的。因此，不管是企业还是员工，都要按照客观条件，遵循企业运行和发展规律，不断地进行自我调适，每一个员工都要遵照敬业务实、开拓创新的精神和理念，武装自己的思想，指导自己的工作，找准自己的位置，和企业共同发展。

开拓创新是企业基业永存的核心，可持续发展的恒久动力。创新包括组织创新、管理创新、制度创新、文化创新等。管理创新是突破口，就是改变不适应企业发展的经营机制，积极探索企业经营的多种途径，适应未来市场竞争；就是要按照现代企业管理的要求，不断提高管理水平。而制度创新，就是要求公司不断完善现代企业管理制度，提升企业的竞争力。

不断学习是企业生存和发展的必然需求。企业要成为学习型企业，要善于向先进组织、同行业、竞争对手学习，吸取其优秀的成功经验；员工要努力成为知识型员工，不断充实知识、提高技能，为自身的发展奠定基础。

坚持科学发展观，是实现龙骧集团的使命、达成龙骧集团愿景目标必须遵从的理念。只有坚持科学发展，才能使企业基业长青，永续发展。

2. 使命：服务顾客，成就员工，回报股东，奉献社会

龙骧集团企业使命的内涵表述为：提供一流的道路交通运输服务，使旅客出行更安全、便捷、舒适、愉快；创建和谐企业，为员工打造成就事业的平台；创造一流业绩，回报股东、奉献社会。使命明确了企业的核心业务，道路交通运输服务，协调了企业内外利益相关方的关系；表明了企业为顾客提供服务是以满足安全、便捷、舒适、愉快等需求为导向；表达了企业履行对应负的社会责任的承诺。

永远把顾客摆在第一位，体现顾客至上。龙骧集团时时处处以顾客为关注焦点，顾客是企业生存的基点，满足顾客要求，增强顾客满意度，是企业存在的唯一理由。顾客是龙骧集团发展的根本，只有顾客满意和认可，才能保证龙骧集团稳健地发展。提供高品质的服务，努力增强顾客的满意度、超越顾客的期望是公司永恒的追求。

员工是龙骧集团最重要的资源，没有员工对企业的高度认同和辛勤的劳动付出，就没有企业的今天和未来。员工是企业的内部顾客，没有满意的员工，就不可能有满意的顾客。企业就是要为员工搭建施展才华，实现自我价值的平台，使员工与企业同命运、共发展。企业使命的实现需要依靠企业员工的共同努力，企业愿景的达成，也需要依靠企业员工的共同努力，从而“回报股东、奉献社会”的理念才能得以实现。

回报股东是现代企业的基本要求，是企业经营的目标，维护股东的利益，使股东资产持续不断增值并得到丰厚的回报，是企业经营价值的体现。

龙骧集团是具有一定公益性质的企业，社会是龙骧集团赖以生存的土壤，服务社会经济、便捷顾客出行，是龙骧集团义不容辞的责任。

在激烈的市场竞争中，只有居安思危、夯实基础、积蓄力量，才能迎接最大的挑战，才能使龙骧集团基业长青。

3. 愿景：实现多元化、集约化发展，做优、做强、做大龙骧集团

实现多元化、集约化发展的目标。龙骧集团是一个以运输为主业的多元化经营企业，应充分利用这一优势，整合资源，走环境友好型、资源节约型企业之路，实现多元化经营、集约化发展的目标。

做优、做强、做大是龙骧集团全体员工不懈追求并努力实现的目标。

“优”，主要体现在企业品质优，即：资产结构优、资源整合优、团队精神优、体制机制优、员工素质优、企业文化优。企业的优，还体现在社会关注的知名度、社会认同的满意度、社会尊重的美誉度；体现在能为顾客、员工、股东、国家和社会谋利益；体现在企业经营得好，管理得好，企业文化建设得好等方面。

“强”，主要体现在企业具有强大的竞争力和不断优化的自我生长力，生机勃勃，长盛不衰；体现在企业经营好，利润高，能实现对顾客、员工、股东和社会的承诺，实现企业的社会责任；体现在企业在战略规划、组织治理、制度安排上完善有序；体现在企业有良好的精神面貌和团队精神，有凝聚力、战斗力，有和谐的氛围和浓厚的学习气氛，充分展示“以人为本”的价值理念。

“大”，不仅体现在企业的主业规模大、产业结构多、行业份额重，还体现在发展战略上有大思维、大手笔、大步伐的磅礴气势，更要体现在企业经营者和全体员工具有博大的胸怀，海纳百川，为我所用。

4. 精神：忠诚勤勉，敬业奉献

忠诚勤勉是成就事业的基本保证。企业尊重、关爱每一位员工；员工热爱企业、关心企业、忠诚企业，把个人的命运与企业的兴衰紧密地结合在一起，努力学习专业技能，掌握先进工作方法，全面提高自己的综合素质，把龙骧集团企业文化的核心理念内化于心，勤奋工作，不畏艰难，团结干事，共创龙骧集团事业新的辉煌。

敬业奉献是基本的职业道德，每个员工都应把个人追求的目标融汇于企业的目标、愿景之中，热爱工作岗位，为实现企业目标而贡献智慧和力量，同时努力实现个人的价值。因此，爱岗敬业、无私奉献，在岗位上成才，与企业共同发展，把自身价值奉献给龙骧集团，既是企业对员工的基本要求，也是广大员工自身的利益所在。

龙骧集团的企业精神准确而深刻地表达了龙骧人几十年来所形成的精神境界，

它和企业的核心价值观彼此呼应。龙骧集团就是靠着具有这种精神的员工队伍，克服了前进道路上的一个又一个困难，顺利度过了一个又一个难关。这是龙骧集团宝贵的精神财富，是龙骧集团基业长青、永续发展的优良基因。

文化体系践行方法

1. 不断深化文化建设的内涵

一是要求全员学习科学发展观，全员领会企业文化的内涵。集团党委制定了学习实践科学发展观活动方案，科学发展观的学习范围不限于党员，还扩大到各基层管理人员，并深入到全体员工的工作和生活中，企业文化的学习推广自然也融合到员工的工作和生活中。

二是结合科学发展观的学习实践，进行文化诊断。针对一些突出问题，龙骧集团领导成员结合分管的工作，结合调研的成果，相继撰写调研报告，全面分析公司的整体生产经营状况，按照科学发展观的要求，在经营方式、文化建设、内控管理、人才战略、节能降耗等方面提出了具体的改进建议。

2. 多种途径宣传龙骧企业品牌

龙骧集团通过网站、内刊和宣传栏，媒体，立体宣传集团的企业文化。统一了《龙骧报》、龙骧网站的 LOGO、色调。与新闻频道、湖南省教育频道联合录制了《开心讲廉》节目，通过这些节目，以轻松、和谐、积极的姿态，传播龙骧集团的企业文化。

龙骧集团按照 VI 统一设计制作各分子公司的标识标牌及员工制服，展示出了良好的企业形象。新建的运输调度大楼按照企业文化理念及精神设计。在集团产业扩张，跨区域经营时，积极与当地企业进行文化上的沟通与协商，并就企业文化的融合和引入进行了探讨和交流，将龙骧集团文化植入并购或合作的企业，形成企业文化的整体协调、同步发展。

3. 多方面推进企业文化落地

一是以人才培养为着力点，人才文化兴企业。以德才兼备、才尽其用为原则，以组织学习、团队学习为手段，以全员学习、终身学习为目的，实施人才兴企战略。

把职业教育和员工培训纳入企业管理体系，以龙骧技校为基地建立龙骧集团培训中心，对企业员工进行系统培训。同时建立员工学历教育奖励机制，形成“学习＋激励”的管理模式。每年对新进员工，进行为期一个月的服务培训和生产培训，培训内容和形式都较以往创新。

二是以制度建设为主线，管理文化促高效。根据新公司章程、企业实际和现代企业管理的要求、结合 ISO9001：2000 质量管理体系和 GB/T28001–2001 职业健康安全管理体系标准的要求，将龙骧集团各项工作全部纳入到标准化管理的体系中，做到了管理“横向到边、纵向到底”，实现高效沟通、执行有力的管理目标，对企业管理提质和效益提高起到重要的作用。

单位标识诠释

（1）标志呈椭圆形，圆弧形自右向左由宽变窄，强调立体感和透视感，整体呈前些状，突出动感和视觉冲击力，既象征着一个滚滚向前的车轮，同时也象征一个正驶向前方的方向盘。

（2）颜色采用红黄渐变，显示龙骧的高贵。龙骧，即龙马昂首腾跃的姿态，象征龙马精神，气概威武。

（3）标志中间，是由龙字拼音字母经过变形演绎而成的龙马，并与椭圆弧形连为一体，形似由远及近延伸的道路，体现了交通行业的特色。龙马，既暗示龙骧过去至高的荣誉，同时也象征着今日的龙骧集团奋勇当先的龙马精神。

合肥 客运
Hefei Keyun

安徽省合肥汽车客运有限公司

安徽省合肥汽车客运有限公司（简称合肥客运公司）始于1952年6月，2009年完成企业改制，具有全国道路旅客运输一级资质，是交通运输部实行联系制度的重点道路运输企业。主要经营道路旅客运输（含机场巴士、出租车、通勤车等）、汽车修理、汽车检测、司法鉴定、驾驶培训、燃润料销售等业务。拥有31家分支机构，7家全资子公司，5家控股子公司，4家参股子公司。此外，正在建设和规划中的车站有宁国长途汽车站、合肥东城客运中心、合肥汽车客运中心站等，年均旅客周转量20亿人公里。合肥市区市场综合占有率达90%。

核心价值理念体系表述及诠释

1. 核心价值观：诚信为本，崇德尚新

诚信为本：合肥客运公司把诚实守信作为最基本的处世准则，做到言必行、行必果。员工对企业诚信，自觉遵守规章制度，自觉维护企业形象，主动学习，主动工作；企业对员工诚信，兑现承诺，采纳员工合理化建议，帮助员工实现自我价值；企业对社会诚信，守合同，讲信誉，公平竞争，履行社会责任。

崇德尚新：“崇德”即推崇高尚道德、敬守社会公德、谨守职业美德、严守个人品德。“尚新”即提倡与时俱进、推陈出新。合肥客运公司倡导“崇德尚新”的核心价值观，就是要通过思想道德的导向作用，营造道德氛围，提升群体道德约束能力；就是要建立创新机制，保持创新激情，提升创新能力，传承创新精神。

2. 使命：服务顾客、发展企业、成就员工、回报社会

服务顾客：对于始终处在服务第一线的合肥客运公司，服务永远是合肥客运公司肩负的社会使命。通过为顾客提供温馨的服务，赢得顾客持续信赖与尊重，就是合肥客运公司存在的意义和价值。

发展企业：是全体员工赋予合肥客运的重任。合肥客运公司在尽职尽责履行服务顾客社会使命的同时，将通过多种渠道、多种形式，抓住各种机遇发展壮大企业，使合肥客运公司的综合实力和竞争能力得到提高，实现企业和员工的持久价值。

成就员工：合肥客运公司的每一步成长壮大都凝聚着员工的智慧和汗水，没有员工对合肥客运公司的认同和辛勤的劳动付出就没有合肥客运公司的今天和未来。所以合肥客运公司致力于为员工搭建一个施展才华、成就自我的平台，让员工与公司共发展。

回报社会：体现了合肥客运公司作为“企业公民”对顾客负责，为国家奉献的高度社会责任感和公共使命感。合肥客运公司通过提供优质服务，支持公益事业，扶危济困、警民共建、吸纳残疾人就业等实现回报社会的责任和使命。

3. 愿景：一流客运，百年伟业

“一流客运，百年伟业”的愿景是合肥客运公司员工的不懈追求，展示的是合肥客运公司打造优秀的现代运输企业和持续发展的理性思考。“一流客运，百年伟业”意味着合肥客运公司必须用一流的理念、一流的服务、一流的管理、一流的效益，展示给社会一流的客运形象；意味着合肥客运公司只有继续发扬“敢为人先，追求卓越”的企业精神，不断探索、勇于创新，持续发展，才能铸就百年伟业的辉煌。

4. 精神：敢为人先，追求卓越

“敢为人先，追求卓越”是一种不断自我超越的进取精神，一种永不满足的追求境界，代表着合肥客运人做人做事的原则和信念！敢为人先，代表了合肥客运人精神的傲然风骨，表现出合肥客运人解放思想、开拓创新的勇气。追求卓越，代表了合肥客运人精神的优秀品格，阐释了合肥客运人永不满足、超越自我的气势。

“敢为人先，追求卓越”是指导合肥客运公司全部工作的基本准则和广大员工的行动指南。意味着合肥客运公司在思想上有敢为人先的胆识，在工作上有敢为人先的意识，在作风上有敢为人先的勇气；以国内外先进企业为标准，以只争朝夕的精神开展工作，不断地学习追赶超越，在各项工作中不断创造佳绩。

文化体系践行方法

半个世纪的发展过程中，合肥客运公司形成了自己独特的企业文化基因，积累了丰厚的文化底蕴。2003 年，公司新一届领导班子组建后，形成了包括企业的目标、原则、价值观、经营理念和服务宗旨等理念。2009 年，合肥客运公司率先被确定为安徽省道路运输文化建设典型示范课题承载单位；2010 年，合肥客运公司与中国交通企业管理协会发展战略工作委员会签订了企业文化建设项目咨询合同，完成了《合肥客运企业文化调研报告》、《合肥客运企业文化手册》、《合肥客运员工行为规范手册》、《合肥客运企业文化实施纲要》、《合肥客运企业文化系统培训教材》、《合肥客运 VI 视觉识别手册》以及合肥客运企业文化建设过程资料等；2010 年 8 月 30 日，合肥客运公司专项文化建设成果顺利通过了安徽省交通运输厅专家组的验收并获得了很高的评价。较为系统的合肥客运公司文化体系初步形成，从几个方面践行。

1. 理念文化

合肥客运公司的核心价值理念是企业优秀文化基因提炼、升华而成，是过去足迹的总结，更是未来方向的指引。文化体系确定后，通过一系列措施，在职工中进行了理念的宣传贯彻。

2. 经营文化

合肥客运公司在企业发展中突出“快”字，按照做好、做强、做大的工作思路，形成独特的经营决策哲学，如，“三县战略”、“四轮驱动”、“专线运输”、“公司化改造”、“发展存量、拓展增量”、“直面动车冲击，回归道路客运企业经营的本原——做市场、做服务”等经营与决策的思路，2013 年提出了转型发展、2014 年提出了创新发展等，提升了企业经营战略与管理的综合竞争力。

3. 服务文化

一是将企业文化建设与开展“微笑服务、温馨交通”活动有机结合，使“以客为尊，温馨伴全程”的服务理念深入人心。2009 年 8 月，合肥客运被安徽省交通运输厅列为首批开展“微笑服务、温馨交通”活动试点单位，所属的 4 个单位被命名为安徽省“微笑服务、温馨交通”示范窗口。

二是将扎根基层、创服务品牌，在车站方面打造了全国青年文明号——合肥汽车站莹雪客服中心；在运行方面，打造了全国工人先锋号——合肥铜陵专线。树立了站务员陈莹、田春雪、杜鑫，驾驶员陈文、施健，修理工胡庆庚、付宏年等一批服务及技术明星。

4. 安全文化

合肥客运公司在企业安全管理中通过层层落实安全责任制，充分利用现有科技手段，践行开安全车，行万里路的安全理念。2012 年、2013 年合肥客运公司连续两年无安全生产责任事故。2009 年、2010 年，2012 年合肥客运公司 3 次获“全国安康杯竞赛优胜企业”称号。

5. 运动文化

合肥客运公司以各类员工兴趣小组为抓手，吸引越来越多的员工积极参与健身运动，通过一年一度员工健身运动会的举办，营造积极健康的运动文化氛围。自 2013 年至今，合肥客运公司已举办了 10 届员工健身运动会，充分展现了合肥客运人积极向上、充满活力的精神风貌。

6. 廉政文化

每个部门和单位都设置了纪检委员和专兼职纪检监察工作人员，协助党组织加强党风廉政建设和组织协调反腐败工作。同时，充分挖掘廉洁文化资源，加大科技强纪建设。巩固宣传栏、电子显示屏、客运人报、电脑屏保等传统舆论阵地，开发门户网站、微博、QQ 群、微信等新兴载体，加强党员干部理想信念、权力观教育。

7. 先进文化

合肥客运公司通过开展优秀员工评比表彰活动、编辑合肥客运人故事集《风范》，企业报刊、门户网站上设置中国梦、劳动美专栏，大张旗鼓地宣传企业的先进人物，同时，不断提高劳模先进的政治待遇、物质待遇，选树和激励各类先进典型向更高层次的先进迈进，营造了浓厚的崇尚先进的文化氛围，较好地实现了先进品牌和“合客”品牌的双树立。

8. 公益文化

合肥客运公司连续多年开展“金秋奖学”、扶贫助学、希望小学结对帮扶、慰问孤寡老人等活动，表达了合肥客运公司发展不忘回报社会的拳拳之心，充分体现了合肥客运公司作为企业公民的社会责任感。

知音班组

BOSOM FRIEND TEAM

安徽省合肥汽车客运总站有限责任公司

安徽省合肥汽车客运总站有限责任公司（简称合肥总站）于2005年元月26日建成并投入使用，是安徽省交通重点工程和合肥市现代化城市的窗口工程。属于交通运输部一级资质客运站，是全国原45个公路客运主枢纽城市的客运站之一，也是合肥未来区域化特大城市的窗口形象代表。目前主要经营以省际、省内班线运输、站务服务及快件运输等业务。

多年来，合肥总站始终以一级品牌车站为标杆，推行“两为”服务理念，即为旅客提供优质、安全、舒适、迅速、准点、方便、整洁的乘车条件，为进站经营车辆提供公正、公平、规范、有序的经营环境和一流服务，得到了各级领导和社会各界的肯定。近年来，先后荣获全国交通运输行业文明示范窗口、全国交通运输企业文化建设优秀单位、第三届安徽省文明窗口、全省交通运输行业文明单位、全省交通运输行业“微笑服务、温馨交通”示范单位等荣誉称号，总站“知音”班组还荣获全国总工会“工人先锋号”荣誉称号。

核心价值理念体系表述及诠释

1. 核心价值观：温馨总站，快乐启程

温馨是指让人感觉亲切体贴的氛围，合肥总站通过“微笑服务、温馨交通”活动和企业文化建设，竭力营造这种令人愉悦氛围，让出门在外的人们能享受到家的温馨。

快乐是人觉得满足与幸福。德国哲学家康德则认为："快乐是我们的需求得到了满足"。只有优质的服务，才能让旅客拥有快乐的感受，合肥总站人把旅客需求当作自己的需求，真诚对待旅客，微笑地服务于旅客，让每位旅客带着一份满意的心情快乐地开始自己的旅途。

温馨交通从总站开始，快乐之旅由此启程。

2. 使命：开启快乐之旅，展示魅力安徽

合肥总站以全省一流的硬件设施为依托，以品牌建设和服务创新为两翼，扎实开展"微笑服务，温馨交通"活动，全面实施以人为本的企业文化建设，让旅客享受汽车出行的乐趣。站内独具特色的企业文化，特别是安徽文化和站点文化，让车站成为展示安徽形象的窗口，旅客在旅途闲暇之中了解历史，认识家乡，激发他们爱祖国爱家乡的热情。

3. 愿景：立志成为社会和员工满意的幸福企业

合肥总站是开放的窗口，员工的幸福感和受此影响的工作表现，会直接影响服务质量和车站形象。只有有了幸福的员工，才能有满意的旅客。鉴于此，合肥总站全面启动了员工幸福工程，将人本管理理念融入企业管理中，不断提升员工的幸福感，让所有员工快乐工作、幸福生活，进而提升旅客的满意度，实现社会和员工的双满意。

4. 精神：厚德、崇智、敬则、爱仁

"厚德"：出自《易・坤》："地势坤，君子以厚德载物。"表达了"君子应增厚美德，容载万物。"的美好境界。安徽省历史悠久，孕育了管子、老子、庄子、曹操等众多历史名人，徽文化、新安文化、桐城文化等，是中华民族传统文化的典型代表。合肥总站作为安徽省在合肥市的重要窗口单位，担负着宣传安徽文化、展现安徽风采的重要使命。合肥总站自建站以来，定期对员工开展文化培训、业务培训，将提高全员素质放在了工作的首要位置，提出了以"十敬"文化为代表的具有总站特色的4+3企业文化，所有这些无不显示出合肥总站深厚的道德积淀与文化氛围。

"崇智"：安徽人民历来崇尚智慧，涌现出一大批以智慧闻名于世的人物。合肥总站不断进行管理创新、文化创新这都体现了总站人对知识的尊重，对智慧的追求。

"敬则"："则"规则、模范、规程、制度。无规不成圆，企业有其发展的规律，员工也有自己的行为规范，合肥总站正是本着这种"敬则"的态度，对待自己所承

担的社会责任。

“爱仁”：出自《孟子·告子上》“仁民而爱物”的生态理论思想。相由心生，只有员工理解了“爱仁”之意，才能做到发自内心的微笑。作为合肥市的客运窗口单位，每个员工都需要博大的仁爱之心，有仁爱之心的员工才能爱护万物。这充分体现了服务型企业的宗旨。

文化体系践行方法

1.凝练“4+3”企业文化

优秀的企业文化是精神文明建设的“助推器”，合肥总站用“文化力”带动“生产力”，实现精神文明建设与企业文化建设的和谐统一。2009年，总站从自身实际出发，以企业文化建设为抓手，全面地对开业来的精神文明建设进行梳理，精心提炼出总站的企业精神、企业使命、企业愿景和核心价值观，建立了完整的企业文化体系，推出了4＋3特色企业文化，使精神文明建设有形化。

2.全方位落实“4＋3”文化

“4+3”指的是“四种文化”和“三个家”。一是文字文化。中国是一个有着5000年历史的文明古国，汉字的博大精深突出展现中国文化的无穷魅力，在浩瀚如海的中国汉字中，精心提炼了10个音同字不同的“境”字，赋予总站精神，成为合肥总站文化的第一特色；二是安徽文化。在候车大厅建立文化长廊，分别从安徽的山、水、人、文、路、运等方面予以展示，从而达到以合肥总站为窗口宣传安徽、借宣传安徽之机提升总站形象之目的；三是站点文化。安徽历代遗留的文化资源十分丰富，以发往站点地名为题，赋予诗句，让旅客在旅途闲暇之中了解历史，认识家乡，激发旅客爱祖国爱家乡的热情；四是安全文化。利用发车位的有效空间设立安全提示标语、漫画等。图文并茂的展现形式，让司乘人员在待班之时，轻松、愉快地接受安全文化。

这4种文化在引导合肥总站的文化观念和管理思想产生深远变革的同时，也为旅客准备了一顿丰富而难忘的文化盛宴。

“三个家”分别为旅客之家、司乘之家和员工之家。合肥总站在客运服务中认真贯彻“以人为本，以旅客为中心”的服务理念，旅客之家是合肥总站用爱心为旅客打造的一个温馨的家园，是为旅客精心准备的延伸服务项目。这里有舒适的座椅、美丽的植物、丰富的报纸杂志、可爱的儿童乐园、温馨的母婴室、能满足旅客各种需求的“党员号服务车”……更重要的是，这里有总站3位优秀共产党员真诚、灿烂的微笑和贴心、周到的服务。

3. 让“4+3”文化成为企业发展内动力

司乘人员是合肥总站的第二服务对象，他们肩负着客运环节的安全运输工作，责任重于泰山。为了让司乘人员有一个良好的休息环境，更好地投入客运工作，总站兴建了“司乘之家”，并配有专门的工作人员为司乘人员提供服务，让他们在总站有一个温馨的家，受到了广大司乘人员的高度赞扬。

员工之家是合肥总站做好微笑服务的后勤保障。尊重每一位员工，爱护每一位员工，为员工搭建实现人生价值的平台，这是合肥总站奉行的人才观念。因此，合肥总站斥资兴建了700多平方米的员工之家，为员工提供一个放松心情的场所。这里设立了阅览室、健身房、女子形体室、卡拉OK房等设施，每位员工都可以选择自己喜欢的方式来放松心情，健身美体，陶冶情操，将对职工的关怀认真地落到了实处。

“4 + 3”特色文化的形成，目的是用优秀的文字文化教育人，用辉煌的安徽文化鼓舞人，用经典的站点文化激励人，用生动的安全文化警示人，用温馨的“三家”文化关怀人，这5种文化共同实现了凝聚人的目的，从而达到让社会和员工满意的愿景目标。合肥总站的精神文明建设不仅要依靠制度的约束，更要用优秀的企业文化和先进的理念来引领。

文化品牌

“4 + 3”特色文化

文化品牌诠释

“4+3”特色文化，即文字文化、安徽文化、站点文化和安全文化“四种文化”及旅客之家、司乘之家和员工之家“三个家”，其中旅客之家组建了自己的品牌服务班组，即“知音”班组。

合肥总站利用“4 + 3”特色文化中的旅客之家平台，组建了品牌服务班组——“知音”班组，“知音”班组现有员工 11 人，其中党员 5 人，团员 5 人，班组下设 3 个小组，分别为：“知音”服务小组、“知音”热线小组和“党员”号服务小组。“知音”班组的定位是：专为旅客提供导乘、推送行李、“党员号服务”、“知音”热线及其他各种延伸服务。“知音”班组的服务目标是：旅客之家，知音服务。为达到这个目标，班组树立的服务理念是：换位思考，感悟旅客需求；主动服务，超越旅客期待。

单位标识

马鞍山长运控股集团有限公司

马鞍山长运控股集团有限公司是一家集多种产业于一体的综合性企业集团。多年来，长运集团坚持“一业为主，多元竞合”的发展战略，形成了以物流为核心产业，渡运、客运、驾培、出租车、实业投资为重点产业的六大主体板块。长运集团公司一直信守“精诚共赢、回报社会”的经营理念，与国内众多知名企业建立了战略合作伙伴关系，形成了以华东地区为中心，辐射全国的服务网络。

核心价值理念体系表述及诠释

1. 核心价值观：精诚共赢，回报社会

员工是企业的资源和财富，发展依靠员工；企业是员工的依托和舞台，企业成就员工。顺应人性管理，点亮人性光辉，追寻生命价值，共创繁荣未来。

2. 目标：打造皖江地区最具竞争力的企业集团

战略基础、全局谋划、行动纲领；把握先机、扩大规模、重点突破、全面发展。以品牌信誉强固企业内核，以强者姿态驰骋八百里皖江。

3. 愿景：绿色长运，品质生活

安全、舒适、快捷、便利；和谐、持续、健康、环保。人文人性的理念，长久

长信的信念，让员工实现品质生活，让社会提高生活品质。既有现实基础，又有理想境界，表达了企业发展前景和方向。

4. 精神：务实求真，天天向上

做实事，真做事；正确地做事，做正确的事。踏实勤勉，沉稳持重，探求事物本质，把握生存之道。每天站在新的起点，心中总存理想，目标永远在前。

文化体系践行方法

1. 加强组织领导，确保文化建设顺利开展

长运集团公司领导班子把加强企业文化建设作为提高企业软实力及核心竞争力的战略任务来抓，企业文化建设承办部门充分发挥协调指导作用，企业党组织和职能管理部门各负其责，密切配合，形成推动企业文化建设的合力。各子、分公司高度重视，加强领导，做到认识到位、责任到位、组织措施到位，形成主要领导负总责、分管领导抓执行、主管部门负责组织、各职能部门分工落实、全体员工广泛参与的工作格局，确保文化建设出成果、有实效。

2. 完善核心价值理念，形成企业共同价值取向

把提炼企业核心价值理念当作企业文化建设的新起点。以企业自身的文化为基础，以企业发展中的现实问题为导向，以企业未来发展战略为依据，加强构建企业核心价值理念体系，形成并巩固集团范围内的共同思想基础。各子、分公司之间要采取多种形式进行充分的文化沟通，整合各种文化资源，寻求新的文化共识，奠定企业共同价值取向。通过开展形式多样的研究讨论与宣传教育活动，实现企业上下对核心价值理念的深刻理解和广泛认同。

3. 注重职能文化建设，切实发挥集团文化引领作用

着眼于企业战略，进一步加强长运集团公司的文化建设。集团公司通过对专项职能文化的培育和挖掘，充分发挥主体母文化的持续影响力，为各子、分公司提供榜样示范和文化理念引导，形成大长运文化建设格局。探索职能文化建设规律和方法。集团公司总部各职能管理部门，在已形成的企业文化的基础上结合企业生产经营管

理实际，进一步丰富职业文化的深刻内涵，自觉承担与自身业务和管理职能相匹配的文化宣贯任务，提升职业文化建设水平。

4. 推进子文化体系建设，提升企业文化力

子文化是企业核心文化的延伸和细化。长运集团公司注意协调子文化建设各方面的工作，将子文化作为各单位、部门文化落地生根的重要载体，构建各具特色的子文化体系，丰富长运集团公司文化元素，彰显长运集团公司文化底蕴。品牌建设是文化建设的最终目标，集团公司各子、分公司通过加强子文化建设，使得文化品牌在产品推销、品牌推广、客户服务、市场营销、经营管理等各个方面发挥独特的文化效力，将企业文化成效传播给客户和社会，努力将企业文化效应转化为经济效益和品牌效应。

5. 将文化建设与生产实践充分融合，全面促进企业发展

将文化建设寓于企业日常各项生产经营管理活动之中，从而更好地服务于企业发展。将文化理念贯穿到企业的各项规章制度和工作流程、工作标准中去，转化为员工可遵循的行为准则和行为规范，实现价值观固化于制；把文化理念体现在产品的生产销售和服务的提供等经营管理活动中，体现在员工的日常行为和企业对外形象上，使文化理念外化于行、内化于心。

6. 进一步开展文明创建与文化活动，丰富企业文化建设内涵

积极开展文明创建，深化学习型组织建设、推进岗位练兵、劳动竞赛等活动开展，丰富企业文化建设内涵。大力选树先进典型，宣传先进模范事迹，激励广大员工在企业改革发展中建功立业。充分利用各种企业文化设施，发挥摄影、书法、美术、文学、体育等各种业余文化协会的作用，组织开展丰富多彩、员工喜闻乐见、健康向上的业余文体活动，陶冶员工情操，提高员工文化素养，增强员工对企业的归属感。

7. 完善文化建设考核评价体系，提升文化建设水平

完善企业文化建设考核评价体系。阶段性文化建设过程结束后，需要对成绩和效果进行相应的评价，从而不断提高企业文化建设的水平。各单位、部门根据长运集团公司的总体部署，逐步建立和完善了各自的企业文化建设考评体系，逐级对本单位或职能部门的企业文化建设的过程和结果进行监督检查，总结成功经验，查找问题与不足，持续推进企业文化建设工作。

辽源市客运总站

辽源市客运总站（简称辽源客运总站）1984 年建站，是吉林省九大公路交通枢纽之一，是按部颁标准建设的一级客运站。下辖两个一级站（站前客运站、开发区客运站）和一个三级站（仙城客运站），担负着辽源发往东北三省及北京、天津、河北、山东等 35 个（市、县）公路旅客输送任务，日发班车 658 次，日均客流约万人次。

核心价值理念体系表述及诠释

1. 核心价值理念：正心修身，至诚德政

正心至诚、修心养性、淡定精进地做人；明德诚信的施政。通过不断的创新发展，追求卓越，争创新优势，创造新业绩，提高企业核心竞争力。

2. 宗旨：服务第一，旅客至上

服务以客为本，就是以客为尊。客是服务工作的出发点、落脚点，也是目标和归宿。以旅客需求为目标、旅客满意为己任。同时，推进和完善员工的服务工作理念、文化、视觉、行为、规范、流程等的一体化，推动服务质量的持续提高。

3. 愿景：做一流服务，建一流团队，树一流品牌，创一流业绩

企业发展愿景是辽源客运总站现在与长远目标相结合的情景式表达，是凝聚全

员思想、激发全员行动的共同理想，是全员团结共进、开创未来的统一目标。市场是不断变化演进的，只有不断改进、不断提升、不断超越，始终保持追求一流的状态，用一流的团队服务，将品牌做到行业一流，创造一流的业绩，坚定目标、持之以恒，实现企业长期、稳定、可持续发展。

4. 精神：忠诚奉献，务实创新

忠诚，是政治的要求、是职业的特性、交通运输人的价值。就是始终在思想上、政治上、行动上与党中央保持高度一致，保持政令畅通。

奉献，是职业的要求、员工的基本素质。就是始终牢记全心全意为人民服务的根本宗旨，服务旅客甘愿吃苦、乐于奉献、不计名利。

务实，是工作的态度、优良的作风。就是大力弘扬求真务实精神，坚持重实际、讲实话、务实事、求实效，想人民群众之所想、急人民群众之所急。

创新，是发展的动力、交通运输人的特色。就是瞄准先进的客运市场发展潮流，勇于解放思想、大胆探索实践、不断创新创优。

5. 职业道德：爱岗敬业，诚实守信，服务旅客，奉献社会

树立正确的职业观，热爱本职工作，干一行、爱一行，做到乐业、勤业、精业。真诚做人，信守承诺，以满足群众需求为目的，承担对社会对人民的义务和职责；提高客运站的信誉程度和社会道德水平，促进总站健康发展。

文化体系践行方法

1. 以创新服务为依托，弘扬社会主义文明和谐氛围

一是全力打造“雷锋精神伴我行”服务品牌，将这一服务品牌融入企业文化建设、服务实践中和员工行为规范中，融入《辽源客运总站站务员之歌》里，融入“四个一流”企业发展目标。二是牢固树立“旅客至上，服务第一”的企业宗旨。在“三优”服务上，努力达到在服务感情上求亲，在服务项目上求细，在服务管理上求严，在服务环境上求美。三是精心培育忠诚、敬业、乐群、创新的企业精神，把爱岗敬业、甘于奉献的精神落实到每个员工的日常服务之中。四是培育“以恭敬尊重他人，以宽

厚善待他人，以真诚取信他人，以慈惠使用他人，以勤政服务他人”全新的管理理念，不断创新“三优三化”服务标准。五是用“诚信勤勉，创新共赢”的经营理念，为总站经济发展起到了助推作用。六是培育了人性化的服务理念。在服务工作中提倡用我的百分努力，换您的十分满意。七是在职工中开展丰富多彩的娱乐活动，丰富职工的文化生活。

2. 以创建学习型企业活动为动力，培养爱国敬业精神

辽源客运总站从提高员工素质狠抓学习培训入手，把学习作为给予员工的最大福利，开设“闻慧课堂”，设立了图书室、活动室；举办各种学习培训班600多期，累计培训职工7000多人次。在活动中采取制定方案要求学、形成制度经常学、规范内容系统学、走出站门虚心学、开展竞赛促进学、岗位培训深入学、建立组织推动学等形式，学习政治理论、业务知识、道德理念和技能培训；同时还创建了内部刊物《窗口期刊》，为职工设立了学习交流的平台，使期刊成为省内、市内交通系统文化信息交流的有效媒体；在候车大厅设立了企业文化长廊，在开发区新站开辟、设立墙体企业文化，让旅客和经营者更直观、更全面地了解总站，贴近总站，推动企业文化建设的深入发展。

3. 以开展志愿者活动为重心，培育诚信友善习惯

2011年1月来，1月1日起，全站举行了“心连心”志愿者行动的启动仪式。“心连心”志愿者行动以志愿服务献真情，爱心传递促和谐为活动主题，制定了活动方案，成立了活动领导机构，下设4个志愿者行动小组；按照“统一旗帜、统一着装、统一徽章、统一行动”要求，制作了志愿者旗帜、徽章。在创先争优活动中，按照市委组织部确定的全市城乡党组织结对共建，每年坚持走访本市安恕镇北安村4名帮扶对象，并把他们作为总站共建活动的长期帮扶对象。组织对残疾孤儿、空巢老人和困难群众的帮扶活动。“心连心”活动在企业、在社会产生积极而深远的影响。

4. 以促进总站经济发展为目的，夯实富强民主根基

近3年来，在开发区客运站和仙城客运站相继建成投入运营后，各项税费、供热、水电费和人员工资增加，辽源客运总站积极采取措施，解决新矛盾；在管理制度、增收节支方面采取多项应对措施；一是在强化内部管理制度和用人机制创新方面上下功夫，建立和改进了经济管理方面10余项制度。二是开展“节约型客运站”活动，

创造节能氛围，并投入资金更换设备，控制水、电、的使用和浪费，压缩办公经费。三是大力开发辅助产业，弥补主营收入的不足。

5. 以强化管理为手段，创建公平法制的经营秩序

辽源客运总站坚持“安全第一，预防为主，常抓不懈，警钟长鸣”的安全理念，建立健全了安全工作管理制度20余项；按照交通运输部“三不进站、六不出站”的指令，对进出站营运车辆进行安全例检，对进站旅客“三品”实行“一包一检一登记”制度，确保旅客乘车安全。对站区消防安全坚持每周一次检查，每月一次巡检，定期向市局报告；发现隐患，立即整改，年整改率100%。坚持每年开展消防和应急事件演练，提高干部职工对突发事件的应急处理能力和自救互救能力。坚持综合治理和维稳工作，配合有关行政部门严厉打击非法经营、揽客、喊客和影响社会治安等行为。

辽源客运总站健全了《党政领导一岗双责制》、《公共场所应急预案》、《总站企业文化实施方案》、《站务管理计分考核细则》、《总站思想政治工作制度》、《总站职业道德公约》《岗位责任连带制度》等企业管理制度，在执行规章制度时做到人人平等。推进站务公开，做到了自觉公开，常年公开，彻底公开。如用人制度上，在值班站长、班组长及站机关科室人员的任用上，始终坚持全员竞聘，民主评议，择优录用的原则，2011年以来，总站先后有15名站务员走上管理岗位和站领导岗位。

辽源客运总站在践行社会主义核心价值观工作中，把企业文化建设和实践相结合，坚持弘扬雷锋精神，努力塑造服务品牌，建立了职工之家、司乘人员之家。“雷锋服务车”终年不息为广大旅客提供送水、送药、送报等多项义务服务。并涌出了“王大平服务班”这样的先进典型。

单位标识诠释

标识由辽客拼音的首个字母“L”、“K”和交通路徽组成；艺术化地融合一体，直观地体现出地域行业特征，并充分体现客运总站在辽源交通道路运输行业建设发展中起到的重要作用。标识蕴含着辽源客运总站承载希望，真诚奉献和创新发展的拼搏精神。

内蒙古呼运（集团）有限责任公司

内蒙古呼运（集团）有限责任公司（简称呼运集团）位于内蒙古呼和浩特市，是自治区较大的道路运输企业。内蒙古呼运（集团）有限责任公司，前身为内蒙古呼和浩特运输公司，始建于 1950 年 12 月，该公司是以经营公路运输为主的专业交通运输企业。改革开放以来，呼运集团坚持以运为主，大力发展汽车旅客运输和各种经营的方针，企业规模不断扩大，经营实力明显增加，社会影响和信誉度大大提高，成为自治区交通行业的知名企业。企业规模达到交通部规定的交通运输中型二级企业标准，取得交通部道路旅客运输二级客运企业的经营资质等级。

核心价值理念体系表述及诠释

1. 核心价值观：诚信服务，乘客至上

诚实守信是企业经营管理的核心。作为道路旅客运输企业，乘客是服务对象，随着社会的进步，诚实守信、乘客至上，已逐步成为道路旅客运输企业重要的生产要素，呼运集团作为内蒙古自治区道路旅客运输行业的龙头企业对诚信经营尤为重视。作为社会窗口服务行业，与市民的切身利益密不可分，企业的言行举止不仅直接体现着公共交通行业的精神面貌和服务水平，也是展现城市的整体形象的重要窗口。加强对职工的诚信教育，提高“草原情”优质服务水平，满足旅客需求，是企业生存发展的必然要求。

2. 使命：以规范的制度优化管理、以过硬的技能立足本岗、以优质的服务赢得市场

企业管理行为主要是通过规章制度和指挥系统来完成的，企业所有的管理制度、

流程都必须紧紧围绕企业安全生产经营的目标去编制、执行、维护，优化的规章制度是企业管理的基础。

员工必须掌握过硬的服务技能。企业通过驾驶员安全操作技能培训、服务人员业务知识培训等形式提高员工整体服务技能。

作为道路旅客运输服务单位，为旅客提供优质的服务是赢得市场的关键。呼运集团通过创建“草原情”服务品牌，将品牌管理制度真正落实到日常经营管理的各个环节，不断提升“草原情”途中和站务服务水平，满足旅客出行需求。

3. 愿景：呼运集团愿成为您安全出行的第一选择

呼运集团作为内蒙古自治区道路旅客运输行业的龙头企业，希望通过最优质的经营管理模式，赢得全区乃至全国最广阔的市场。

4. 精神：学习、创新、务实、敬业

勤奋学习，敢于创新、讲求实效、爱岗敬业。

5. 职业道德：以人为本，温情服务

企业要以为旅客提供优质服务、满足旅客出行需求为宗旨。

文化体系践行方法

呼运集团把优质的服务当成企业生存发展的根本。为做好品牌创建工作，呼运集团成立以党委牵头的品牌创建机构，按照《内蒙古呼运(集团)有限责任公司创建“草原情”服务品牌实施方案》中列出的站务和途中服务的相关要求及考核标准，专门负责服务品牌打造工作的具体实施。

1. 从细处入手，把“草原情”服务品牌建设举措真正落实到日常经营管理的各个环节

(1)创建“草原情”品牌服务，主要从站务服务和途中服务两方面入手。呼和浩特长途汽车站推选出两个站务班组担任“草原情”服务品牌创建活动的“站务服务形象大使”，制定详细的站务服务流程及考核标准，为各外站开展“草原情”服务

品牌创建活动做好铺垫。各客运分公司分别推荐经济效益好和服务质量优的车组担任“途中服务形象大使”，为呼运集团所有客运班车全面开展“草原情”品牌服务积累宝贵经验。同时还建立呼和浩特至集宁和薛家湾的“草原情”优质服务专线，扩大“途中服务形象大使”的服务队伍。

（2）呼运集团品牌创建工作机构组织开展向南京中央门汽车站李瑞班组的学习实践活动，以全国劳模李瑞为榜样、以李瑞班组的服务规程为标准，进一步细化创建“草原情”品牌服务的具体内容。

（3）呼运集团根据所属各单位行业特点，从员工业务知识和操作技能两方面入手加大培训考核力度，制定相关的服务标准和考核制度，采取集体培训、班组考核、旅店服务技能竞赛、站务服务技能演练和业务知识有奖竞答、演讲比赛等多种形式，卓有成效地开展了竞赛活动。经过一段时间的培训和考核，在全集团范围内涌现出一大批业务知识精、操作技能强的优秀青年员工。呼运集团团委从 2005 年开始，每年都组织优质服务岗位能手到基层单位进行宣讲交流互动活动。2013 年从集团所属各单位选拔出 7 名业务水平高，具有一定宣讲交流能力的一线员工组成宣讲交流团深入基层开展首府大讲堂进基层宣讲交流活动。由于员工们对这些从企业内部涌现出的先进典型都比较熟悉，在宣讲交流中更感觉到先进人物和事迹其实离他们并不遥远。另外，通过宣讲交流活动，宣讲队员们在宣讲时的语气表情、交流应变及宣讲稿的写作水平等方面都有了长足进步。他们从生产第一线走到了宣讲交流的前台，实现了角色互补，填补了公司员工思想教育和企业文化建设在这方面的空白。其中宣讲员田超颖代表新城区运管分局参加新城区区委组织的群众路线教育实践活动“为民、务实、清廉”大型演讲比赛并获得三等奖的荣誉。

2. 拓宽宣传途径，提升企业形象

第一，呼运集团创办了公司网站，成立通联报道组。在呼市交通综合信息中心和各位通讯员的辛勤努力下，从 2009 年 7 月至 2014 年 6 月，呼运集团通联组在各大报刊、网站上发表的文字、图片达 8000 多篇。其中，2013 年呼运集团通联组在各大报刊和网络媒体综合发稿 765 篇，在行业大报《中国交通报》发稿 12 篇，在《内蒙古交通报》发稿 124 篇。这些稿件从不同角度，及时反映了呼运集团在生产经营、安全管理、品牌建设等各环节工作中涌现出的先进事迹和工作亮点。以“润物无声”的形式，对内强化了工作经验的交流总结，对外树立了呼运集团的良好形象。

第二，制作了多期反映呼运集团生产经营、文化建设方面的专题访谈节目面向

全区播出；提炼具有呼运集团特色的文化精髓，汇编《企业文化手册》；收集集团成立以来散失的相关影像及实物资料，为编制《呼运史志》积累素材。

第三，呼运集团党委组队参加全市舆情信息培训，加强舆情信息队伍建设和上报工作力度，集团舆情信息工作更加深入扎实。

3. 建立内外监督机制，共同打造服务品牌

呼运集团党委所属客运各支部，充分发挥行风评议监督体系功效，设置意见箱、建立途中服务质量调查制度、公布监督电话、及时收集站务服务及行车途中乘客的反馈意见并妥善处理旅客投诉。

4. 创建“首府客运大讲堂”，提升企业安全、服务的针对性和社会教育广泛性

按照自治区党委和市委的相关工作安排，为进一步顺应呼运集团经济发展和广大旅客的需要，集团党委结合生产经营实际情况创建了“首府客运大讲堂”。首先成立了由集团党委书记、副总经理赵角旗任组长，集团分管副总及党委副书记任副组长，由安技部部长、行政部部长、汽车站站长书记、各客运分公司经理书记、安全员等人员组成首府客运大讲堂领导小组及其工作机构，集团党办负责日常协调工作。呼运集团党委根据受众的不同设立了首府客运固定大讲堂和首府客运流动大讲堂。其中：固定大讲堂又分为管理人员大讲堂、安全教育大讲堂和站务服务大讲堂3部分。流动大讲堂主要是为广大乘车旅客设立的。

5. 注册“呼运1950”商标，创“百年老字号”品牌

2010年6月经国家工商行政管理总局商标局认定成功注册“呼运1950”商标，进一步扩大呼运集团在全区乃至全国的良好声誉和社会影响力。从2011年开始，呼运集团积极筹备申报呼和浩特知名商标的商标升级工作。聘请有关部门制作《呼和浩特市知名商标申请书》，并向呼和浩特市知名商标认定委员会提交了商标升级申请书，2014年成功升级为呼和浩特市知名商标。这也是为下一步把“呼运1950”商标打造成为全区著名商标、全国驰名商标以及“百年老字号”打下坚实的基础。

6. 将“低碳环保”融入企业文化建设核心理念

呼运集团作为内蒙古地区较大的道路旅客运输企业，积极响应交通部关于“加

快交通运输发展方式转变，推进低碳交通运输业发展”的号召，正在努力创建节能增效、低碳环保型运输企业。节约燃油是创建低碳运输重要途径，集团安全技术部门通过开展客车节油技能竞赛活动，在近千名驾驶员中选拔出节油标兵，并通过每周三的安全例会让节油标兵与驾驶员相互交流节油技能和操作流程。据集团安全技术部门测算，如果单车百公里油耗减少 2 升，行驶 100 万公里，就能节约燃油费 13.72 万元。集团有 500 多台客车，如果每车每天仅节约 1 升燃油，一年至少可以节约燃油 18.25 万升。为响应国家节能减排、低碳运输的号召集团更新了天然气客车。

呼运集团的员工们满怀着激情，放飞着梦想，为服务品牌的成功创建不懈努力，为道路运输企业的文化建设奉献着青春和热血。

云南保山交通运输集团有限责任公司

云南保山交通运输集团有限责任公司（简称保运集团公司）是国家一级客货运输企业，全国道路运输百强诚信企业、云南省百强企业之一，有二级生产经营单位30多个，以经营道路客运、货运、物流、房地产开发、旅游、石油制品、汽车销售等为主，经营业务遍及全省和周边地区。连续多年获得保山市安全生产先进单位，云南省交通安全统筹先进单位和全国道路运输企业文化建设优秀单位称号，近年来生产经营保持安全、和谐、稳步发展势头，无一起重大以上道路交通事故，已连续10年实现安全生产。

核心价值理念体系表述及诠释

1. 核心价值观：安全创造价值

高风险的运输企业，安全是企业发展、人民生命财产安全的保障。安全就是无危而安，无损则全。安全就是对所有司乘人员的基本要求，也只有做到安全才能得到广大司乘人员、人民群众和各级党委政府、上级主管部门的认可和肯定，才能实现企业真正意义上的发展，保运集团公司“责任企业、和谐企业、诚信企业”的宗旨才不是一句空话，企业干部员工的价值理念才能真正体现，也才能凝结出企业的核心价值观。

2. 使命：做一个负责任的企业，安全、便捷、快速、持续满足广大乘客的出行需求

作为以道路运输为主的保运集团公司，在履行宗旨，实现愿景的过程中必须要

求每位员工要有高度的责任感，树立企业主人翁姿态，以“安全、便捷、快速、持续满足广大乘客的出行需求”为出发点，内抓管理、外树形象，为乘客的出行安全负责，为员工的利益负责，用心、用力，尽职、尽责，做一个负责任的企业。

3. 愿景：运安企和

“运安”就是运输生产安全高效，是运输企业的本职工作、责任所在和根本要求。“企和”一方面是指保运集团公司的内在愿望，是公司持续发展、富裕员工最终追求的目的；另一方面是公司追求以人为本、团结和谐，要求干部员工有较强的凝聚力、向心力和战斗力，形成部门联动、齐抓共管，实现企业安全生产、和谐发展。

4. 精神：团结务实、安全高效、开拓进取

保运集团公司是一个有机的整体，要求各分公司、职能部门、每位员工都必须要有团结协作的团队精神，同时，也要有立足实际，求真务实的实干精神，自觉维护集体荣誉，充分发挥整体的力量，才能促进企业又好又快地发展。企业的发展壮大，离不开全体干部员工的不懈努力、观念转变和开拓进取的精神。如今，保运集团公司还处于发展阶段，企业的制度建设、队伍建设、管理方式等还需要全体员工不断地探索和完善。开拓进取，勇攀高峰是保运集团人顽强奋发的精神风范，将激励着一代代保运集团人永不满足，奋勇向前。

5. 职业道德：爱岗敬业、文明守法、诚实守信、勤俭廉洁

企业的发展离不开全体干部员工的勤奋努力、辛勤工作和清廉、节约，保运集团公司要求全体干部、员工要认真对待自己的工作，珍惜工作，要勤勤恳恳、兢兢业业、尽职尽责地把本职工作做好。

文化体系践行方法

近年来，企业文化建设在保运集团越来越受到重视。建设具有丰厚的文化底蕴，具有较强的凝聚力和活力，具有较好的团队协作意识和创新意识，具有较强的抗风险能力和竞争能力的企业文化，是集团公司持续发展的源泉和动力。集团公司成立之日起，始终把企业文化建设摆在突出位置，立足实际，积极研究探索，稳步分段实施，打造了一套朴素务实、彰显活力的特色企业文化体系，形成“诚信、责任、创新、

共赢”的企业文化内涵，突出文化创新提升，结合内部市场化管理、学习型企业创建，抓好企业文化在管理、安全、学习、道德、廉洁5个分项文化上的企业理念。

保运集团公司践行核心价值观，一是要把广大干部职工的思想和行动统一到交通运输行业核心价值观上来，统一到交通的发展战略、目标任务和工作部署上来，为促进保运集团公司安全发展、和谐发展、领先发展，实现“强企富员”的目标提供坚实的文化支撑；二是要与企业文化建设结合起来。企业文化是企业经营理念、价值追求和思想行为的总和，是企业精、气、神、魂的综合表现。对于保运集团公司，要深化公路文化、运输文化、廉政文化、安全文化等行业文化建设，用文化和精神力量凝聚全行业，增强文化影响力，增进文化认同，使之成为教育、引导、鼓舞、激励广大员工创业建功的行动指南，让企业的价值取向成为员工的共同追求。三要始终强化干部队伍建设，形成践行核心价值观的鲜明导向；四是始终注重完善教育、管理、激励机制，不断优化有利于践行核心价值观的良好环境。

培育和践行交通运输行业核心价值观必须与各方面工作有机融合、协调发展。要坚持先进性要求与广泛性要求相统一，把培育和践行核心价值观的要求融入员工教育、精神文明建设、企业文化建设全过程，贯穿交通企业转型升级全过程，不断满足人民群众日益增长的服务需求。要坚持示范引导、实践养成与制度建设相衔接，大力弘扬先进的思想、理念、精神，在凝聚全员共识的基础上，积极培育和践行核心价值观，使之成为全体保运集团人的共同价值追求。

文化品牌

运安企和

文化品牌诠释

“运安”是“企和”的保障，“企和”是“运安”的目的，两者相辅相成，“运安企和”就要通过不懈努力实现企业内部管理科学规范、团结和谐，运输生产安全、员工富裕、企业繁荣发展。“运安企和”是责任企业、和谐企业、诚信企业的中轴线，它凝聚了干部员工成就一番事业的坚定信念，将鼓舞全体员工为之开拓创新、拼搏奋斗。

ZHJY

珠海机场汽车运输有限公司

珠海机场汽车运输有限公司成立于1995年，现有近400台车型多样、技术先进、装备豪华的车辆，拥有一支专业管理队伍和技术精湛、训练有素、安全可靠、服务规范的司乘队伍。公司业务以航班旅客陆路运输保障为主，集旅游包车、企事业单位行政用车、商务会议用车、大型活动交通保障用车、出租车、汽车租赁和汽车维修等多种特色服务为一体。公司民航班车服务站点和班线覆盖珠海市各个区域、口岸及邻近的中山、江门等城市。公司规范管理，诚信经营，主动承担社会责任，是珠海市率先通过国际质量管理体系认证的汽车运输企业。

核心价值理念体系表述及诠释

1. 核心价值观：同路创未来

珠海机场汽车运输有限公司核心价值观是公司核心价值体系的高度凝练和科学概括，是核心价值体系的核心，阐明了公司发展的核心价值追求，体现了公司的大智慧与高境界。

同路创未来：公司与员工休戚与共，步调一致，实现共同成长；公司与客户合作共赢，互惠互利，实现共同发展；公司与竞争者相互激励，共同奋斗，不断满足经济社会和人民群众日益增长的交通运输需求；公司与各行各业相辅相成，开拓创新，共同推动经济社会的全面进步。

2. 使命：服务客户，成就员工，回报社会

企业使命是核心价值体系的统领，是珠海机场汽车运输有限公司的价值取向和肩负的责任。服务客户是公司的第一要务，成就员工是公司的重要职责，回报社会是公司义不容辞的责任。

3. 愿景：打造客运首选品牌

企业愿景是公司核心价值体系的主题，是全体员工的努力方向和奋斗目标。打造客运首选品牌就是实现以专业的管理，优质的服务赢得客户的信赖，成为客运首选品牌。

4. 精神：尚德敏行，敢为善成，精诚精进，任重致远

企业精神是民主精神和时代精神、广东精神和交通精神在珠海机场汽车运输有限公司各项实践中的生动体现，是公司员工追求与斗志，决心与信心等精神风貌的集中展现。

尚德敏行：崇尚道德，修身自律，雷厉风行，务求德行双馨。

敢为善成：勇于创新，不畏风险，有智有谋，实现功成业兴。

精诚精进：用心做事，真诚待人，精益求精，力争尽善尽美。

任重致远：甘负重任，百折不挠，志向高远，追求卓越闻达。

5. 职业道德：爱岗敬业，诚实守信，服务群众，奉献社会

珠海机场汽车运输有限公司职业道德与交通运输行业职业道德一致，是公司管理与服务活动紧密联系、符合职业特点所要求的道德准则、道德情操与道德品质的总和。

爱岗敬业是职业道德的基础，员工首先要热爱本职工作、履行岗位职责，其次就是要以恭敬严肃的态度对待自己的工作。

诚实守信是职业道德的精髓，公司和员工都要做到诚实、诚恳，讲信义、守信用。

服务群众是职业道德的基本要求，服务是交通运输工作的本质属性，做好服务是公司发展的突出主题。

奉献社会是职业道德的最高境界，公司和员工要将奉献社会作为职业道德建设的出发点和归宿，在奉献中实现自我价值。

文化体系践行方法

1. 形神兼备——凝练构筑企业文化体系，以优秀文化指导实际工作

珠海机场汽车运输有限公司在成立之初，提出了“陆路头等舱—延伸航空服务”的服务理念和“同路创未来”的核心价值观，投入资金，设计了公司独特的VI。当公司的业务品牌“珠海机场快线”统一的车身外观展示在众人面前时，人们不禁眼前一亮，“珠海机场快线”的车辆迅速成为珠海街头一道亮丽的风景，同时，公司以平稳的安全生产和精益求精的优质服务，“珠海机场快线”在人们心中树立了良好的形象。随着公司的稳步发展，管理体系和运营机制的不断成熟，公司打造的“珠海机场快线”、“国信租车”、“珠澳直通快线”等业务品牌，在广东省内，乃至全国均具有广泛的知名度和较高的认可度，特别是“同路创未来”的企业核心价值观，在实践中逐步成为公司的文化品牌。公司进一步对企业核心价值理念进行了归纳总结和凝练，印制了《企业文化手册》，创作了企业歌曲《同路创未来》，使公司文化体系成为一个有机系统。

珠海机场汽车运输有限公司积极宣传有公司特色的企业文化，注重文化建设与实际工作相融合，推崇爱岗敬业、积极上进的工作作风，着力将企业核心价值观与服务理念体现在各项服务工作中，不断提升服务质量，为旅客、客户提供高品质的服务，创建交通运输行业品牌。近年来，增设了“珠海机场快线”在珠海市区的服务站点，调整了运行线路和发班班次，设计开发手机客户端系统，开通了24小时人工接听服务热线电话，在珠海电台多个频道的黄金时段开播了“珠海机场快线”即时资讯专栏，得到了广大旅客的肯定。许多国内外大型企业都主动与公司建立了合作关系，公司的文化品牌不断得到认可和提升。

2. 软硬兼顾——文化装进制度，融入管理，以优秀文化鼓舞和激励员工

珠海机场汽车运输有限公司将文化理念融入企业管理体系，从实际出发，关注市场需求，以管理规范化、系统化的长远思维指导经营管理工作，努力在激烈的竞争中站稳脚跟，并获得长足发展。将企业文化与安全管理工作紧密结合，大力推进安全文化建设，提高了员工安全生产意识，使安全文化深入人心，提高了企业的安

全生产管理水平，有效遏制了重特大生产安全事故发生。

公司在狠抓内部管理的同时，积极为员工成长成才提供更多的舞台和条件，加大培训资金的投入，为员工提供培训机会，不断提升个人能力、增长见闻，增强了企业的凝聚力和员工的归属感，构建和谐企业文化的自觉性不断提高。积极培育先进典型，表彰先进员工，形成典型引路，学习、赶超先进的良好氛围，使“人便于行，货畅其流，服务人民，奉献社会”的行业核心价值理念转化为广大员工的生动实践。

3. 内外兼修——关爱员工，凝聚团队力量，关注社会，履行社会责任

珠海机场汽车运输有限公司重视每一位员工的力量，鼓励每一位员工在岗位上建功立业，凝聚团队合力，积极构建和谐企业氛围。关心员工生活，经常组织员工开展丰富多彩的文娱活动。在许多细节方面关心员工，使他们充分感受到了公司大家庭的温暖。

公司在自身发展壮大的同时，处处不忘企业的社会责任，积极为政府各类大型活动和社会各界商务活动提供用车服务，一次次圆满完成了运输保障任务。在第九届中国国际航空航天博览会期间，公司积极做好公共交通服务保障工作，并为政府提供了包括3位神九航天员：景海鹏、刘旺和刘洋在内的贵宾接待服务。继圆满完成广州亚残运会、深圳大运会交通服务保障后，再次实现“安全行车零事故，车辆途中零抛锚、旅客服务零投诉”的目标，获得了“第九届航展交通运输保障先进单位”荣誉。在国家住房和城乡建设部倡导，中国城市科学研究会、广东省住房和城乡建设厅、珠海市人民政府共同举办的2013城市发展与规划大会期间，珠海机场汽车运输有限公司承担了大会的运输保障工作，大会组委会特别向公司赠送了“运力充足、保障有序”的锦旗。

爱心文化是企业文化的重要内容。珠海机场汽车运输有限公司积极开展并参与社会公益活动，如，组织全体党员组成扶贫帮困小组前往珠海市贫困地区—斗门莲洲镇三角村慰问年龄较大的贫困党员，参加为四川地震灾区雅安举办的“爱在珠海心系雅安”赈灾义演公益活动，为慈善组织开展的中秋敬老慰问活动、聋哑儿童儿童节活动提供免费用车。通过一系列充满温情、爱心与强烈社会责任意识的活动，体现了公司的良好社会责任，塑造了珠海机场汽车运输有限公司的良好形象。

福建龙洲运输股份有限公司

福建龙洲运输股份有限公司（简称龙洲股份公司）经福建省人民政府批准，于2003年8月29日成立，注册资本2.08亿元。公司资产总额、营运车辆数、营运班线数、一二级客运站数量全省排名第一，客运量排名第二，是福建省道路运输行业的龙头企业。作为国家一级道路旅客运输、二级道路货物运输企业，公司以汽车客运、货运、客运站经营3项业务为核心，延伸产业链，业务涉及汽车销售与维修、成品油销售、交通职业教育与培训等，一直保持持续、健康、稳定的发展。

核心价值理念体系表述及诠释

1. 核心价值观：实效为本

实效，特指效率快、效益大、效能强、效果优、效应久。

实效为本，就是一切以结果为导向，尊重客观但不受制客观，以人的主观创造博取“效率、效益、效能、效果、效应”。

实效为本，是龙洲股份公司一切人、事、物的出发点和归宿。

2. 使命：全方位满足人的高层次需求，全身心创造人的高品位生活

致力于优质的道路综合运营，满足客户的服务价值；

致力于优良的人才成长空间，满足员工的自我价值；
致力于优异的企业经营业绩，满足股东的资本价值；
致力于优秀的社会服务责任，满足社会的发展价值。

3. 愿景：快速创建中国道路运输市场领导品牌

培养卓越员工；提供卓越服务；推行卓越管理；经营卓越企业。

4. 精神：成事在人，成就由我

龙洲股份公司既不是政治经济中心，又不是交通枢纽城市，龙洲股份公司唯一的优势就是龙洲股份自己。如果干不好，就是龙洲股份不行。只要我们认清自己，上下一心，拧成一股绳，就能在创建卓越领导品牌的道路上成长、进步。

“成事在人，成就由我”，是“实效为本”的精神内核，是“以人为本”的终极体现，是“谋事在人，成事在天”的内涵升华。

5. 职业道德：业务精通，纪律严明；热忱主动，实干高效

诚实守信，团结奋进；乐于竞争，善于创新

该职业道德规范是龙洲股份公司工作作风的总结。龙洲股份的工作作风是团结、求实、奉献、创新。“业务精通，纪律严明”体现求实作风；“热忱主动，实干高效”体现“奉献、求实作风；“诚实守信，团结奋进”体现团结作风；“乐于竞争，善于创新”体现创新作风。

该职业道德规范是对龙洲股份公司员工行为全面、系统的要求。该职业道德规范从基础开始，层层推进，相辅相成，构成了一个整体。其中，“业务精通，纪律严明”是客观基础，“热忱主动，实干高效”是主观能动；“诚实守信，团结奋进”是组织行为；“乐于竞争，善于创新”是社会行为。

文化体系践行方法

1. 结合公司实际，确立企业文化体系

2007 年 10 月，龙洲股份公司启动了以快速创建中国道路运输市场领导品牌为

愿景的企业文化建设“奔越”工程，成立CI工程决策委员会和执行委员会，完成了种子营、研讨营和成功力训练营的培训。对公司的中长期发展战略进行广泛、深入的调查研究，开展多轮的战略研讨，集思广益，结合公司实际，解放思想，先行先试，提出并确立了“快速创建中国道路运输市场领导品牌”企业愿景，明确了中国道路运输一体化运营商、中国道路运输产业化领导者的企业定位。经过专业咨询公司的调研、辅导、培训、研讨、提炼，2008年6月18日，公司品牌形象正式发布，郑重地展示了企业的VI标识和CI工程成果，形成了《龙洲股份综合情况报告书》、《龙洲股份企业文化纲领》、《龙洲股份员工行为规范大纲》、《龙洲股份VI手册》、《龙洲股份品牌手册》和《龙洲股份员工手册》等项目成果。这些成果整合了公司成立来所积累的宝贵经营理念和企业文化，系统地梳理和提炼了公司的企业个性和品牌形象，形成了公司企业文化大纲、员工行为规范大纲和企业标识，使龙洲股份品牌管理和企业文化建设迈出了崭新一步。

2. 突出企业特点，以个性化文化展示企业独特魅力，以独特的企业文化实现企业的持续、快速、健康发展

龙洲股份公司地处的福建西部山区、老区的龙岩市，既不是政治中心，也不是经济中心，与其他运输企业相比并没有什么更多的优势，要取得成就必须走出一条前人没有走过的路，就必须拥有自己的特色品牌。公司充分把握近年来国家对海西建设的政策支持，立足本土特点，大力整合客运资源，细分客运板块。客运业务方面从比较单一的班线客运模式，发展成为拥有班线客运、旅游包车客运、出租客运、城市公交客运的多功能、多类种的客运模式；经营模式也由挂靠经营转变为公车公营、责任经营，为旅客提供了安全、舒适、快捷的客运服务，提高了客运服务附加值，收到了很好的经济效益。

同时，公司不断尝试寻求新的经济增长点，不断开拓新的发展渠道，通过积极的探索、尝试，公司从业务单一的传统客运企业转变为现代运输集团，经营范围涵盖了道路客运、货运物流、汽车销售与服务、站场建设及配套、交通职业教育、酒店旅游、建材商贸、燃料销售等相关产业，均取得了较好的经济效益。目前，公司是福建省道路运输行业的龙头企业。2005年公司还在中国道路运输百强企业之外，2009年公司跃居中国道路运输百强诚信企业第30强，2010年上升为中国道路运输百强诚信企业第21强。2012年再次上升为中国道路运输百强诚信企业第12强。公司持续改革创新，创造了地方道路运输企业走向全省全国的典范，谱写了公司发展

的新的历史篇章。

3. 落实社会责任，以文化建设提升社会品牌形象

龙洲股份公司十分重视企业文化建设，自公司成立以来，不断落实自己的社会责任感，积极为社会做出贡献，取得了广泛的赞誉。2012 年，公司获得了由中国道路运输协会授予的“中国道路运输企业百强诚信企业”第 12 强，获得了良好的社会效应和认可度。公司为了打造优秀的企业形象，使企业文化理念落地生根，公司进行 CI 系统设计，统一公司形象，并且对企业环境形象、产品形象、服务形象、领导和员工形象进行了规范化、标准化的规定，有效地提升了公司的形象。公司在 2008 年、2009 年、2010 年、2013 年四次荣获全国交通企业文化建设优秀单位，2011 年公司品牌建设成果荣获全国交通运输系统企业管理创新成果二等奖。2012 年 6 月 12 日，公司登陆国内中小板资本市场，首次公开发行 A 股并在深圳证券交易所正式挂牌上市，成为福建省第一家道路运输上市企业。这是公司发展历程中的重要里程碑和历史转折点，也是公司在快速创建中国道路运输市场领导品牌之路上的一次大跨越。未来 5~10 年，公司仍然致力于有效提升企业知名度和社会认可度，不断完善自身的产品，不断提升服务质量，为挺进全国 10 强，跻身全国 5 强行列的目标做出不倦的努力。

“龙行·心为洲”，龙洲股份人唯一的优势就是自己。如果干不好，就是自己不行。只要认清自己，上下一心，拧成一股绳，就能在创建领导品牌的道路上成长、进步。有付出就会有收获，在全体员工的努力之下，龙洲股份公司获得了社会和行业的普遍认可，为继续深化企业文化建设提供了动力和经验。在今后的企业发展中，龙洲仍会矢志不移的坚定走文化建设、品牌建设之路，把龙洲股份公司建成具有丰富文化内涵、独特价值理念、创新服务方法、良好外部形象的，从优秀奔向卓越的企业。

北京祥龙出租客运有限公司
BEIJING XIANGLONG TAXI CO.,LTD

北京祥龙出租客运有限公司

北京祥龙出租客运有限公司（简称祥龙出租公司）成立于 2000 年 6 月，是按现代企业制度组建，由国有资产控股的出租汽车客运企业，主要经营出租汽车客运、旅游客运、咨询培训等业务，是北京市出租汽车行业首批 5 家品牌企业之一。公司下设 3 个出租汽车分公司，设党委工作部、行政事业部、人力资源部、财票审计部、运营管理部、安全保卫部和服务质量部。目前，拥有出租汽车 2466 辆，员工 3500 余人，总资产近 3 亿元，企业规模在北京市出租汽车行业中位列前十名。

核心价值理念体系表述及诠释

1. 核心价值观：以人为本，开拓创新，科学管理，追求卓越

将以人为本的科学发展理念落到实处，祥龙出租公司企业内部以广大职工为本，服务社会以乘客为本，实施科学管理，努力实现企业的持续健康稳定发展。

2. 使命：为广大乘客提供安全、方便、舒适、快捷的一流客运服务

牢牢把握出租汽车客运服务的核心，在为乘客提供运营服务的过程中，牢固树立安全优质服务的理念，使每次运营服务都成为一个精品，成为一个品牌。

3. 愿景：坚持科学发展，企业做精做强，创建全国出租汽车行业旗帜型、示范型品牌企业

立足北京，放眼全国；巩固品牌、争创名牌；突出特色，争当一流；做强做大，

基业长青。

4. 精神：安全、服务、管理、效益

以一流的管理、一流的服务、一流的队伍、一流的效益，创造一流的业绩，使祥龙出租公司实现由首都品牌企业到全国名牌企业的跨越，在全国出租汽车行业具有示范作用。

文化体系践行方法

从2000年6月开始，祥龙出租公司引入和推广企业文化建设的理念，确定了企业愿景、企业标识色、企业精神等，形成了企业文化体系的雏形。2007年12月，祥龙出租公司制定颁布了《祥龙出租公司企业文化建设实施方案》，进一步明确了企业文化建设的总体目标与“十一五”期间的主要任务，建立和完善了企业新的识别系统。2009年1月至今，印制下发了企业文化手册，完成了企业歌曲的征集和确定等，进一步完善了企业的文化体系。特别是建立了企业文化展室，将其作为新员工入职教育的首选场所，强化新入职员工“进祥龙出租门，做合格祥龙出租人”的意识。

进入2014年，祥龙出租公司以践行社会主义核心价值观为主线，深入推进企业文化建设；以全员培训为途径，深入开展企业文化体系宣贯；开展特色示范活动，引领企业文化不断深入；加强安全文化建设，安全标准化全面实施；加强服务文化建设，提升服务运营水平；加强激励文化建设，大力开展精神文明创建活动；加强载体建设，大力开展企业宣传工作；建设“的士之家”，家文化建设迈上新台阶。

1. 加强领导，整体推进

在企业文化建设中，祥龙出租公司成立了以党政一把手为组长的企业文化建设领导小组，建立了党委统一领导，党政工密切配合，广大员工积极参与的领导体制和工作机制，实现了五个最大限度：最大限度地突出行业特色和企业特色，最大限度地突出广大员工的主体地位，最大限度地进行宣传发动，最大限度地组织员工参加企业文化建设活动，最大限度地营造加强企业文化建设的浓厚氛围。

2. 广泛发动，全员参与

根据祥龙集团实施统一“祥龙”品牌战略，祥龙出租公司组织动员广大员工积

极投身于创建“祥龙”品牌的工作中，公司的企业文化建设也进入了崭新的阶段，建立了新的企业识别系统，建立起了特色鲜明的企业文化体系。

3. 保障经费，保证落实

祥龙出租公司在企业文化建设的投入逐年加大，事关企业文化建设的人力、物力和财力得到了充分的保证，在统一员工服装、规范企业识别系统（旗帜、顶灯、门饰、座套、信封等）动辄数十万的资金投入都能够及时到位。自 2007 年以来，表彰年度先进班组、先进员工等年度奖励金额达就到了 900 余万元。

4. 学习培训，重点前移

在企业文化建设的过程中，祥龙出租公司对新员工进行《员工手册》的学习培训与考核，使员工牢固树立起“进祥龙出租的门，做合格祥龙出租人”的行为理念。特别是结合出租汽车运营特点，在坚持定期例会学习制度的同时，创造出例会学习早来点、例会结束晚走点、运营间隙多学点以及三尺车厢流动课堂等学习模式。在开展深入学习实践科学发展观活动中，围绕抓管理、练内功、控成本、提效益，创建全国出租汽车行业旗帜型、示范型品牌企业的目标，组织干管员工阅读《致加西亚的一封信》，教育引导员工做一名忠于事业，勇于奉献，敢于创新，勤勤恳恳，具有远大目标和崇高敬业精神的“送信人”，有效增强了员工的使命感和责任感。

5. 精心展示，活动创新

一是大力营造浓厚的企业文化建设氛围。在集中活动场所，设置了宣传橱窗，为所属各单位配备了宣传板报，建立了宣传橱窗内容、黑板报定期更换和检查制度，并将其纳入绩效考核。企业歌曲《迎四方客，送八方情》由员工作词、谱曲，在员工中广为传唱。印制了企业文化体系宣传卡片发给每名员工。二是加强一报、一站、一刊建设。实现了《祥龙出租》报进科室、进车队、进班组、进车厢、进家庭，实现了员工人手一报。建立了及时反映工作动态的《祥龙出租信息》专刊和网站。三是建立公司荣誉陈列展示园地和锦旗陈列专区。

祥龙出租公司十分注重有计划，有步骤，有目标，有创新地开展各项活动。如公司将企业文化建设与备战服务奥运紧密结合，与创建全国出租汽车行业旗帜型、示范型企业相结合，通过“迎奥运、讲文明、树新风”活动，“千人谈心”活动、“两观”教育活动等，组织开展了丰富多彩的文化活动。在青年员工中组织开展了“我与企业共成长”、“劳模在我身边”征文演讲、青年与安全系列活动，在干管员工中建立了员工日志制度。丰富多彩的文化活动成为公司企业文化建设的重要标志之一。

6. 培养骨干，树立典型

祥龙出租公司高度重视企业文化建设骨干的培养，积极组织文化建设骨干参加全国交通企业文化建设培训与交流，为中层干部、车队长配发了《交通文化》读本，先后组织员工到青岛交运集团、上海大众、招商局等全国企业文化建设先进单位进行学习和交流。特别是近4年来，先后派出40余人次参加全国交通企业文化建设培训与表彰大会，10余人次参加全国交通行业企业文化建设经验交流。按照高于行业标准的原则，修订和完善了年度评比表彰标准。在开展内部评比表彰的同时，积极参加“北京的士之星”、“首都十大的士英雄”的推荐评选工作，先后有200余名运营员工成为“北京的士之星”、近20名成为“首都的士英雄”，10余名员工获得了市级及以上劳模称号。为提高运营服务质量，公司大力宣传“星级员工”先进事迹，组织劳动模范、企业标兵事迹演讲。如：根据全国五一劳动奖章获得者李文岩的先进事迹，提炼成“李文岩56字驾驶法”，并制作成教育短片，在例会学习时播放。依据“首都劳动奖章获得者”高洪兴的先进事迹，大力推广“高洪兴快乐工作法”。广大员工在运营工作中，知荣辱，亮旗帜，自觉遵守行业服务规范，做到了诚信当头，热情优质服务，确保了公司乘客满意率在行业中始终名列行业前茅。

文化品牌

祥龙的士——首都品牌

北京银建投资公司

北京银建投资公司（简称银建公司）是一家专业从事道路客运及其相关业务实业投资的公司，注册资金人民币4.8亿元。截至目前，银建及其下属子公司总资产人民币80亿元，在北京、上海、天津、河南、江苏、山东、广西、海南、吉林、贵州、湖北和新疆等12个省、自治区和直辖市拥有全资、控股或参股公司52家，在北京、天津、海口、南宁、济南、洛阳、上海、南京、桂林、贵阳10个城市的出租汽车营运规模共计23980辆。在北京拥有3大出租汽车品牌企业：北京银建实业股份有限公司、北京金建出租汽车有限公司、北京金银建出租汽车有限公司。在天津拥有天津市规模最大的出租汽车品牌企业：天津市银建的士有限公司。

核心价值理念体系表述及诠释

1. 核心价值观：和谐，发展

和谐：内部和谐创造发展的动力，银建公司通过倡导融洽的人际关系，创造和谐愉悦的工作氛围，实现公司和谐；外部和谐提供良好的发展环境，银建公司通过倡导诚信经营，理性竞争、合作共赢的理念，实现企业与社会的和谐发展。

发展：银建公司强调发展的可持续性，通过创新服务，引领需求，拓展领域，使银建公司事业保持长久的发展态势。

2. 宗旨：藉科学运作和银建精神，促事业恢宏、业运长久；以规范经营和银建公司理念，保员工发展、股东满意；施卓越管理和银建公司理想，得钻石企业、社会赞誉

藉科学运作和银建精神，促事业恢宏、业运长久：事业恢宏是持续开拓的过程，

需要管理者的科学运作；业运长久是持续保持的过程，需要银建人发扬银建精神。

以规范经营和银建理念，保员工发展、股东满意：银建公司通过规范经营产生良好的经济效益和发展潜力，保证股东满意；通过践行银建公司理念使勤劳者得到回报，保证员工发展。

施卓越管理和银建理想，得钻石企业、社会赞誉：对内，银建公司强调事业至坚至远，通过卓越管理，实现钻石企业的愿景；对外，银建公司强调公众形象的社会认同，通过诚信经营，赢得社会赞誉。

3. 愿景：成就知名品牌，缔造钻石企业

银建公司顺应时代发展规律，以市场为导向，通过提供优质、全方位、创新度高的服务，使银建公司品牌在行业内外享有很高的知名度和美誉度。银建公司力争通过建立完善、科学、规范的管理、人才、科技等机制，并不断探索，勇于创新，缔造银建公司钻石企业的辉煌。

4. 精神：求新求变探索不止的创新精神；雷厉风行神勇善战的实干精神；精诚团结同心向上的团队精神；脚踏实地爱岗敬业的奉献精神

求新求变探索不止的创新精神：外部市场的快速变化需要组织及时做出反应，这就要求银建公司根据环境的未来演变趋势进行有效创新。求新求变就是要不断搜寻新的模式，探索不止就是要不断学习新的经营理念。

雷厉风行神勇善战的实干精神：创新思维与实际工作的密切结合，需要实干精神。在结合过程中，要求高效率，做到雷厉风行；在实施过程中，要求有效性，做到神勇善战。

精诚团结同心向上的团队精神：团队诞生希望，团队凝聚力量，发扬团队精神，需要员工之间以事业发展为纽带，做到精诚团结；需要部门之间以银建公司兴盛为共识，做到同心向上。

脚踏实地爱岗敬业的奉献精神：奉献创造价值，奉献创造未来。银建公司倡导奉献精神，就是要帮助员工树立职业理想、强化职业责任、提高职业技能，认真踏实地做好每一项工作。

5. 职业道德：敬业，诚信，自律，勤勉

敬业：体现银建人对工作的一种道德态度。银建公司敬业概括为“三精”，技能精通，工作精心，职业精专。

诚信：体现银建人对人生的一种道德态度。银建公司诚信概况为“五诚”：对事业赤诚，对顾客热诚，对同事坦诚，对企业忠诚，对股东真诚。

自律：体现银建人对自己的一种道德态度。银建公司自律概括为“四严”：作风严谨，规范严格，纪律严肃，标准严明。

勤勉：体现银建人对职业的一种道德态度。银建公司勤勉概括为“三勤”：工作勤劳，学习勤奋，作风勤俭。

文化体系践行方法

银建公司坚持以邓小平理论和“三个代表”重要思想为指导，深入贯彻落实科学发展观，以建设社会主义核心价值体系为根本，以贯彻实施交通行业核心价值体系为依据，构建符合银建公司发展需要、具有银建公司特色的文化体系，为增强企业竞争力，提高企业经济和社会双重效益提供强有力的文化支撑。多年来，银建公司以内强素质、外塑形象、推进发展为目标，在全集团开展“银建奉献完美”企业文化品牌建设工作，截至目前，收效显著，已形成制度化、规范化的品牌培育长效机制，总结、推广品牌建设经验，树立、宣传品牌形象，把“银建奉献完美”企业文化品牌铸造成全国交通运输行业知名文化品牌。

1. 统一银建公司企业文化建设实施指导思想

党的十八大以来，银建公司以社会主义核心价值观为实现企业文化总体目标的思想保证和行动指南，切实践行“倡导富强、民主、文明、和谐，倡导自由、平等、公正、法治，倡导爱国、敬业、诚信、友善，积极培育社会主义核心价值观”。

2. 统一银建公司企业文化践行总体思路

（1）统一部署。银建公司及其下属公司服从银建公司整体部署，结合自身特点，把银建公司企业文化品牌建设好。

（2）全员参与。员工是银建公司的主体。银建公司充分调动员工积极性、主动性和互动性，建立适合全员参与的文化建设机制，促进企业文化品牌建设在银建公司落地生根。

（3）讲求实效。根据银建公司实际，制定切实可行的企业文化品牌实施方案，借助必要的载体和抓手，建立规范的内部管控体系和相应的激励约束机制，逐步建立起完善的企业文化品牌建设体系。

（4）持久战略。企业文化品牌建设作为一项战略性、长期性的工作，是一项庞大、复杂的系统工程。要树立“打持久战”的理念，运用系统论的方法，整体设计，分步推进，分层落实。

3. 建立健全银建公司企业文化建设运行机制

（1）加强领导，健全组织，成立和健全公司企业文化建设组织，配备必要的专职人员，明确工作职责和管理程序，实施日常管理和指导。成立银建企业文化建设领导小组，设立企业文化部，各下属公司成立企业文化建设小组，明确各级组织机构的主要工作职责、人员构成。

（2）建立企业文化推广长效机制，健全理念传播的体制。

（3）将企业文化建设纳入各级领导和员工的工作职责，认真贯彻落实。

（4）从文化落地的角度建立基于企业文化导向的管理流程，结合现行的规章制度，体现企业文化的精髓，不断进行修订和完善，并落实到具体的工作岗位、工作环节。

文化品牌

银建奉献完美

文化品牌诠释

银建公司将以安全、快捷、方便、文明、舒适为标准，为社会奉献银建公司特色的完美服务。银建公司驾驶员的工作不只是简单完成客运任务，更重要的是为乘客奉献完美的服务过程。

银建金凤，其形凤凰回首，其色银建黄。

凤凰是万众之灵，银建将凤凰无私、宽厚、心系天下、甘于奉献的高洁品质喻为企业文化品牌之魂，以凤凰回首的视觉效果表达回报社会的诚挚意愿。银建金凤，寓意银建完美服务，誉满人间，腾渊百年，奉献社会的高远文化取向。

单位标识诠释

银建徽标，定名“钻石标”，由正方体异化而成。

（1）钻石标以3条线段形成的“Y”为支撑中心，象征银建公司的“三才”哲学；以3个环绕的“J”为开放外边，象征银建公司的“三J”信条；以钻石为总体形象，象征银建公司“钻石”理想。

（2）钻石标以银建红为基本色，奔放而热烈，象征银建公司兴旺发达的事业和亲切温暖的服务。

（3）钻石标的视觉形象与银建公司哲学和谐统一，与银建公司信条理性交融，与银建公司理想完美结合。体现银建公司崇尚朴实又不甘平凡的文化取向。

单位标识

北京公交集团

北京市公共交通控股（集团）有限公司
第六客运分公司

北京公共交通控股（集团）有限公司第六客运分公司（简称公交客运分公司），前身为北京市公共交通总公司第六客运分公司，组建于1998年6月18日，主要从事城市公共交通客运服务。拥有运营线路66条，场站62处（其中自主管理场站42处），运营线路总长度1037.03公里，线路分布涉及东城、西城、朝阳、海淀、丰台、石景山、通州7个城近郊区，1路、10路、52路、99路等主要线路贯穿长安街及其延长线和3大火车站。分公司拥有国家级荣誉线路1路、10路、99路、374路等4条线路，车组7个；拥有市级荣誉线路20路、52路、57路、308路、309路、323路、351路和354路等8条线路、车组77部。

核心价值理念体系表述及诠释

1. 核心价值观：始于乘客需求，终于乘客满意

公交服务是否优秀，乘客满意是唯一的衡量标准。公交客运分公司作为社会公益性企业，必须始终坚持以乘客满意作为各项工作的出发点和落脚点，通过定期开展乘客问卷调查活动，电话沟通或走访外聘的社会监督员，与共建单位座谈，排队日、让座日的宣传咨询等多种方式及时了解乘客需求，认真倾听各界乘客的意见建议，

不断改进服务方法，丰富服务内容，为乘客提供主动、热情、周到、文明的车厢服务，促使车厢服务标准化、常态化和人性化，努力建设人民群众满意公交。

2. 使命：真情服务创精品，公交优秀我领先

作为首都，广大市民对公交的期待越来越高，公交客运分公司作为社会公益性服务企业，必须要在保持高质量服务水平的基础上，创建公交客运分公司的服务品牌，只有这样，才能永远保持行业的生机与活力，推进公交事业的持续发展和长远发展。继承北京公交优良传统，真情服务乘客，打造“神州第一街”优质服务品牌、创建“四优”精品服务分公司，在优秀的行业中做到服务领先，做名副其实的首都公交代表队，永远忠诚于首都客运公司的神圣使命。

3. 愿景：弘扬长安街意识，创建首都公交精品服务品牌

公交客运分公司的长安街意识包括6个方面，即：责任意识、服务意识、全局意识、窗口意识、自律意识、效益意识。具有强烈的政治责任感，各项工作的高标准，国家和人民利益高于一切的大局观，员工行动代表着中国、代表着首都、代表着首都公交形象的窗口意识。广大员工要自觉约束自己的言行，爱岗敬业，甘于奉献，团结协作，争创一流，以此来推动企业整体素质的提高，当好首都公交代表队。2008年奥运期间，分公司提出打造“神州第一路”的工作目标，2012年，分公司以迎保十八大为契机，全面启动打造“神州第一街，领先大一路”活动，建设特色鲜明的“神州第一街”服务品牌，使长安街服务水平成为首都公交的最高水平，既是现实工作，也是美好愿景。

文化体系践行方法

1. 品牌文化提素质，打造公交精品服务

（1）宣传一个意识——长安街意识

多年来，公交客运分公司以强化“长安街意识”教育贯穿职工教育始终，做到四必培训：新招录的职工必培训；新调入的职工必培训；重大政治活动之前必培训；对发生违章违纪的职工必培训。坚持不懈的“长安街意识”教育对职工的影响是积

极的、巨大的，使得每一名员工更加充分地认识到分公司工作的高标准源于特殊的地理位置，长安街的服务水平要代表首都公交的最高水平。多年来，“长安街意识”带来的影响使得分公司的社会影响力和美誉度不断提升。

（2）推行一套标准——“十领先”服务标准及其配套标准

“十领先”服务标准包括着装仪表领先、敬语服务领先、立席服务领先、重点照顾领先、车辆清洁领先、规范进站领先、文明行车领先、设施齐全领先、车辆完好领先、乘客满意领先等 10 项内容。在创服务品牌工作中，公交客运分公司管理人员坚持以“十领先”服务标准对职工进行培训教育；广大驾乘人员在工作中严格执行“十领先”服务标准；检查人员严格按照“十领先”服务标准进行监督辅导。此外，分公司制定了服务精品考评标准、管理人员工作标准、文明场站标准、和谐车队标准等 4 项配套标准，确保全面实现打造运营服务品牌的工作目标。

（3）采取一种方法——“五个心”，“六个一”

服务标准的优劣关键在于执行的效果。为了使“十领先”服务标准落实到位，公交客运分公司提出了做到“五个心”（即：服务乘客真心、解答询问耐心、照顾周到热心、接受监督虚心，执行标准恒心）；实现“六个一”（即：一张笑脸迎乘客、一声提示保安全、一句敬语暖人心、一把搀扶乐助人、一块抹布净车厢，一腔热情献公交）的服务方法，引导员工执行标准不走过场、服务乘客真心实意，切实达到提高整体服务水平的目的。

（4）实现一个目标——创建“四优”首都公交服务精品企业

2013 年，公交客运分公司在打造“神州第一路”、“神州第一街”精品服务品牌见成效的基础之上，制定了《建设“四优”服务精品三年工作规划》，经过 3 年（2013 年 –2015 年）的努力，1 路车队将实现“春风一路、平安一路、文明一路、真情一路”创新目标；分公司成为管理优秀，服务优质、环境优美、秩序优良的“四优”首都公交服务精品企业。党委工作部、1 路车队与多个专业部室密切配合，编制完成了《1 路员工手册》。1 路以实现“四个一路”为引领，全面动员、全方位努力，在视觉形象、车辆卫生清洁、伸手示意、手语服务、特色宣传等方面狠抓统一和规范，实现了“人人一个样，车车一个样”，深受社会各界好评，为首都公交树立了新形象。

2. 场站文化夯基础，创造温馨文化氛围

几年来，公交客运分公司首先开展建设“花园式场所”活动，极大地改善了工作环境，在办公楼内张贴 50 余幅名人名言展板，先后为全国“工人先锋号”线路 1 路，

全国“青年文明号”线路374路建立了荣誉展室，为18个车队统一安装了宣传橱窗，在重点场站做到标语有地方挂，口号有地方贴，宣传有声势，营造了浓厚的文化氛围，使员工持续感受到企业理念的熏陶。

2010年7月，分公司强势启动了职工书屋建设工程，在机关、职工学校建设了2个“职工书屋”，在18个车队建立了“图书角”。举办“迎国庆、度中秋”读书会、“我爱读书”演讲、“读好书、写心得”征文等活动，划拨专项资金大力表彰作者，竭尽全力将职工书屋的正能量发挥到最大。

3. 和谐文化凝人心，营造稳定企业环境

公交客运分公司设立了“真情面对面”联系日，将办公地点前移至各个场站、各个站点，在第一时间了解职工意愿，解决实际困难。各基层车队普遍建立了倾诉空间、温馨话室、心理减压室，职工有了思想困惑、工作问题、家庭困难都可以到这里来诉说，管理人员负责解决问题、疏导情绪。有的车队还通过设立亲情问候专栏、发送慰问短信、开通QQ聊天群、举办生日会等方式，凝聚人心，理顺情绪，让职工随时随地都能感受到企业的关怀和集体的温暖，为构建了和谐车队、和谐企业奠定了良好的基础。

为了让职工快乐工作，享受生活，公交客运分公司连续多年组织全员性的放飞好心情郊游活动，让职工在美好的自然中放松心情。为了让多才多艺的职工展示自我，分公司及各基层车队成立了小乐队、书法摄影、登山、钓鱼、球类等107个文体协会，开展了迎新春演讲活动、职工书法绘画笔会，“三八”女职工巧手巧艺展示、登山协会徒步走活动、羽毛球、合唱比赛等群众性娱乐活动，职工踊跃参加，乐在其中，构建了温馨和谐、积极向上的文化氛围。

文化是春雨，滋润人的心田；文化是良药，振奋人的精神。通过以“长安街意识”为核心的企业文化创建活动，公交客运分公司全体员工切实增强了荣誉感和使命感，以饱满的热情和良好的精神状态投入到各项工作中去，立足平凡岗位，优质服务乘客，全面提升整体服务质量。一线驾乘员工以良好的精神面貌、优质的车厢服务、文明安全的行车得到了广大乘客的普遍赞誉，分公司每年都会收到乘客表扬万余件，社会认可度和美誉度不断增强，以实际行动当好首都公交代表队，为建设人民群众满意公交做出了积极的贡献。

浦东公交
PUDONG PUBLIC TRANSPORT

上海浦东新区公共交通有限公司

上海浦东新区公共交通有限公司（简称浦东公交公司）是按照上海市人民政府公交改革总体部署要求，在浦东新区人民政府及有关职能部门的高度关心、重视下，于 2008 年 12 月 28 日挂牌成立的，注册资金 1.5 亿，为浦东新区国有独资特大型城市公共交通运输企业，其规模与场站设备水平处于世界一流。公司除主营公交营运以外，还经营公交基础设施建设、公交企业的投资与管理业务。公司秉承社会公益性和市场化运作并重的理念，不断提升员工综合素质和科学化、信息化、规范化管理水平，为广大市民提供安全、快捷、舒适、温馨的出行服务。

核心价值理念体系表述及诠释

1. 核心价值观：乘客舒心，员工安心，社会放心

乘客舒心：意味着浦东公交公司平凡而光荣的工作职责，让亿万乘客在员工的辛勤努力下体验到出行的温馨与和谐。它体现在为乘客不断提供先进的硬件设施和管理水平；它体现在为乘客呈现的多样的服务内容、积极的服务意识、优秀的服务态度。它更体现在浦东公交行大道的品格：让利于民，不与民争利。

员工安心：就是让全体员工安心，员工的喜悦就是公司的喜悦，员工的困难就是公司的困难。员工的心时刻在乘客身边，领导的心时常在员工身旁，只有这样，员工才能形成大团队思想、大团结精神，整个企业才具有健康可持续发展的基础。

社会放心：就是浦东公交公司时刻不会忘记自己所担负的社会职能和政府职能，它意味着服务让社会和政府放心。浦东公交公司不仅是一个企业，同时也承担着某些公益责任，市民对出行服务的满意就是对政府的满意、对城市的满意、对社会的满意。

它同时意味着企业经营让政府和社会放心，浦东公交公司应通过优秀的经营理念、管理理念让国有资产高效运转、不断增值，为政府和社会分忧解难。

它也意味着员工队伍让政府和社会放心，浦东公交公司在努力对外提供优秀服务的同时，努力为员工提供就业岗位、发展机会、人文关爱，从而保证了公交行业的有序、稳定发展。

2. 使命：浦东公交，让市民出行更便捷

伴随着我国社会经济的快速发展，市民的出行体验已成为衡量城市生活水准和生活质量的重要标志之一，而浦东公交公司正是肩负着这个光荣而艰巨的使命——让市民的出行更加便捷。

使命的内涵体现在作为上海公交客运的主力军，公交和地铁、出租等公交子系统提供了完备的公交出行网络，有力地保障了整个城市生活的有序运转。

使命的内涵体现在浦东公交公司努力为广大乘客提供安全的出行服务，不断用独具特色的客运优势为市民提供更便捷的出行方式，让市民体验公交服务的温馨。

使命的内涵体现在浦东公交公司倡导的集约、低碳等先进的出行理念，从而让上海的空气更加清新、让上海的天空更加蔚蓝。

使命的内涵体现在作为国际化都市的服务窗口，浦东公交公司一直努力以优质服务向来自五湖四海的嘉宾展示优秀的企业文化和海派文化，让这座城市在海内外乘客的心目中变得更加美丽、更具魅力。

3. 愿景：公交优先，浦交领先

公交的发展是全国性的难题，是世界级的难题，而公交优先已日益成为诸多国家、城市为解决大都市交通堵塞、交通事故、空气污染等问题而提出的战略性决策。

作为全国公交行业改革的领头羊，浦东公交公司有义务去站在领先者的位置，也有能力去扮演领先者的角色。

浦东公交公司的“领先”首先是发展观的领先，只要有利于企业、行业的发展，浦东公交公司都会先行先试、大胆探索。

浦东公交公司的“领先”其次是经营思路的领先，健康、可持续发展的经营模式，是浦东公交公司努力寻求的经营方向。

浦东公交公司的“领先”同时也是企业文化的领先，当领先者具备了先进的企业文化，它的未来将更加无可限量。

4. 精神：爱岗敬业，增光添彩

爱岗敬业意味着公司员工不但把岗位工作视为一种职责，更通过发掘岗位的重要性和行业的重要性让自己对其拥有一份深深的使命感和自豪感。

爱岗敬业意味着透过乘客们的一张张笑脸和一声声赞扬，会让公司员工油然而生愉悦感和成就感。

爱岗敬业也意味着公司员工怀着积极、开放、友爱的精神和同事合作，从而获得一份美好的幸福感和归属感。

爱岗敬业同样意味着公司员工在热爱自己岗位的同时，时时以集体利益为重，时时以公司发展为重，用自己无怨无悔的付出为浦东公交公司这个集体增砖添瓦，为上海公交客运这个行业增光添彩。

5. 职业道德

（1）高层管理人员的职业道德。胸怀全局，人文关怀：以企业和员工的更好发展作为个人的人生目标和价值取向，提倡奉献；努力保障企业和谐、稳健地发展，倡导对员工工作及生活方面的人文关怀。

（2）中层管理人员的职业道德。思想统一，言行一致：和高层保持统一的思想，树立团队利益高于个人利益的价值观，突出高度的责任感，言行一致。

（3）基层管理人员的职业道德。同甘共苦，关爱员工：作为基层管理人员，需要在道德品质、思想作风、精神风貌等方面给一线员工做出表率，并且和他们共同进退；关心一线职工，凝聚一线职工。

（4）基层员工的职业道德。一是团结敬业，爱岗乐岗：树立强烈的岗位责任意识，发扬良好的道德作风，严格遵守营运纪律和操作规范，增强成本意识。二是诚信待人，互助合作：认真执行票务制度，维护公司利益；乐于帮助乘客，乐于与同事配合协作。

文化体系践行方法

1. 四个强化，夯实基础，有效推进

（1）强化组织领导，不断增强创建意识。浦东公交公司党政班子成立了由一把手担任领导小组组长的建设企业文化体系领导机构，确保建设工作顺利、有效地开展。

（2）强化学习宣传，不断明确工作要求。浦东公交公司各级党政班子以中心组学习的方式带头学，各直属企业利用司、售、调、修等专业例会宣传和学习企业文化建设精神和要求，并充分利用宣传栏、班组学习等载体广泛开展学习和宣传。

（3）强化社会监督，不断增添工作动力。浦东公交公司以市场创新，公益利民为目标，坚持每年组织举办“浦东公交万人评活动”，接受市民和乘客的监督；定期召开行风监督员会议，广泛征求社会各界、共建单位和乘客的意见、建议。各直属单位也通过发放意见征询表、召开座谈会等形式深入街镇、社区、深入服务对象征求意见，并进行整改，逐步协调解决。

（4）强化硬件改善，不断提高创建保障。浦东公交公司抓住市、区建设智慧城市的有利契机，稳步推进智能公交建设，初步形成了智能机务系统标准，人事薪资管理基本实现了金碟软件的信息化应用。信息化建设的全方位推进，为公司精细化、科学化、规制化管理提供了有力支撑。

2. 寻求突破，建设效能，提升效率

（1）企业发展思路的定位突破。按照浦东公交公司发展定位，提出了“一个坚持、两个提高、三个机制、四个统一、五大突破”的发展思路，即：坚持公交行业的公益性和企业运作的市场化；提高公交营运服务供应质量和整体效益，提高国有资产保值增值和政府投入与产出的水平；建立完善政府购买公共服务的财政扶持机制，企业经营者的激励与约束机制，职工积极性调动的收入分配机制；企业形象与车容车貌的统一，营运监控体系的统一，车辆、物资、油品等采购的统一，资金结算系统的统一；线网优化、车辆更新、车辆利用率、劳动生产力、职工收入的五大突破。

（2）社会公益性问题的突破。2011 年，在市、区行业主管部门的大力支持下，浦东公交公司率先迈出了破解“最后一公里”难题的第一步。3 月 12 日，全市首批两条“最后一公里”1001 路、1002 路线路在周浦地区开通。即以车型小一点、线路短一点、站距近一点、车次密一点、票价低一点“五个一点”的创新转型，成为公交“十二五”开局之年的点睛之笔。轨道交通 8 号线杨思路车站往 1007 路途经方向的黑车越来越少，证明了“疏堵结合、整治黑车”效果显著。

3. 深化教育，建设品牌，增强凝聚

（1）教育、培训卓有成效，队伍素质、业务能力和服务水平不断提升。浦东公交公司建立了教育培训工作管理三级网络体系，制定了《教育培训管理办法》，基

本确定浦东公交公司教培管理的总体框架及主要内容。积极与上海公用事业学校合作，从而达到资源共享、共同发展、校企双赢的目标。紧紧围绕“乘客舒心、员工安心、社会放心”的核心价值观，大力开展“月月有培训，人人受教育”系列培训活动。采取走出去，请进来，多层次的培训方式，追求新颖、追求实效。

（2）以生产经营活动为依托，推动品牌活动深入开展。以浦东新区创建全国劳动竞赛示范区为抓手，工会组织开展四好竞赛、练兵比武、龙虎榜和曝光台等活动。启动成立技师工作室和技术创新工作室打造公交品牌，定期组织开展先劳模进联谊会形成引领效应。由此，浦东公交公司荣获全国五一劳动奖状受表彰，金高公交公司大桥四线荣获“全国工人先锋号称号”，上南公交 786 路荣获“全国十佳城市优秀线路”称号，南汇公交公司南南线荣获“上海市工人先锋号”称号，杨高公交公司修理工程保华荣获“上海市五一劳动奖章”等荣誉。

浦东公交公司下属的金高公交公司在积极响应上海浦东新区建设全国示范性劳动竞赛的要求，开展了“竞赛在浦东，文明在公交，满意在车厢”为主题的四大工程竞赛活动，在企业文化工程竞赛中，金高公交的“道德银行”在企业内外引起了强烈的反响。金高公交公司用“道德银行积分兑换活动”来营造企业文化，激发职工的个人荣誉感，提升职工的职业道德和社会公德，履行社会责任，为构建和谐社会做出贡献。

（3）企业文化建设成绩斐然。浦东公交公司经过努力，基本形成了较为完整的浦东公交企业文化体系，产生了巨大的凝聚力。从“大众可坐”到“浦东公交，让市民出行更便捷”，既传承和体现了百年公交的服务使命，又充分展现了浦东公交人的时代风采。在不断提炼和丰富企业文化的过程中，不仅全员参与，各级领导也给予了高度关注和支持。连续两年荣获“全国交通运输企业文化建设优秀单位”和“全国交通运输企业文化建设卓越单位”的光荣称号，并于 2012 年被命名为上海市第二批企业文化建设示范基地。

皁陽公交
FUYANGGONGJIAO

阜阳市公共交通总公司——答朝荣服务热线

阜阳市公共交通总公司成立于1972年，现有职工2300人，营运车辆683台，营运线路30条，线路总长560.5公里，是阜阳市唯一一家经营城市公共交通客运的公益性服务企业。经过多年的稳健经营和发展，目前已发展成为以城市公共客运为主业，兼营车辆出租、旅游、驾驶员培训、宾馆、加油站、广告等多种经营并举的国有中型企业。答朝荣服务热线是阜阳市公共交通总公司开通的，全面受理公交投诉及咨询服务的机构，是阜阳公交总公司与社会联络沟通的一个纽带，一个响亮的服务品牌。

核心价值理念体系表述及诠释

1. 核心价值观：帮助他人，快乐自己

“帮助他人，快乐自己”即答朝荣在热线服务中，关心体贴他人，在他人需要的时候，能主动热情地给予帮助，急人之急，帮人之苦，忧人之忧，救人之危，以帮助别人为快乐。

2. 使命：用心服务每一天

做好服务工作，首先要保持一个良好的心态，认真服务只是把事情做对，用心

服务才能把事情做好，所以要用心服务，为乘客服务好每一天。

3. 愿景：真正打造成为公交行业的“信任线”，广大乘客的“知心人”

坚持实实在在为群众办好事、解难事宗旨，重要的事优先办、限时的事及时办、困难的事想法办、所有的事认真办，及时调查、认真查办、及时回复，使答朝荣服务热线真正成为百姓反映心声、群众投诉问题的“信任线”，广大乘客的知心人。

4. 精神：服务群众、无私奉献，立足岗位、恪尽职守

服务群众，即全心全意为乘客服务，想乘客所想，急乘客所急。无私奉献，即不求任何回报，为乘客服务。立足岗位，即要熟练掌握本职岗位的业务技能，不断学习，把自己锻炼成能胜任这个岗位的人才。恪尽职守，即尽自己的努力，严守自己的岗位，认真做好自己的本职工作。

5. 职业道德：坚持以人为本的服务理念，为乘客提供便捷、优质、高效的服务

坚持以人为本的服务理念，为乘客提供便捷、优质、高效的服务，就是要牢固树立全心全意为乘客服务的理念，坚持以人为本，热情周到的诚信服务，努力为乘客提供优质、便捷的服务，满足乘客需求，使得广大乘客真正感受到贴心、舒心、放心，以自身优质的服务，良好的声誉彰显企业窗口品牌的实力。

文化体系践行方法

1. 树立标杆，精心打造答朝荣服务热线

长期以来，阜阳市公交总公司投诉咨询工作一直处于一部电话一支笔一个本子接受公众投诉咨询。由于电话号码只有一个，难以满足广大市民咨询服务需要。为打造以人为本服务理念，提供便捷、优质、高效的服务，2011 年，总公司党委决定，开通答朝荣服务热线。经过 3 个月的精心筹备，终于打造出焕然一新的服务热线系统。答朝荣服务热线有 4 个席位，具有 IVR 自动语音导航、ACD 智能排队系统、流程定义、录音、短信告知等 11 项功能。实行早 7 点半上班、晚 6 点下班的作息制度，双休日、

节假日不休息，全面受理公交各项投诉及为民服务业务。

2. 勤学苦练，争创素质优良的队伍

答朝荣服务热线注重人员素质的培养和提高，造就一支业务精、能力强、服务好的优秀队伍。一方面从职工思想入手，抓住每次政治思想学习的机会，将“一流的工作质量、一流的工作效率和一流的服务水平”的服务理念融入全体人员的意识中，营造上下同心、团结奉献的良好氛围，产生了强大凝聚力。另一方面，热线人员经常轮流授课互相传授工作点滴体会经验，通过培训，热线人员的服务形象、服务态度、主动服务的意识增强。通过答朝荣服务热线呼叫中心系统的上线，热线不断“升温”，随之而来的工作压力也越来越大，座席员所需掌握的业务知识日益扩展，但她们凭着“用心服务每一天”的理念，刻苦钻研、勤学苦练，在平凡的岗位上准确、快捷的传递着信息，默默无闻地工作着。在 2013 春运期间，热线出现话务高峰，每位座席员每天连续接听电话量最多的有 200 多个，头晕、眼花、口干，却没有一个叫苦、叫累的。有时，由于部分群众对有关政策不理解，甚至是责骂，座席员要一遍遍地解释，直到群众满意。一声“您好，阜阳公交答朝荣服务热线，有什么可以帮您？”，向所有打进热线的人传递着公交人的一份关爱，以最朴实、最真诚的思想——“奉献”来丰富公司的服务内涵。

3. 用心服务，架起一座与市民沟通的连心桥

自答朝荣服务热线开通以来，坚持实实在在为群众办好事、解难事的宗旨。通过周到热情的服务，使答朝荣服务热线真正成为百姓反映心声、群众投诉问题的“信任线”，广大乘客的知心人。针对群众的重点来信来电，热线人员均按照“重要的事优先办、限时的事及时办、困难的事想法办、所有的事认真办”的原则，及时调查、认真查办、及时回复。确保一次性查清、一次性结案。同时及时掌握公交运营服务动态，并及时准确向公司领导反映，以便领导决策。2013 年 2 月 26 日，家住十八里铺的唐女士带其侄女进城购物，只顾下车不留神把小孩忘在 2 路车上，唐女士求助答朝荣服务热线，热线人员通过平台及时联系司机，找到了仅 4 周岁的小孩。去年 4 月 7 日，78 高龄的姜大爷独自从老年公寓出走，直接登上 4 路车，由于年事已高，加之脑萎缩原因，对自己到哪去都讲不清楚，驾驶员及时向答朝荣服务热线汇报，在热线人员帮助下，很快将老人送回，避免了意外的发生。2 月 26 日上午 9：55 分，在北京打工的郭刘云和老公及外甥女 3 人带着 20 余万元现金、600 元美钞连夜从北京赶回

阜阳，才下了火车就乘上25路公交车到地方铁路局站，准备去交新房首付款。由于粗心加之一路颠簸的辛苦，下车时不小心将手提包遗忘在25路公交车上，下车10分钟后，3人才想起来包丢了，几年来在外打拼攒下来的血汗钱也丢了，两口子又气又急。10：11分，夫妻俩赶紧向公交总公司答朝荣服务公司热线电话求助。热线办值班员接到电话后，迅速使用GPS系统查找与郭女士乘车时间相近的车辆，并一一发送指令，希望驾驶员互相查询。在热线人员的帮助下，仅仅用了20分钟的时间，郭女士丢失的财物便物归原主。20万现金20分钟回归失主的事件，产生较大轰动，国家、省、市级多家电视、报纸、网站媒体多次报道宣传。

截至目前，答朝荣服务热线共接到群众来电24251余通，较2013年增长了120%，回复率达100%，满意率在99%以上。答朝荣服务热线的开通，是阜阳公交总公司在服务理念、工作职能和工作方法上的主动转变。得到老百姓的拥护和肯定。提到阜阳公交，老百姓都会竖起大拇指讲："阜阳公交答朝荣服务热线是真心为咱服务的。"省交通运输厅、省运管局、市委、市政府等领导到公交总公司检查指导工作时，对公交公司开办综合服务平台方便老百姓的做法，给予了充分肯定。领导的肯定，群众的认可和支持，是答朝荣服务热线追求卓越的强大动力。

百尺竿头，更进一步。作为城市公交服务工作的新平台、新举措，答朝荣服务热线不断增强服务意识、强化职业道德、规范职业行为，为市民提供高品质的服务，将服务热线"答朝荣"品牌擦得更亮。

皁陽公交

FUYANGGONGJIAO

阜阳市公共交通总公司——喻明线路

阜阳市公共交通总公司成立于1972年，现有职工2300人，营运车辆683台，营运线路30条，线路总长560.5公里，固定资产超亿元。2013年企业实现营运收入9000万元，完成营运里程3920万公里，客运总量1.71亿人次（含免费乘车群体）。是阜阳市唯一一家经营城市公共交通客运的公益性服务企业。经过多年的稳健经营和发展，目前已发展成为以城市公共客运为主业，兼营车辆出租、旅游、驾驶员培训、宾馆、加油站、广告等多种经营并举的国有中型企业。喻明线路是阜阳市公共交通总公司向社会推出的优质服务线路车组。多年来，喻明线路车组以热情、周到、文明的公交服务得到社会各界的认可和赞誉，成为阜阳市公交系统的服务品牌。

核心价值理念体系表述及诠释

1. 核心价值观：服务是本分，服务是义务，服务是天职

服务是本分：即驾驶员理应做到心甘情愿地为乘客服务，有意识地培养驾驶员主动、热情、周到地为乘客服务。

服务是义务：即将服务养成了一种职业本能，从而自觉提升服务意识，让主动服务变成了一种常态。

服务是天职：即从身边的点滴做起，全心全意为乘客服务，各自承担起自己的天职，乘客满意才是服务的标准。

2. 使命：市民满意就是我们最大的幸福

市民满意就是我们最大的幸福即贯彻文明、务实的工作原则，以服务市民、奉献社会为己任，不断深化改革，加强管理，切实把政府执政为民的民生工程落到实处，全心全意为市民提供服务，不断赢得社会各界和人民群众对公交的关注、理解和支持，提升人民群众对阜阳公交的满意度。

3. 愿景：树立时代新标杆，全面提升城市公交行业服务水平

以路队长喻明为榜样，树立时代新标杆，激发职工争先创优意识，以微笑服务、亲情服务全面提升公交团队服务水平，充分展现公交职工精神面貌。

4. 精神：敬业、奉献、进取、团队

敬业：即“规范尽责、敬业乐群”的敬业精神。

奉献：即“爱传公交、真情服务”的奉献精神。

进取：即“积极探索、勇于创新”的进取精神。

团队：即“团结互助、共享盛宴”的团队精神。

5. 职业道德：“三爱、三个一样、四个必须”

三爱即：爱企业、爱本职、爱乘客。

三个一样即：对待老、弱、病、残、孕及怀抱婴儿的乘客要像对待自己的亲人一样周到；对待外地乘客要像对待本地乘客一样热情服务；对待不文明乘客要像兄弟姐妹一样耐心劝解。

四个必须即：必须掌握娴熟的驾驶，技术上做到一丝不苟；必须文明礼貌，规范服务；必须了解交通线路，当好向导；必须以身作则，发挥共产党员先锋模范带头作用。

文化体系践行方法

1. 创造一流服务环境，树立公交优秀品牌

喻明路线是全国工人先锋号文明线路，线路人员以身边的楷模答朝荣、喻明为榜样，在工作中不断总结先进经验，提高车组的全面建设。为了提高整条线路的服

务水平，打造公交品牌文化，路队长喻明的服务规范经过精心总结，形成了一套“三爱、三个一样、四个必须”的驾驶员操作规范，用爱心、耐心、真心、热心服务乘客，开车准点、平稳，进站台时减速慢行、停稳，乘客上下车后再启动。为了给乘客提供温馨的乘车环境，驾乘人员千方百计地美化车厢，时刻保持良好的车容车貌，他们多年如一日的始终坚持车辆卫生一趟一打扫，车窗玻璃清洁明亮，车辆卫生始终坚持清洁如一，把公交“五净一亮”的社会承诺真正落在实处。把小小的车厢装饰得像温暖的家，他们自费购置窗帘，在车厢张贴规范服务用语，还自费订阅报纸杂志。车厢内设置了“爱心专座”，便民袋、针线包、晕车药等服务设施，宣传城市的文明，时刻为乘客提供良好的服务，整个车厢窗明椅净，温馨、舒适，成为城市一道亮丽的风景线。日常工作中无论再苦再累她们始终坚持微笑服务，文明待客，扶老携幼，用语礼貌，耐心解答乘客的每一个问题，在乘客上下、车辆转弯、刹车时她们都会及时提醒乘客坐稳扶好，注意安全，让每一位乘客都能高兴而来，满意而归，使乘客坐了她们的车真正体会到家的感觉。她们用自己的实际行动诠释着喻明线路服务品牌的内涵，打造公交优秀服务品牌。

2. 弘扬传统美德尊老爱老，践行社会主义核心价值观

喻明路线途经东三角公园、清颍公园、文峰公园，都是老人常去锻炼和光顾的。实施老年人免费乘车后，老人出行人数直线上升，每天从火车站开出的头班车上，70%以上均是免费乘车的老年人。由于老人乘车自我保护能力比较差，加上行动缓慢，驾驶员行车途中需要格外小心。针对这一情况，路线人员把哪几个站老人候车比较多，哪里是交通事故易发路段都标得清清楚楚，交待得明明白白。驾驶员现在只要驶入上述路段和站点时，都会自觉地减慢车速，看见老人候车或上车时，主动按文明提示键，为老人找座位，待老人坐稳才起步，看见行走不便的老人，驾驶员都会主动下车搀扶，只要你坐上喻明路线公交车，不时能听到“慢慢走”“谢谢”“再见”等亲切、文明的用语。多一句问候，就多一分温馨，社会就多一分和谐，这已成了喻明路线驾驶员的普遍共识与职业习惯。以身作则带动广大市民积极参与文明公交行动，进一步丰富阜城创建内涵，大力推进阜城精神文明建设，同时在公交行业大力弘扬守礼仪、尊老爱幼的传统美德，践行着社会主义核心价值观。

3. 积极履行社会职责，大力构建和谐公交

为了更好地提升品牌文化，积极履行社会职责，增强社会责任意识，喻明线路

驾驶员在做好本职工作的同时，还积极参与各项学雷锋志愿活动和公益活动，为社会奉献爱心，受到社会各界的广泛赞誉。2013 年 10 月 11 日重阳节前夕，喻明线路志愿者们陪伴 30 名空巢老人到颍上县五里湖湿地公园观赏大自然美景，并与老人们亲切交谈，提前为他们送去了一份特殊的节日礼物。2014 年 4 月 4 日，阳光明媚，草长莺飞，颍州西湖里大片的樱花满树芳华，芳香四溢。喻明线路志愿者们又驱车前往阜阳市老年公寓，带领公寓里的老人来到颍州西湖赏花踏青，感受到来自春天的温暖气息。以志愿服务的方式关心和帮助老人，力所能及的帮助老人丰富精神文化生活，让他们感受到来自社会的关爱，以积极乐观的心态面对生活、享受生活。2012 年 9 月 28 日，喻明线路与阜阳广播电视台资讯编组站栏目联合开展“中秋圆梦·关爱留守儿童暨接送农村留守儿童进阜城看电影”活动，把汽车开到地处偏僻的插花镇史寨小学，带领孩子来到市区看电影，给留守儿童送去一份节日的问候。在得知史寨小学的小学生大多是留守儿童，缺乏家庭的关爱和温暖，2013 年 1 月 18 日，喻明线路又再次精心购买挑选了新鲜水果，来到史寨小学，举办“手拉手、心连心”感恩联欢会。长期以来的社会公益活动，让喻明线路不仅仅只是优质服务的流动风景线，也成为创建和谐关爱社会的优良阵地。

自喻明线路授牌以来，以整洁、舒适的乘车环境；热情、周到的服务态度赢得了乘客的普遍称赞，被乘客亲切地称之为“流动的风景线”。

后　　记

经过精心策划组织编写，在全国各省、市、自治区交通运输企事业单位的鼎力配合下，《交通运输行业核心价值观践行》付梓出版了。

本书由中国交通企业管理协会发展战略工作委员会负责具体的组织和编写工作。赵忠义、王诗杨、沈静等同志对本书的架构、内容、编写体例设计都付出了辛勤的劳动。

本书的出版得到了北京市首都公路发展集团有限公司、北京公联洁达公路养护工程有限公司、河南省交通运输厅京珠高速公路新乡至郑州管理处、安徽省公路管理局、湖南省交通规划勘察设计院、垦利县交通运输局、长江三峡通航管理局、中华人民共和国深圳海事局、霍州至永和关高速公路东段建设指挥部等单位的支持，在此表示感谢！

人民交通出版社共同策划组织了本书的编写，在编辑过程中，对本书的体例、结构和版面都提出了宝贵的建议，并对文字的润色做了大量细致的工作，为本书增色很多，在此一并表示感谢！

由于从策划到组织实施时间较短，加上许多单位提供的资料不尽相同，在编辑过程中难免会出现不妥甚至错误之处，敬请广大读者批评指正。

《交通运输行业核心价值观践行》编审委员会

2014 年 10 月

中国交通企业管理协会发展战略工作委员会简介

中国交通企业管理协会发展战略工作委员会（简称中交企协发展工委）是国家民政部批准成立（社证字第 4220-11 号），交通运输部主管的社团组织。汇集了众多行业知名专家、学者，秉承“诚信、奉献、高效、创新”的精神，以“行业专业化、团队专业化、服务专业化”为特色，致力于交通运输文化建设和绿色交通研究与实践。曾承担交通运输部重大软课题—交通企业文化建设研究课题、交通事业单位文化建设研究课题，出版了《交通企业文化》、《交通事业单位文化》专著，研发了《交通运输文化建设测评系统》（简称《TCA 系统》）、《交通运输文化品牌建设测评系统》(简称《TBA 系统》)、“交通运输行业培育践行核心价值体系行动方案及相关测评体系”、“交通运输企业节能减排能力提升研究”等专题研究工作。同时，受交通运输部精神文明建设办公室委托，承担交通运输文化建设有关事务性工作，得到了部领导的充分肯定。

中交企协发展工委根据《交通运输文化建设“十百千”工程实施方案》和《交通运输行业培育践行核心价值体系行动方案》总体部署，积极配合交通运输部认真打造十大交通运输文化品牌，创建一百家交通运输文化建设示范单位，培养一千名交通运输先进典型。

中交企协发展工委连续八年成功举办了“全国交通运输文化建设高峰会”，围绕交通运输企事业单位自身建设和发展需求，适时开展各类培训、文化建设咨询指导、能源管理体系咨询、标准化建设等服务，为交通运输企事业单位引进先进管理理念、提升软实力和核心竞争力发挥了积极的作用，在交通运输行业享有良好的口碑。为推动交通运输行业践行社会主义核心价值观活动，加快推进“四个交通”发展提供精神动力和思想保障。

咨询热线：010-65293366